高等院校经管类精品课程系列教材

商业银行管理学

主　编　秦洪军
副主编　辛　清

中国财富出版社

图书在版编目（CIP）数据

商业银行管理学/秦洪军主编．—北京：中国财富出版社，2015.6

（高等院校经管类精品课程系列教材）

ISBN 978-7-5047-5682-4

Ⅰ.①商… Ⅱ.①秦… Ⅲ.①商业银行—经济管理—高等学校—教材 Ⅳ.①F830.33

中国版本图书馆CIP数据核字（2015）第082863号

策划编辑 寇俊玲　　**责任印制** 何崇杭

责任编辑 于 淼 李彩琴　　**责任校对** 饶莉莉

出版发行 中国财富出版社

社　址 北京市丰台区南四环西路188号5区20楼　　**邮政编码** 100070

电　话 010-52227568（发行部）　　010-52227588转307（总编室）

010-68589540（读者服务部）　　010-52227588转305（质检部）

网　址 http://www.cfpress.com.cn

经　销 新华书店

印　刷 中国农业出版社印刷厂

书　号 ISBN 978-7-5047-5682-4/F·2369

开　本 787mm×1092mm 1/16　　**版　次** 2015年6月第1版

印　张 15　　**印　次** 2015年6月第1次印刷

字　数 337千字　　**定　价** 36.00元

高等院校经管类精品课程系列教材

编委会人员名单

总 序

当今时代，经济全球化进程日益加快，中国经济与世界经济的联系日趋密切。中国已经成为世界统一大市场的重要的组成部分，中国企业的国际化程度相应提高，国际化人才需求愈发迫切。《国家中长期人才发展规划纲要(2010—2020年)》指出，当前我国人才培育的总体水平同世界先进国家相比仍存在较大差距，其目标要求包括突出培养创新型人才、注重培养应用型人才等。据社会科学文献出版社出版的《人才蓝皮书》预测，至2020年，我国专业技术人才需求高达8127万人。高层次国际商务人才缺乏现象尤为严重。为了适应这一需求，天津外国语大学国际商学院设计和编写了这套系列教材，以期对经济全球化时代高层次国际商务人才的培养做出一定的贡献。

2008年年度诺贝尔经济学奖获得者，美国经济学家保罗·克鲁克曼认为："通往世界繁荣的唯一重要的结构性障碍，正是那些盘踞在人们头脑中的过时的教条。真正短缺的不是资源，也不是美德，而是对现实的理解和把握。"经济学作为济世之学，理应关注现实经济问题。

得益于外语类院校在国际交流与合作方面的优势，该系列教材的参编人员多具有海外留学或研修经历，学术视野开阔，熟悉国内外研究动态，也使得这套教材的设计和编写理念与国际接轨，极具全球视野，同时借鉴和吸收了国内外最新的教学与科研成果，具有一定的前沿性和前瞻性。

这套教材在经典经济学理论研究成果的基础上，借鉴吸收了21世纪经济学理论范式的革新及分析方法和工具的改进，是一套比较系统的、兼顾理论分析与实践检验的教科书，适合经济类、管理类等相关专业的本科生、研究生作为教材或参考书，同时，由于其鲜明的实践性特色，亦对企事业单位、政府部门的科技工作者、管理干部及相关从业人员具有较高的参考价值。

该套教材由既有联系又相互独立的10余本教材组成，在策划和编写的过程中，坚持了编写高水平精品教材的指导思想，从而具有以下特点：

第一，在"企业实习计划"的支持下，编写者可以有针对性地进行教材编写工作，而不是闭门造车、纸上谈兵，因而，使用教材的读者可以将所学专业知识运用到实践工作中去，从而使教材具有鲜明的实践性视角。

第二，充分发挥了外语类院校的“外向型”优势，大量学习和借鉴了国外经典教材和优秀论文，并纳入了一线教师们自身的教学心得，使之具有国际性、前沿性、创新性视角。

毋庸讳言，在编写的过程中，一定还存在着一些疏漏和不足，也请广大读者不吝赐教，以利于该系列教材的进一步提升和完善。

佟家栋

2015 年 1 月

前言

商业银行作为现代市场经济中的金融主体，自20世纪70年代以来，已发生了根本性改变。它已由过去传统的存贷汇业务机构，发展到如今无所不能的金融百货公司。2006年12月11日，我国银行业正式全面对外开放，无论是商业银行的外部经营环境还是内部组织结构及所使用的金融工具都发生了重大变化。因此，要进一步提升我国商业银行的经营管理水平，必须采用国际上通行的现代商业银行的管理原理、管理方法、管理工具。

基于上述目的，我们编写了《商业银行管理学》。本书是利用最新的数据资料，根据作者多年的教学经验，针对当前国内外实际情况的发展和学生的接受能力，专门为高等院校金融学专业的本科生编写的，同时对于相关人员也具有一定的参考价值。本书特色在于：

第一，系统性与重点性并重。本书在对商业银行业务管理作全面系统阐述的基础上，按照先表内后表外及其内容作为写作主线，重点突出业务管理。全书内容共分十章，第一章商业银行管理导论，介绍商业银行的产生与发展，商业银行的功能与作用及商业银行的管理原则与环境；第二章商业银行财务报表与财务评价，介绍商业银行资产负债表、损益表、现金流量表和财务评价的具体方法；第三章商业银行资本管理，介绍商业银行资本的构成、《巴塞尔协议》与资本衡量及具体的资本管理策略；第四章商业银行负债管理，主要对存款类负债和非存款借款进行论述；第五章商业银行贷款管理，主要包括贷款业务概述、贷款定价和贷款风险管理三个部分；第六章商业银行证券投资管理，主要介绍商业银行证券投资及证券投资组合；第七章商业银行流动性及现金资产管理，介绍了流动性供求、流动性预测、现金资产构成及管理策略；第八章商业银行中间业务管理，重点介绍中间业务构成及其成本管理；第九章商业银行并购管理，介绍商业银行并购的动机、方式、流程、定价方法及并购效益等；第十章商业银行资产负债综合管理，是在前九章的基础上，综合资产管理、负债管理、资本管理的内容，进行综合性分析，重点介绍资产负债管理的管理理论与管理方法。

第二，理论性与实用性并重。本书的编写是以现代经济学、管理学和金融学理论作为基础。在突出理论性的同时，本书十分重视实用性和可操作性。与国内同类教材相比较，本书在每一章介绍完成之后，都编写了大量有针对性的习题，并将部分习题的答案配置在附录中。这既有利于学生课前预习，也能帮助学生进行课后强化训练，巩固课堂知识，从而提升教材的利用效率。

第三，基础性与前瞻性并重。本书在阐明了商业银行业务管理的诸多新变化，论证了现代商业银行管理的最新发展趋势，以图能更好地与国际商业银行的实践活动相吻合的同时，更注重介绍商业银行管理中不变的基本原理和基本方法，给学生足够的发挥空间，以便为以后学生步入社会打下良好的知识基础。

第四，继承性与发扬性并重。本书的编写参考了诸多版本的国内外经典教材，因此本书可以说是站在"巨人的肩膀上"完成的。本书在继承前辈学人研究成果的基础上，进行了适当的发扬与改进，如对同一内容的各种管理理论与管理方法，是在进行比较分析以后，集各家之长，去粗取精，有取舍地加以介绍，将信息进行高度浓缩。

本书由天津外国语大学国际商学院秦洪军副教授担任主编并拟定详细的编写大纲，具体分工如下：秦洪军编写第一、二、四、五、六章，秦洪军、侯逸天编写第三章，辛清、尹苗苗编写第七章，李薇、袁凯宇编写第八章，孙龙建、王憭编写第九章，宫树梅、郑露编写第十章。课后习题及附录由袁凯宇、王菲、韩敏和侯逸天共同完成，其中袁凯宇负责第一、二、三、四、五、十章课后习题，王菲负责第六、七章课后习题，韩敏负责第八、九章课后习题，侯逸天负责附录。秦洪军、辛清对全书内容进行了梳理，最后由秦洪军进行总纂定稿。

为了确保内容的准确性、框架的合理性和教学的适用性，本教材在编写的过程中特别邀请了天津财经大学长期从事商业银行经营与管理教学科研工作的刘忠燕教授担任本书的主审。刘忠燕教授在百忙之中，从书稿的框架到内容都提出了科学、合理的建议，因此本书的字里行间都体现了刘教授一丝不苟的治学精神和对晚辈学人的关怀。另外，为突出本书的实用性，在建立本书框架体系过程中，先后征求了多位经验丰富的金融实务界人士——王春乐、倪少锋、萧凯、荣涛、刘强、马庆强、张骥、张少杰、张泽新、董海圆、李昂、柯剑锐、梁二超等的意见。最后，本书出版得到了天津外国语大学国际商学院院长邢成教授、副院长刘志勇教授的大力支持。

由于作者水平有限，本书内容和结构方面难免存在诸多不当之处，恳请专家、读者批评指正。

编　者

2015 年 1 月

目录

Contents

第一章 商业银行管理导论

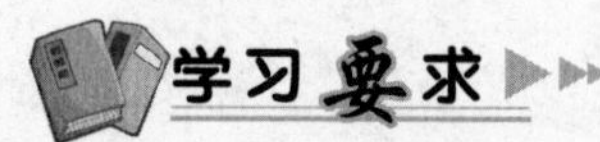

系统学习商业银行的产生与发展，功能与作用，管理的基本原则与管理环境。

学习要求

了解：商业银行的产生与发展；商业银行管理的环境。

掌握：商业银行定义、功能及管理的原则。

第一节 商业银行概述

一、商业银行的定义

（一）从传统的业务范围定义

早期的商业银行也称支票存款银行，是指以吸收可以开出支票的活期存款为主要资金来源，以向工商企业发放短期贷款为主要资金运用的银行。现代商业银行是指以营利为目标，以存、放、汇为主要业务，以各种形式的金融创新为手段，全方位经营各类银行和非银行金融业务的综合性、多功能的金融服务企业。

1995 年 5 月 10 日第八届全国人民代表大会常务委员会第十三次会议通过，2003 年 12 月 27 日第十届全国人民代表大会常务委员会第六次会议《关于修改〈中华人民共和国商业银行法〉的决定》这样定义商业银行：商业银行是指依照《中华人民共和国商业银行法》（以下简称《商业银行法》）和《中华人民共和国公司法》设立的吸收公众存款、发放贷款、办理结算业务的企业法人。这一定义表明了目前我国商业银行与证券业、信托业和保险业分业经营的特点。

（二）从商业银行的社会功能定义

银行是提供包括信贷、储蓄、支付服务在内的最广泛金融服务和在经济中发挥最广泛金融服务功能的金融机构①。这一定义强调了近年来发达国家商业银行业务的最新发展变化和金融服务功能的加强。

在美国，随着金融监管的放松，商业银行的业务范围不断扩大，银行拥有一定量的资本便可以与证券交易商、证券经纪商和共同基金联合经营，同时也允许一些拥有金融服务机构股份的工业公司，控制银行或保险公司。因此，再从传统模式出发，从业务范围定义商业银行已无实际意义。从这一定义可见，当代商业银行的业务重心正在发生转移，从传统的信用中介、支付中介向金融服务功能延伸。很显然，从社会功能的角度定义商业银行，更全面地概括了现代商业银行的本质与特征，反映了当代商业银行的新变化。第二次世界大战以后，一些国家的商业银行开始向全能银行转变，目前大多数国家的商业银行已成为"金融百货公司"。

二、商业银行发展史

（一）商业银行发展的一般历史

1. 早期的商业银行

银行是一个古老的行业。古法语词 banqueh 和意大利语 banca 在很早前被用来描述"板凳"或"货币兑换商的桌子"。早期的银行是从货币兑换业演变而来的，起源于文艺复兴时期的意大利。中世纪意大利的威尼斯和热那亚是国际贸易中心，各国商人云集，相互之间的贸易活动使用不同种类的货币，十分不便，为适应贸易的需要，经营货币兑换业务的商人随之出现。各国贸易商为避免随身携带货币的风险，便委托货币兑换商代为保管货币，并委托他们办理汇兑和支付业务，这样，在货币兑换商手中积聚了大量的货币，他们便用闲置的货币从事短期商业票据的贴现，赚取手续费。在中世纪，银行遭到了宗教的抵制，原因是银行以高利率向穷人贷款。欧洲文艺复兴开始后，大量存贷款者是富有的阶层，在一定程度上减轻了宗教的压力。

在 15～17 世纪，随着陆路商品交易路线的开辟和航海技术的进步，世界商业中心逐渐由地中海向欧洲和不列颠转移，由于此时工业革命开始萌芽，需要发育成熟的金融系统，特别是大规模的生产和扩张全球贸易市场的需要，产生了对新的支付手段和信贷方式的需要，银行适应这一需要得到了飞速的发展，如 1580 年成立的威尼斯银行。此后，意大利的银行传到了荷兰及欧洲北部，如 1609 年成立的阿姆斯特丹银行、1621 年成立的纽伦堡银行等都是欧洲早期著名的商业银行。

在资本主义经济发展较早的英国，早期银行是由金匠业发展而来的。17 世纪中叶，由于美洲大陆的发现，大量金银流入英国，人们为了防止失盗，将金银货币委托给拥有坚固保险箱和安全设施的金匠业保管，金匠业代客户办理汇兑业务，并以自有资本发放贷款。随着英国经济的发展，金匠业的业务发生了重大变化：①保管凭条演变为银行券；②保管业务中的划拨凭证演变为银行支票；③十足准备制度变为部分准备制

① 彼德·S. 罗斯. 商业银行管理［M］. 刘云，译. 北京：机械工业出版社，2011.

度。早期银行虽得到空前的发展，但是规模不大、贷款利率较高，不能满足经济发展对信用的需要。

2. 近代商业银行

近代商业银行是在17世纪末开始逐渐发展起来的。随着资本主义经济的发展和国际贸易的进一步扩大，形成了近代商业银行的雏形。工业革命对资金产生了巨大的需求，客观上要求银行集中社会各方面的闲置资金，用于生产发展。近代商业银行主要是通过两条途径产生的：一是由高利贷银行转变为现代银行。17世纪以前银行的主要贷款对象是政府，同时也贷款给个人，但利率很高，在漫长的历史发展过程中，高利贷性质的银行适应了新的生产方式逐渐转变为现代银行。二是在与高利贷的斗争中建立起来的股份制银行。1694年在英国伦敦创建的英格兰银行，标志着现代银行的产生，为商品经济的发展创造了条件。

近代商业银行的特点体现在三个方面：①利息水平能够被工商企业承受。英格兰银行成立一开始就规定贴现率为4.5%～6%，大大低于早期银行业的贷款利率。②金融服务职能扩大。早期银行的功能主要是简单的信用中介，现代银行还发行银行券、代客户办理汇兑、信用证、信托、发行证券等业务。③信用创造职能。近代商业银行借助于支票流通和非现金结算制度，可以多倍创造存款货币。

3. 现代商业银行

随着经济发展对资金需求的多元化，客户对金融服务需求也向高层次发展。技术革命的进步、金融机构之间的激烈竞争以及各国金融管制的放松，都促使商业银行经营范围不断扩大、活动领域不断拓宽、管理方式等不断创新。第二次世界大战以后，特别是20世纪70年代以来，适应世界经济和国际金融市场的发展，商业银行表现出一些新的发展趋势。

（二）中国商业银行发展史

1. 新中国成立前的近代银行

我国的银行与西方国家的银行相比出现较晚。尽管我国早在几百年前就出现了钱庄、票号以及当铺等，就有了类似商业银行的业务，但直到1897年5月27日清政府在上海成立中国通商银行，才标志着中国近代商业银行的产生。后来清政府又分别于1904年和1908年成立了户部银行（中国银行的前身）和交通银行，并于1908年正式颁布了《银行通则十六条》，以法律形式规范了商业银行的设立和业务活动。此后新中国成立前的民族资本商业银行也纷纷设立。其中规模较大的有1915年在北京创办的盐业银行、1917年在天津创办的金城银行、1919年在天津创办的大陆银行及1921年在上海创办的中南银行，合称为“北四行”。与此同时浙江兴业银行、浙江实业银行、上海商业储蓄银行也纷纷成立，合称“南三行”。截至1936年，注册的民族资本商业银行已达273家。其中较大规模的商业银行大多集中在上海和天津，从而使得上海与天津分别成为当时全国的南北方金融中心。

旧中国半封建半殖民地的社会性质，使新中国成立前的民族资本商业银行自产生之日起，就遭受外国在华银行和中国封建势力的双重挤压。尽管民族资本商业银行经过艰苦卓绝的努力，得到了一定的发展，但是由于不能摆脱外国在华银行和封建势力的双重桎梏，发展极其缓慢。据统计，在1896—1936年创建的330家民族资本商业银行中，被迫停业的就达166家之多。抗日战争爆发以后，民族资本银行又不得不紧缩放款以保全资产。抗日战争胜利以后，国民党统治区由于政治经济的腐败和官僚资本银行的排挤，加之恶性通货膨胀，货币不断贬值，正常银行业务很难开展。新中国成立前的民族资本商业银行的业务经营极其艰难。

2. 新中国成立初期的国家银行

1948年12月中华人民共和国成立前夕，在解放区的华北银行、北海银行、西北农业银行的基础上，中国人民银行在石家庄成立，并开始发行人民币。1949年中国人民银行迁址北京，接管了国民党政府的官僚资本银行和保险公司等官僚资本金融机构。1949年10月中华人民共和国成立后，中国人民银行先后拥有华北、东北、华东、中南、西北、西南6个大行政区行以及省市分行和县（市）支行。1951—1952年对金融机构进行了改组，对新中国成立前的民族资本银行进行了全行业的公私合营。至此中国建立了与高度集中统一的计划经济体制相适应的金融领域"大一统"的国家银行体制。

"大一统"的银行体制，其根本特征是集肩负政府管理职能的银行与经营商业金融的银行于一身，全国只存在一家银行——中国人民银行，它既是政府管理金融的国家机关，又是经办商业银行业务的银行机构，其作用主要是按照国家信贷计划提供资金，可谓国家财政的出纳和会计。中国银行虽然对外保留其名，对内则是中国人民银行的国外业务部；中国人民建设银行（后更名为中国建设银行）曾于1958年改为财政部基建财务司，专门办理基本建设财政性拨款业务；中国农业银行经过几起几落，于1965年再次并入中国人民银行；交通银行于1958年将内地业务分别并入中国人民银行和中国人民建设银行；农村信用社实际上是中国人民银行在农村的基层机构。改革开放前中国的银行金融体系如图1-1所示。

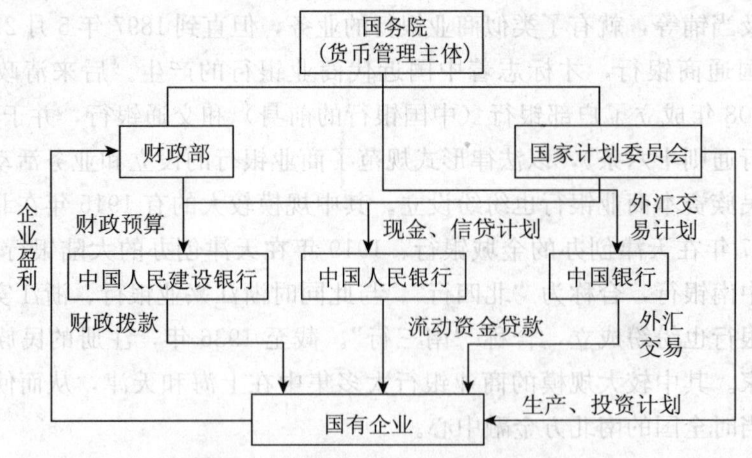

图1-1 改革开放前的中国银行体系

3.1979 年以来的银行体制改革

（1）初步建立了商业银行体系。

首先，国有商业银行体制的建立。1978 年中国共产党的十一届三中全会确立了全面经济体制改革和对外开放的方针。在大力发展商品经济方针的指导下，我国开始按照市场经济的原则对银行体制进行改革。1978 年 12 月国务院决定恢复中国农业银行，打破了大一统的传统金融体制格局；1979 年 3 月中国银行、中国建设银行分别从中国人民银行中分设出来，迈出了专业银行体系建设步伐；1983 年 9 月，中国银行作为国家的外汇专业银行独立开展业务活动；1983 年 1 月，中国建设银行在业务上划归中国人民银行领导，奠定了我国建立中央银行体制的基础。1983 年 9 月国务院做出《关于中国人民银行专门行使中央银行职能的决定》，并同时组建中国工商银行，承担中国人民银行原有的工商信贷和储蓄业务，标志着我国中央银行体制的正式确立。以中央银行为领导、以国有专业银行为主体、多种金融机构并存、分工协作的金融体系初步形成。随着 1994 年中国农业发展银行、中国进出口银行和国家开发银行三家政策性银行的成立，国有商业银行体制逐步完善。

其次，股份制商业银行的成立。1986 年 7 月恢复成立了新中国成立以后的第一家股份制商业银行——交通银行（按照中国银行业监督管理委员会的划分口径，交通银行现已变更为国有银行）。此后陆续成立了招商银行（1987 年 4 月，该行是中国第一家完全由企业法人持股的股份制商业银行）、中信实业银行（1987 年 5 月）、深圳发展银行（1987 年 12 月 28 日）、福建兴业银行（1988 年 8 月）、广东发展银行（1988 年 9 月）、中国光大银行（1992 年 8 月 18 日）、上海浦东发展银行（1992 年 8 月 28 日）、华夏银行（1992 年 10 月）、中国民生银行（1996 年 1 月 12 日，该行是我国第一家主要由民营企业投资的全国性股份制商业银行）等全国性或区域性股份制商业银行。

（2）近年来的银行体制改革。伴随着《中华人民共和国商业银行法》（简称《商业银行法》）的颁布、修订和经济体制改革的日益深入，我国商业银行市场化改革稳步进行，商业银行体系在改革中得到了进一步发展和完善。

①国有及国有控股的大型商业银行整体实力不断增强。国有及国有控股的大型商业银行包括中国工商银行、中国农业银行、中国银行、中国建设银行、交通银行 5 家。随着股份制改造的不断深化，“五大行”的整体实力不断增强，其资产总额相对于 2005 年分别增长了 171.80％、177.60％、167.52％、204.70％、270.48％，“五大行”资产占银行业金融机构资产的份额达到 44.9％。具体情况如表 1－1 和表 1－2 所示。

表 1-1　　　　大型商业银行基本概况

大型商业银行	总部所在地	资产总额（百万元）	员工数量（人）	分支机构（家）		是否上市	市值排名
				国内	国外		
工商银行	北京	17542217	427356	17125	383	是	1
农业银行	北京	13244342	461100	23472	9	是	6
中国银行	北京	12680615	302016	10664	613	是	3
建设银行	北京	13972828	348955	14121	12	是	2
交通银行	上海	5273379	96259	2701	12	是	30

资料来源：表中，资产总额、员工数量、分支机构数据均来自于各家银行 2012 年年报，市值根据 2012 年英国《银行家》杂志排名，是否上市的时间截至 2012 年 12 月 31 日。

表 1-2　　　　四家上市大型商业银行三大类七项指标一览表　　　　（%）

指标分类	项目	工商银行	中国银行	建设银行	交通银行
经营绩效	资产利润率	1.45	1.19	1.47	1.18
	资本利润率	23.02	18.10	21.98	18.43
	成本收入比	28.56	31.81	29.57	29.71
资产质量	不良贷款率	0.85	0.95	0.99	0.92
审慎经营	资本充足率	13.66	13.63	14.32	14.07
	单一客户贷款集中度	2.6	2.6	3.86	1.71
	拨备覆盖率	295.55	236.30	271.29	250.68

资料来源：表中数据主要来源于各银行 2012 年报。交通银行“拨备覆盖率”数据采用其“减值贷款拨备覆盖率”。工商银行的资本利润率为加权平均净资产收益率。

②中小商业银行改革持续深化。中小商业银行包括股份制商业银行和城市商业银行两大类。

作为中小商业银行一大类别的股份制商业银行主要包括 12 家商业银行，即中信银行、招商银行、深圳发展银行（现已更名为平安银行）、广东发展银行、兴业银行、中国光大银行、华夏银行、上海浦东发展银行、中国民生银行、恒丰银行、浙商银行、渤海银行。

适应经济结构变化发展起来的股份制商业银行，一方面，在一定程度上填补了国有大型商业银行收缩机构造成的市场空白，较好地满足了中小企业和居民的融资和储蓄业务需求；另一方面，促进了银行体系竞争机制的形成，从而推动了整个中国银行业的改革与发展。截至 2012 年年底，股份制商业银行资产占银行业金融资产份额为 17.6%。其基本情况如表 1-3 和表 1-4 所示：

表 1-3　　股份制商业银行概况

股份制商业银行	成立时间（年）	总部所在地	资产总额（百万元）	员工数量（人）	分支机构（家）	是否上市
中信银行	1987	北京	2959939	41365	885	是
招商银行	1987	深圳	3410000	59340	961	是
深圳发展银行	1987	深圳	1606537	24251	450	是
广东发展银行	1988	广州	1168150	21324	610	否
兴业银行	1988	福州	3250975	42199	717	是
中国光大银行	1992	北京	173346	28267	689	否
华夏银行	1992	北京	1244142	23083	475	是
上海浦东发展银行	1992	上海	3145707	35033	824	是
中国民生银行	1996	北京	3212001	47650	702	是
恒丰银行	2003	烟台	617950	3604	—	否
浙商银行	2004	杭州	393839	5223	91	否
渤海银行	2005	天津	472102	—	—	否

资料来源：表中，资产总额、员工数量、分支机构数据均来自各家银行 2012 年年报，是否上市的时间截至 2012 年 12 月 31 日。

表 1-4　　股份制商业银行 2012 年主要经济指标

项目	2012 年			
	第一季度	第二季度	第三季度	第四季度
总资产（亿元）	193978	211788	220137	235271
比上年同期增长率（%）	22.20	27.31	31.89	28.01
占银行金融机构比例（%）	16.07	16.70	17.13	17.61
总负债（亿元）	182538	199916	207760	222130
比上年同期增长率（%）	21.62	27.20	32.61	28.40
占银行金融机构比例（%）	16.14	16.82	17.27	17.78

资料来源：中国银监会网站。

城市商业银行作为中小商业银行的另一类别，是在原城市信用合作社（简称城市信用社）的基础上组建起来的。1979 年，第一家城市信用社在河南省驻马店市成立，其宗旨是为城市和街道的中小企业、个体工商户和城市居民服务。1986 年，城市信用社大中城市正式推广，数量急剧增长，由 1986 年初不足 1000 家上升至 1994 年的 5200 家。随着数量的增多，问题逐渐显现。为了化解风险，1994 年，国务院决定通过合并城市信用社，成立城市合作银行。1998 年，考虑到城市合作银行已经不具有“合作”性质，正式更名为城市商业银行。

近年来，城市商业银行呈现出四个新的发展趋势：第一，积极引进战略投资者，如上海、南京、西安、济南、北京、杭州、南充、天津、宁波九家城市商业银行早在 2006 年就引进了境外战略投资者；第二，跨区经营，2006 年 4 月 26 日，上海银行宁波分行开业，成为城市商业银行第一家跨省区设立的分支机构，随后各家城市商业银行纷纷开展跨区经营，如北京银行天津分行，天津银行北京分行等；第三，联合重组，2005 年 11 月 28 日，安徽省境内的 6 家城市商业银行和 7 家城市信用社在市场和自愿的基础上合并重组成徽商银行，拉开了城市商业银行合并重组的序幕，2007 年 1 月 24 日，由江苏省境内的无锡、苏州、南通、常州、淮安、徐州、扬州、镇江、盐城和连云港的十家城市商业银行根据公平自愿原则组建的江苏银行正式开业，从而标志着我国城市商业银行的合并重组迈上新台阶，通过联合重组实现了资源整合与共享，2008 年首次全部清理城市商业银行中监管评级为 6 级的银行和资不抵债的城市信用社；第四，上市融资，北京银行、南京银行和宁波银行三家城市商业银行均已实现上市融资。城市商业银行基本情况如表 1－5 和表 1－6 所示：

表 1－5　　　城市商业银行 2012 年主要经济指标

项目	2012 年			
	第一季度	第二季度	第三季度	第四季度
总资产（亿元）	103349	225234	114428	123469
比上年同期增长率（%）	28.27	32.53	27.77	23.66
占银行金融机构比例（%）	8.56	9.08	8.90	9.24
总负债（亿元）	96214	107584	106798	115395
比上年同期增长率（%）	27.56	32.36	27.95	23.81
占银行金融机构比例（%）	8.51	9.05	8.88	9.24

资料来源：中国银监会网站。

表 1－6　　　已上市城市商业银行概况

已上市城市商业银行	成立时间（年）	上市时间（年）	资产总额（百万元）	员工数量（人）	分支机构（家）
北京银行	1996	2007	1119969	8259	236
南京银行	1996	2007	343792	3862	101
宁波银行	1997	2007	373536	5329	173

资料来源：表中，资产总额、员工数量、分支机构数据均来自各家银行 2012 年年报。

③农村金融机构顺利改组。农村金融机构包括农村信用银行、农村商业银行、农村合作银行、村镇银行和农村资金互助社。农村商业银行和农村合作银行是在合并农村信用社的基础上组建的。2001 年 11 月 29 日，全国第一家农村股份制商业银行张家港市农村商业银行正式成立。2003 年 4 月 8 日，我国第一家农村合作银行宁波鄞州农村合作银行正式成立。而村镇银行和农村资金互助社是 2007 年批准设立的新机构。截至 2012 年 9 月末，全国已组建村镇银行、贷款公司和农村资金互助社等三类新型农村金融机构 858 家，其中村镇银行 799 家。全国已开业村镇银行资产总额为 3190 亿元，资本充足率达 28.6%；贷款余额 1782 亿元，农户和小企业贷款余额分别为 600 亿元和 841 亿元；不良贷款率 0.2%，拨备覆盖率 860%。

2012 年，农村中小金融机构稳步推进产权制度改革，全年农村信用社和农村合作银行改制组建农村商业银行 125 家。坚持服务“三农”的市场定位，不断优化信贷管理，拓展服务网络，提升创新能力，支农服务能力显著增强。流程银行建设和新资本协议试点工作有序推进，转型发展基础进一步夯实。农村信用社省级联社逐步向服务型企业转型，治理框架和履职范围逐步明晰规范，内控要求不断强化。

④中国邮政储蓄银行建立并取得改革阶段性成果。2006 年 12 月 31 日，经国务院同意，银监会正式批准设立中国邮政储蓄银行。2007 年 3 月 20 日，中国邮政储蓄银行挂牌。2008 年，中国邮政储蓄银行分支机构组建工作基本完成。截至 2008 年年底，36 家一级分行、312 家二级分行和 19564 家支行全部核准开业。公司治理进一步完善，基本完成与邮政企业的分离经营、分账核算和成本费用追溯调整，初步建立财务会计核算、预算体系，开始按照商业银行要求独立运行。

2012 年是中国邮政储蓄银行完成股份制改造的第一年。中国邮政储蓄银行调整补充董事会、监事会和高级管理层，扎实稳妥地推进邮政企业和邮储银行交叉管理网点改革，规范委托代理行为，逐步理顺管理体制。坚持服务“三农”、服务社区、服务中小企业的市场定位，持续深化“以客户为中心”的经营理念，不断拓展覆盖城乡的服务网络，加大金融创新力度，进一步提高零售金融服务水平，不断提升基层的操作合规性和经营管理能力。

⑤外资银行稳步发展。外资银行进入新中国始于 1979 年。当年，日本输出入银行在北京设立代表处，这是我国批准设立的第一家外资银行代表处。2001 年 12 月 11 日，我国正式加入世界贸易组织。按照加入世界贸易组织承诺的时间表，逐步开放外资银行经营人民币业务的地域范围和客户对象范围。2006 年 12 月 11 日，我国加入世界贸易组织的过渡期结束，国务院颁布《中华人民共和国外资银行管理条例》，标志着中国正式全面开放银行业，外资银行在华业务全面展开。

根据银监会的统计，截至 2012 年年底，49 个国家和地区的银行在华设立了 42 家外资法人机构、95 家外国银行分行和 197 家代表处。截至 2012 年年底，37 家外资法人银行、54 家外国银行分行获准经营人民币业务，30 家外资法人银行、25 家外国银行分行获准从事金融衍生产品交易业务，6 家外资法人银行获准发行人民币金融债，3 家外资法人银行获准发行信用卡。

目前在华外资银行营业机构基本面健康，资本充足，资产质量良好，拨备充足，主要指标均高于监管要求。截至2012年年底，外资银行在中国27个省（市、区）、59个城市设立了机构，初步形成具有一定覆盖面和市场深度的总、分、支行服务网络，在提供中小企业特色金融服务、支持中资企业“走出去”，以及促进区域协调发展等方面贡献了力量。

截至2012年年底，在华外资银行业营业机构资产总额（含外资法人和外国银行分行）为2.38万亿元，同比增长10.66%；各项存款余额为1.43万亿元，增长7.74%；各项贷款余额为1.04万亿元，增长6.23%；流动性比例为68.77%；实现税后利润163.39亿元；不良贷款率为0.52%；外资法人银行资本充足率为19.74%，核心资本充足率为19.25%。从总体上看，在华外资银行业营业机构主要指标均高于监管要求，基本面健康。

⑥商业银行综合经营顺利推进。1999年我国金融管理当局出台了一系列宽松的金融政策，促进了金融业的合作。如：批准多家投资基金管理公司进入银行间拆借市场和证券市场融资、大力推动中小地方银行向综合性银行发展、允许商业银行发放股票质押贷款、允许保险资金进入股票市场等，我国商业银行综合经营初见端倪。另外商业银行设立租赁公司、参股信托公司等取得重要进展。苏格兰皇家银行公众有限公司、摩根士丹利国际控股公司、中国民生银行、中国华融资产管理公司、中国信达资产管理公司、中国华电集团公司、华能资本服务公司等境内外机构投资者入股信托公司，这对于提升商业银行的战略规划能力和业务创新能力等核心竞争力发挥了积极作用。

三、当代商业银行发展趋势

（一）合并与扩张迅猛发展

20世纪90年代以来，各国银行业的经营风险日益加大。为争取竞争的主动权和增强抗风险的能力，商业银行开始出现了合并的浪潮。近几年来，商业银行集团化有进一步加强的趋势。不仅中小银行纷纷合并组成银行集团与大银行抗衡，即便是大银行也主动合并，组成超级大行。20世纪90年代以来的代表性银行兼并事件如表1-7所示：

表1-7　20世纪90年代以来国际银行业并购代表性事件表

年份	收购机构	被收购机构
1991	美国化学银行	美国汉诺威银行
1992	香港汇丰银行	英国米兰银行
1995	英国劳埃德银行	英国信托储蓄银行
1996	日本东京银行	日本三菱银行

续表

年份	收购机构	被收购机构
1997	瑞士银行	瑞士联合银行
1998	纽约花旗集团	加利福尼亚州旅行者公司
1999	德国德意志银行	美国信孚银行
2000	西班牙桑坦德银行	巴西圣保罗州立银行
2001	日本瑞穗银行	第一劝业银行、日本兴业银行、富士银行
2002	日本三和银行	日本东海银行
2003	美洲银行	富力银行
2004	西班牙桑坦德中央 Hispano 银行	英国阿比国名银行
2005	意大利联合信贷银行	德国 HVB 集团
2007	苏格兰皇家银行、西班牙国家银行、比利时富通银行	荷兰银行

资料来源：作者根据公开数据整理。

银行并购的直接结果是导致银行数目的减少。银行并购的另一结果是少数几家银行垄断了银行业的主要份额，保持和加强了它们在世界银行业竞争中的实力和地位。中国的商业银行为适应激烈的竞争环境，在借鉴国际经验的基础上纷纷加入到并购浪潮当中，代表性并购事件如表 1－8 所示：

表 1－8　　20 世纪 90 年代以来中资商业银行并购事件

年份	收购机构	被收购机构
1994	中国建设银行	香港工商银行 40%股权
1996	广东发展银行	中信银行投资公司
1999	中国光大银行	中国投资银行
2003	中国工商银行	香港华比富通银行
2003	招商银行	盘锦市商业银行
2004	兴业银行	佛山市商业银行
2004	招商银行	泉州市商业银行
2007	工商银行	印尼哈林姆银行 90%股权
2007	工商银行	南非标准银行 20%股权
2008	招商银行	香港永隆银行

资料来源：作者根据公开数据整理。

商业银行之间的并购浪潮尚未结束，其影响也将长期持续下去。在未来，公众将会面对数量更少但规模更大的金融机构，因此那些不进行收购和兼并的金融机构将面临更激烈的竞争。

（二）业务全球化、多元化与集中化

商业银行之间的合并与收购使得它们的业务范围超越国界走向世界，这种趋势我们称之为全球化。业务全球化趋势从形式上看可归纳为四种方式：第一种是直接设立分支机构。在条件宽松、政策允许时，就直接设立海外分支机构，开展业务获取盈利。若经济环境不允许或金融管制较为严格，则先设立代表处或办事处，等待时机再行操作。第二种是收购外国金融机构作为附属机构。附属机构可以全部或部分归本国银行所有。通过这种方式，不仅可以逃避设立分支行的限制，还可以很快进入国外客户群体。第三种是设立合资银行。如果银行既缺乏对海外市场的了解，又试图逃避所在国监管，与海外银行设立合资银行则是最好的选择。第四种是设立空壳银行。空壳银行只是记录存款的机构，吸收的资金由分行发放贷款或投资。设立空壳银行的目的是逃避所在国银行的监管。

商业银行业务的全球化也带动了业务的多元化与集中化。业务多元化与集中化导致了企业跨产品线的活动，以便使得原来仅提供一种产品的企业进入其他产品线并扩大销售基础，提供多元服务。

商业银行业务全球化、多元化与集中化的原因有两方面：一方面是国际贸易的增长和跨国公司的迅速崛起，要求商业银行大力开展国际业务，提供更加多样化的、一站式的、国际金融服务；另一方面则是国际业务较高利润的驱动。

（三）竞争日趋激烈化

伴随着商业银行之间的兼并以及业务范围的不断扩大，金融服务领域竞争的广度与深度更进一步。这种竞争主要体现在三方面：一是业务活动的竞争，银行与非银行金融机构在业务范围方面面临着来自证券公司、金融公司、保险公司和其他银行的更加激烈的竞争，这些竞争迫使银行向客户提供更多的服务。二是客户的竞争，一流的客户成为银行竞争的焦点。三是人才的竞争，有经验、有学历、有能力和有精力的人，成为银行争夺的对象。

（四）技术进步与自动化

近年来，商业银行与竞争者均面临着较高的营业成本与交易成本，因此纷纷采用更多的技术变革，用先进的自动化设施代替传统的人工产品。

目前银行服务的四种主要渠道是：传统的分支机构、自动柜员机、电话银行和网上银行。随着 Internet 的迅速发展，网络已将世界连成一体，银行充分运用 Internet 带来的便利拓展业务成为新的趋势。网上银行在降低营运成本和交易成本等方面比传统的银行拥有更大优势，使银行可以将节约的成本让利给客户，并以高息和免费服务争夺客户和存款。据专家预测，商业银行正从过去的劳动密集型、可变成本行业转向资本密集型、固定成本行业。其所生产和交付的服务产品将实现全自动化，而这当中最具前途和生命力的是网上银行和电话银行。

（五）银行资产证券化

资产证券化是指使储蓄者与借款者通过金融市场，部分或全部匹配资产的过程或工具。资产证券化可以分为两类：一类是一级证券化，是指资金需求者不向银行借款而是在货币市场或资本市场发行证券举债。另一类是指将已经存在的资产集中起来，重新分割为证券卖给市场投资者，使该项资产在原所有者的资产负债表上消失的过程。称为二级证券化。

银行资产证券化是指后者。即银行将非市场化、信用质量相异的资产重新包装成新的流动性证券，亦即银行将贷款或应收款转换为可转让的证券的过程。资产证券化对银行来说，具有风险转移创新、提高流动性创新、信用工具创造创新的功能。通过资产的证券化，银行不仅可以很快收回抵押贷款的资金、加速资金的周转、降低资产风险、调整资产结构，而且改变了商业银行的资产负债管理方式和银行与贷款客户固定的债权债务关系，使银行更多地涉足于直接融资领域，转变被动的经营方式，有利于开辟新的业务领域和盈利渠道。此外，银行资产证券化创造了大量金融市场工具，活跃了国内金融市场，加快了国际金融市场一体化进程。

目前我国的资产证券化主要指商业银行信贷资产证券化。据银监会统计，截至2012年年底，我国信贷资产证券化的存量规模为263.79亿元。

（六）金融创新层出不穷

金融创新是金融业在诸多方面创新的总称。它既包括金融机构和金融市场方面的创新，也包括金融服务、融资技术和支付手段方面的创新。

1. 金融机构的创新

近二十年来，各种各样的基金如雨后春笋般成长起来，其中有些是由商业银行控股的附属机构。例如，1997年9月，当时世界最大的基金管理公司——富达基金公司（Fidelity Inves tment Group），在全球的资产总额超过6000亿美元。作为世界第四大基金市场的卢森堡有1329个基金，资产达3587亿美元。这些基金多为商业银行管理，德意志银行的附属行就管理着20个基金。其他西方大商业银行也将基金管理和资产管理作为主要业务之一。适应大量基金、证券上市和交易需要的证券金融机构应运而生。

2. 金融市场的创新

进入20世纪七八十年代以后，西方各国相继采取了一些自由化的措施，推动金融市场创新的发展。西方各国在允许外国资本和外国金融机构进入本国市场的同时，也放宽了对本国金融机构进入外国市场的限制，金融市场的创新扩大了商业银行的资产负债市场。

3. 金融工具的创新

商业银行为了自身以及其他经济主体避免汇率、利率风险的需要，推出了多种衍生工具交易。主要包括：为套期保值转移风险而设计的金融期货期权交易，为增加金融资产流动性而设计的互换交易、股权贷款、资产转让合同，为扩大投资而设计的证券、贷款等。金融创新将各国金融市场紧密连接在一起，为商业银行在全球范围内经营提供了广阔的前景，商业银行可利用多种金融工具调整资产负债结构，规避经营风险，并利用衍生工具交易扩大业务领域，增加盈利。与此同时，也对商业银行加强风险管理、保持经营的安全性提出了更高的要求。

第二节 商业银行的功能与作用

一、商业银行的功能

在现代经济中商业银行的功能不断扩大，主要表现在以下方面：

（一）金融中介功能

金融中介是指商业银行是经济活动中联系资金赤字单位（包括机构和个人）与盈余单位的金融中介企业。经济社会中的机构和个人，由于种种原因会出现以下两种情况：一种是现期的消费和投资支出超过现期收入，需要外部借款和融资；另一种是现期收入超过现期购买商品和劳务支出，有盈余资金进行储蓄和投资。商业银行在上述资金赤字和盈余单位间起桥梁作用，通过向盈余单位和个人提供便利的金融服务吸收资金，使资金盈余单位获得可以赚取资本收益的机会，银行再将吸收的资金贷放给赤字单位使用，既可以扩大生产规模，增加整个社会的资本性支出，提高生产率，又可以扩大个人消费，促进消费增长。

实现商业银行金融中介功能有两个前提条件：一是银行贷款预期收入率大于吸收存款的预期成本率，二是贷款收益率与吸收存款和其他资金的利率之间存在正相关。具备上述条件可以减少银行利润的不确定性，促使银行不断吸收存款、发放贷款以获取更多的利润。第二次世界大战以后至20世纪90年代中期以来，由于金融创新的发展和管理法规的变化，商业银行金融中介功能发生了新的变化，主要表现为商业银行金融中介功能的削弱。以美国为例，具体情况如表1-9所示。

表1-9 美国1960、1990、1995年及2005年商业银行资产占金融中介资产的份额 （%）

	1960	1990	1995	2005
商业银行	38.6	36.7	28.8	20.1
储蓄及信用协会	20.1	21.2	9.0	5.4
契约储蓄机构	33.7	33.4	42.1	27.2
投资中介	7.6	8.7	20.1	47.3
总计	100	100	100	100

资料来源：劳埃德·B. 托马斯：《货币、银行与金融市场》，北京：机械工业出版社，1999。
彼得·S. 罗斯：《商业银行管理》，北京：机械工业出版社，2007。

从表 1-11 中的数据可以看出，美国商业银行的市场份额随着其他金融机构的进入而急剧减少，如今商业银行的市场份额已经减少至只占美国金融市场的 1/5。结果是，商业银行的盈利能力下降，其他机构的获利能力增强。这种现象迫使商业银行为了生存而从事金融中介以外的其他经营活动。

（二）支付中介功能

支付中介是指银行为客户办理货币支付以及与货币运动有关的技术性服务，如货币结算、货币保管、货币兑换、存款转移、代理收付等业务。长期以来，商业银行的支付中介职能是借助支票这种信用流通工具，通过客户活期存款账户的资金转移完成的。近些年来，银行支付手段不断创新，使银行支付中介职能得以充分发挥。

支付中介在经济活动中的作用在于：首先，节省了流通费用。银行为客户账户办理资金的转账支付，大大节省了流通中的现金和支票，并减少了与现金支付相关的现钞和硬币的印制、运送、发行和清点费用，可以将节省下来的资金运用于社会生产领域，增加社会生产资本数量，促进经济发展。其次，加速了资金周转。客户通过银行办理转账支付，大大加快了资金的周转速度，节省了结算时间。对于企业来说缩短了流通环节，加快了产品的实现过程，减低了生产成本；对于个人来说，便捷的支付手段，节省了人们的时间，提高了生活效率。

（三）信用创造功能

信用创造是指商业银行通过吸收存款、发放贷款可以多倍地创造出派生存款，增加银行的资金来源，扩大社会货币供应量。商业银行的信用创造是借助于支票流通和非现金结算制度实现的。由于支票的广泛流通，商业银行向客户发放贷款，不需要支付现金而是记入客户的活期存款账户；由于非现金结算制度的发展，大量支票并不提现，只是作为抵消相互间债权债务的工具。因此，商业银行通过信用活动可以创造出派生存款。需要说明的是，20 世纪 70 年代以后，随着发达国家金融管制的放松，出现了传统银行业务的创新，商业银行以外的其他银行和非银行金融机构纷纷开立可以向第三方进行支付的活期存款账户，因此商业银行已不再垄断信用创造活动。

（四）金融服务功能

金融服务功能是银行利用在国民经济中联系面广、信息灵、传播快的特殊地位和优势，运用电子计算机网络和遍布全国乃至世界各地的分支机构，为客户提供财务咨询、融资代理、信托租赁、代收代付等各种金融服务业务。在市场经济中，企业所处的经营环境日益复杂，竞争对手更加强大，居民个人生活消费与金融活动日益结合，为银行金融服务提供了前所未有的市场空间，科学技术的发展为银行运用计算机等先进的服务手段和工具提供了可能。商业银行金融服务职能的发展将银行业务和整个社会经济活动融为一体，使银行在国民经济中发挥更大的作用。主要表现为以下几方面：

当代商业银行的功能如图 1-2 所示。由此可见，当代商业银行的功能在于能够有效提供客户所需要的并具有竞争力的金融服务。图中列示的商业银行提供的九种业务可概括为商业银行的中介功能、支付功能、担保功能、代理功能和政策功能。这些功能的核心是向社会提供金融服务。

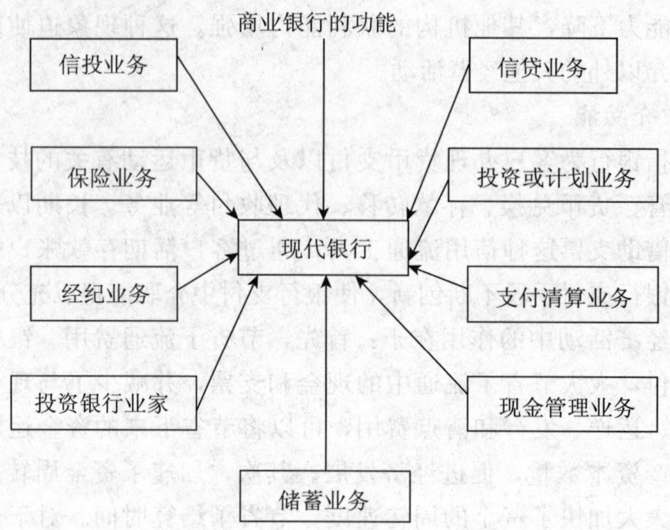

图 1－2　商业银行的功能

二、商业银行的作用

商业银行在金融市场和金融体系中发挥着其他金融机构不可替代的重要作用。主要表现为以下几个方面：

（一）弥补金融体系的不完善性

在市场经济体制下，金融体系和金融市场是完全竞争和有效率的，资金和信息在借贷者之间充分流动，贷款利率和证券价格由市场供求决定，所有参与者可以自由平等地进入金融市场。然而，任何市场体系都具有某种程度的不完善性。银行作为金融中介则可以弥补市场体系的不完善性。主要表现在三个方面：首先，银行以存款形式将金融工具划分为最小的单位，适应广大个人投资者的需要。市场上所有的贷款和证券一般都具有标准化特征，并非任何企业和个人都能接受。银行存款的面额小、种类多，适合于小额储蓄者的需要，使银行对小额储蓄者的作用得以发挥。其次，商业银行是金融市场流动性和安全性的创造者。银行的信誉高于其他企业，银行向存款人提供的债权具有风险低、流动性强的特点，银行向借款者提供的贷款风险高于存款，通过金融中介职能，银行创造出了满足存款者需要的流动性和安全性。最后，可凭借评价信息上的优势，提高市场的有效性。金融市场上的参与者，有的在获取信息方面具有优势，可以利用内部信息选择高利润的投资避免损失，有的则不能。市场信息的不对称大大降低了市场的有效性。银行可以利用所拥有的金融投资方面的专门人才和投资经验，评价金融工具的风险与收益，取得最有效的投资效益。

（二）代理监督作用

代理监督理论认为，金融市场上的许多借款者都不愿意暴露公司的财务秘密，特别不愿意让竞争对手知道。由于银行能为客户保密，使其可以吸引更多的借款者。对于存款者来说，由于银行在搜集和分析金融信息方面的优势，完全可以作为存款者的代理人对银行借款者的财务状况进行监督，以免其存款遭受损失。银行作为存款者的代理人，对借款人进行监测，可以分散和减少贷款风险，降低监督成本，增加客户资金的安全性。

（三）调节经济的作用

商业银行的业务活动与政府、企业、家庭个人有广泛密切的资金收付与借贷关系，银行的信贷规模对于社会的投资总量与投资效益，对于经济结构、产业结构、生产结构和消费结构的形成和调整起重要的调节作用；商业银行通过现代化的结算手段为客户办理资金结算业务，实现绝大部分的货币周转，成为国民经济活动的中枢，是经济活动能否顺利、高效运行的必要条件；银行在上述业务活动中，能全面掌握各行业、部门、家庭和个人的经济信息，可以为政府制定经济政策和货币政策、为企业投资决策、为个人投资与消费提供信息和财务咨询服务，特别是银行金融服务职能的发展，使银行对社会经济活动的影响越来越大，成为调节经济的重要部门。

第三节 商业银行管理的原则与环境

一、商业银行管理的原则

（一）安全性原则

所谓安全性原则是指商业银行在经营活动中应注意减少各种业务及经营活动风险，确保银行资金的安全。保持银行资金的安全是由银行这种特殊企业的性质决定的，是它的内在要求。主要原因有如下两点：

1. 银行特殊的经营方式决定了商业银行必须保持资金的安全性

我们知道与其他企业相比，银行的一个最突出的特点就是它的经营方式属于高负债经营。商业银行经营资金的绝大部分来自以信用方式吸收的存款及其他负债资金，银行的自有资金不足百分之十。银行的这种高负债经营使得它比其他企业具有更高的经营风险。这是因为：首先，高负债经营使得银行始终面临巨大的还本付息的压力，一旦由于各种原因出现收入下降，银行就可能出现无法偿付债务的问题；其次，高负债经营使银行面临更大的破产倒闭风险，因为高负债就意味着资本少，因而资本少就意味着银行弥补亏损的能力低。而问题的特殊性在于，一旦出现到期不能弥补亏损、偿还债务，不仅会影响到千千万万存款人的经济利益，而且严重的话可能引发连锁反应，给宏观经济生活造成消极的影响。因此，商业银行在经营过程中必须高度关注资金的安全性。

2. 由银行经营的特殊内容决定的

我们知道，商业银行经营的是一种特殊商品——货币资金。因此，凡可能使货币资金贬值的因素均是构成银行经营风险的因素。特别是物价、利率、汇率这些表示货币资金相对价值的“价格”的波动，是直接对银行安全构成威胁的因素。例如，市场利率发生变化，会对银行固定利率资产负债业务造成影响，从而使商业银行净利息收入与净资产受到影响。

总之，商业银行作为特殊企业，其经营方式和经营对象的特殊性，决定了其在经营管理活动中，必须随时注意安全，防范各种风险。

（二）流动性原则

流动性是指商业银行能够随时应付客户提存、满足必要贷款需求、偿付各种到期的借款、向中央银行缴存法定存款准备金等方面的能力。包括资产的流动性和负债的流动性。资产的流动性是指资产在不受价值损失的条件下具有迅速变现的能力。负债的流动性是指银行以较低的成本随时获取资金的能力。

商业银行在业务活动中要保持资金的流动性却具有其特殊的重要意义。商业银行是典型的负债经营，资金主体部分来源于客户的存款和借入款。存款是商业银行能按时提取和随时对客户开出支票支付为前提，借入款是要按期归还或是随时兑付的。资金来源流动性决定了资产必须保持相应的流动性。而资金的运用的不确定性也要资产保持流动性。因为商业银行所发生的贷款和投资会形成一定的占用额，当然这个余额在不同时点是不相同的。商业银行要有一定的资金来源应付贷款发放和必要的投资。贷款和投资所形成的资金的收和付，在数量上不一定是相等的，时间也不一定是相对应的，就因为这种不确定性决定了商业银行资产应该具有一定程度的流动性。

（三）盈利性原则

盈利性是指商业银行为其所有者获得利润的能力。获得利润是银行最终目标也是其生存和发展的必要条件。商业银行盈利水平的高低是其经营管理状况的综合反映。企业的经营首要目标在于最大限度地获取利润，这是企业生存和发展的首要条件。

以上三个原则，虽然从本质上讲存在统一性，但也不能否认在现实的经营管理活动中，三者之间存在矛盾。因为在资金来源为一定的条件下，要保持足够的流动性与安全性，势必要求银行多留准备金，而这样一来势必影响盈利性原则的贯彻。反之亦然。因此，为了权衡好盈利性与流动性、安全性之间的关系，在经营活动中要求银行的生息资产具有较高、较强的变现性，以便在必需的时候将资产变现来满足对外付款的要求。此外，要贯彻好流动性、安全性原则，除了应持有足够的证券资产外，还应在业务活动中协调好资产负债的期限、数量、利率的结构关系以及采取正确的贷款、投资的策略和方法，以便提高银行资金的流动性与安全性。

二、商业银行管理的环境

商业银行从事经营管理活动，总是在一定的内外部环境中展开的。不同的环境不仅影响着经营目标的实现，也在很大程度上决定或改变着管理活动的方式和方法。因此，了解和熟悉商业银行业务经营管理活动所处的环境，是搞好管理活动必需的、客观的需要。

（一）商业银行经营管理的内部环境

要正常的开展业务活动从银行自身看，主要应具备两个条件：第一，以哪种方式组织银行，即银行的组织方式；第二，如何建立健全内部经营管理机制，从而鼓励商业银行更有效地使用资源，即商业银行的法人治理结构。

1. 商业银行的组织方式

商业银行开展业务活动总是在一定的组织形式下展开的，不同的组织形式有不同的特点，了解这些特点，有助于银行扬长避短地管理自己的业务活动。从世界范围看，商业银行的组织形式有四种，即单元银行制、总分支行制、银行持股公司制和连锁银行制。

（1）单元制银行。单元制银行是指一家银行原则上只能有一个营业机构，不设立或很少设立分支机构，银行业务完全由各自独立的银行经营的制度。这种体制主要集中在美国，是古老的银行体制，目前在美国还十分普遍。例如，2004 年，相对于全美约 2100 家拥有两个或两个以上业务运作部门的银行而言，大约 5500 家全国性商业银行采用这种单元制银行的经营方式。

（2）总分行制。总分行制又称分支银行制，是指法律允许商业银行在国内外广泛设立分支机构，分支银行的业务活动受总行领导和管理的银行制度。世界上大多数国家的商业银行普遍采取总分行制。按照总行承担的职能不同，总分行制可以分为三种类型：第一种是总行制。即总行除了领导和管理分支行处以外，本身也对外营业。第二种是总管理处制。即总行作为总管理处，只负责管理和控制各分支行处，本身不对外营业，在总行所在地另设分支行或营业部开展业务活动。第三种是地区分行制。即总行不直接对各地分支行进行管理，在国内一些地区设立若干管理机构，负责管理本辖区的分支银行。

（3）银行持股公司制。银行持股公司制又称集团银行制，即由一个集团成立持股公司，通过股权公司收购或控制若干独立银行的商业银行制度。被控制的银行在法律上是独立的，但是业务活动要受控于股权公司。在美国，持股公司只要掌握一家银行大约 25％的股份就可以控制这家银行。商业银行通过成立持股公司，可以用少量资本控制众多资本，实现对众多中小银行的控制，增强大银行的实力。银行持股公司分为两种类型：一种是单个银行持股公司，即通过企业集团控制某一银行的主要股份。在单一银行持股公司制下，一家持股公司在持有一家银行的股票的同时，还可以持有多家非银行企业的股票，如拥有财务公司、抵押公司、证券经纪公司、金融咨询公司等。另一种是多银行持股公司，即大银行直接控制一个持股公司，并持有若干小银行的股份。美国花旗银行就是多银行持股公司，它控制了 300 多家银行。银行持股公司结构如图 1-3 所示：

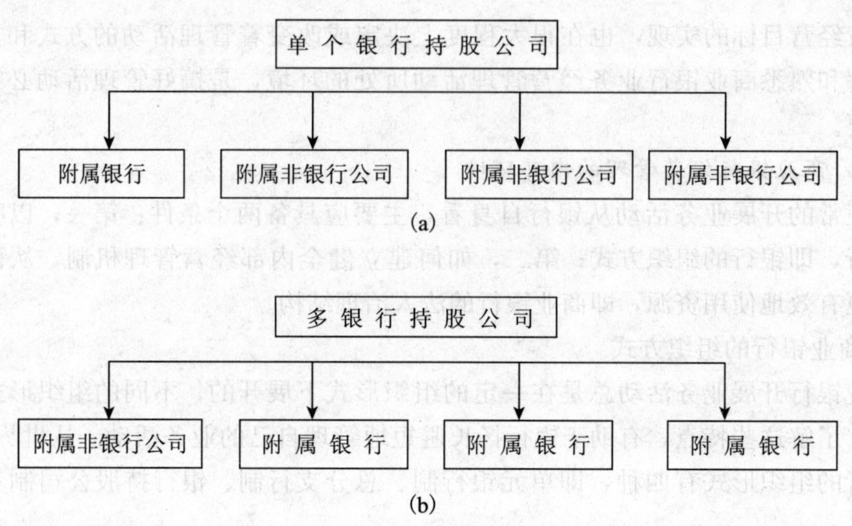

图1-3 银行持股公司结构

（4）连锁银行制。连锁银行制也称联合制，是指某一个人或某一集团购买若干银行的多数股票，这些银行在法律上是独立的，也没有股权公司的形式存在，但其所有权掌握在某一个人或某一集团手中，其业务和经营政策由一个人或一个决策集团控制。与银行持股公司制一样，连锁银行制在禁止设立分支机构的美国各州得到了广泛的发展。美国的连锁银行往往是围绕一个地区的货币中心银行建立，目的是为了弥补单一银行制的缺陷。但连锁银行与控股公司相比，由于受个人或某一集团的控制，因而不易获得所需要的大量资本，因此许多连锁银行相继转为银行分支机构或组成持股公司。

2. 商业银行法人治理结构

商业银行法人治理结构是指银行所有者对银行的控制形式，是一种产权约束制度。以股份有限公司形式组建的现代商业银行，其法人治理结构一般包括决策系统、执行系统和监督系统。

（1）决策系统。商业银行的决策系统包括股东大会和董事会。

①股东大会。是股份制商业银行的最高权力机构，由全体股东组成。股东大会的主要内容和权限是：决定银行的经营方针和投资计划；选举和更换董事、监事并决定有关的报酬事项；审议董事会和监事会的报告；审议批准银行的年度财务预算、决算方案；审议批准银行的利润分配方案和弥补亏损方案；对银行增加或减少注册资本和发行债券作出决议；对银行的合并、分立、解散和清算作出决议；修改公司章程。股东大会分为股东年会、临时股东会议和特别股东会议。

②董事会。是由股东大会选举产生的决策机构。董事会代表股东执行股东大会的决议，对股东大会负责。董事会人数依银行规模而异。董事会的权力有：决策权，董事一般不直接参与银行的日常工作，但银行经营的重大问题要与董事商讨，董事会作出决策，特别是常务董事对银行有很大的决策权；管理权，董事有权对银行的经营管

理活动进行组织、指挥和监督；任免权，董事会有权任免银行管理人员，银行在选拔中层管理人员时，董事可按自己的意愿提名或推荐。董事会一般设董事长、副董事长和常务董事。

(2) 执行系统。商业银行的执行系统由总经理（行长）和副总经理（副行长）及其领导的各业务部门组成。

①总经理（行长）。是商业银行的最高行政负责人。总经理（行长）的主要职权是：组织实施董事会的决议，并将执行情况向董事会报告；拟订银行的发展规划和年度财务预算结算方案；组织领导银行的业务经营活动。在总经理（行长）下设若干副总经理（副行长）协助其工作。

②部门经理。总经理（行长）下设部门经理。部门经理一般由总经理（行长）提名，董事长批准，部门经理的主要职责是协助总经理（行长）通过部门目标的实施，实现银行的最终目标。

在总经理（行长）领导下，商业银行还要设立若干业务部门和职能部门。业务部门一般包括：存款部、贷款部、信托与投资部、营业部、会计部、国际业务部等。主要职责是面对客户办理各项银行业务，为客户提供各种金融服务。职能部门包括人事部、教育部、公共关系部等。职能部门的主要职责是实施内部管理，协助各业务部门开展工作。业务部门和职能部门虽然有不同的职责，但是又有密切的联系。

(3) 监督系统。商业银行的监督系统由监事会和稽核部门组成。监事会由股东大会选举产生，代表股东对商业银行的业务经营和内部管理进行监督。监事的条件是：熟悉银行业务的各个环节，有丰富的银行管理经验；熟悉银行法和银行章程，能及时发现银行经营管理中存在的问题。

商业银行的稽核部门是董事会或管理层领导下的部门，其职责是维护银行资产的完整和资金的有效营运，对银行的管理和经营服务质量进行独立的评估。

典型商业银行法人治理结构如图 1-4 所示。

(二) 商业银行管理的外部环境

商业银行经营管理的外部环境主要指其所处的金融生态环境，主要包括地区经济发展的水平、金融市场的发达程度、法律法规以及宏观经济政策等因素。

1. 地区经济的发展水平

银行是商品经济和信用制度高度发展的产物，商品经济发达、生产力水平较高的地区，经济的货币化程度也较高，企业和个人的金融意识较强，不仅能为银行提供大量的资金来源，而且对银行资金的需求量也较多。此外，大量经济贸易往来和商品劳务支出，也为银行支付清算和金融服务提供了广阔的市场需求。但经济越发达，对于商业银行经营管理水平提出的要求越高，因此经营管理难度越大。

2. 金融市场的发达程度

商业银行是金融市场的主体和中介机构，其业务活动的开展必须以发达的金融市场作依托。完善的金融市场机制为商业银行的经营提供了良好的市场环境。一方面，资金供求者集中，市场资金充裕且流动顺畅，有利于市场利率的形成，合理的市场利率会约束商业银行规范经营，促进社会资源的有效配置；另一方面，发达的金融市场上的丰富的融资渠道和信用工具又为商业银行调整资金头寸、规避风险提供了宽松的市场环境，有利于安全性、流动性和盈利性方针的实现。但是金融市场的发展使得直接融资的数量、渠道、方式、方法越来越多，这必然给银行这种间接性质的融资活动带来压力，要求银行经营活动适应这种变化，相应的调整自己业务活动的方式、方法，否则很难生存和发展。

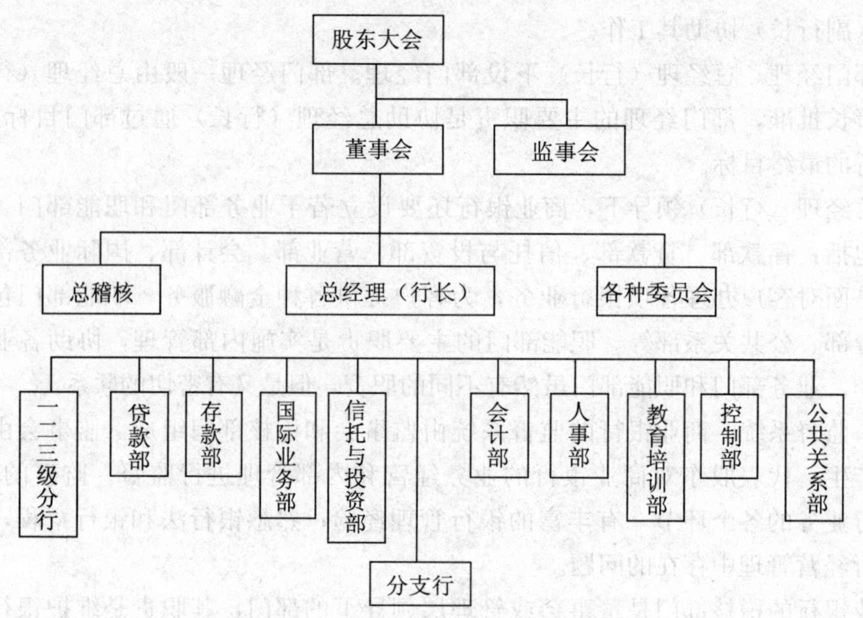

图 1-4 典型商业银行法人治理结构

3. 法律法规

商业银行是金融企业，必须依法经营。设立及管理银行机构必须了解当地的法律法规，包括对商业银行机构设置及业务活动的鼓励及限制政策、对工商企业投资的政策、鼓励个人消费的政策以及对外投融资政策等。银行机构应设立在法律环境有利于银行业务发展的地区。

4. 宏观经济政策

经济金融政策对银行的影响来自很多方面，其中，中央银行的货币政策对银行的影响可谓最为直接。因为货币政策的改变会直接引起商业银行的信贷规模、利率、存款准备金等方面发生改变，而这些毫无疑问会对商业银行的经营管理活动、对商业银行的经营效益产生直接的影响。一般来说，宽松的货币政策有利于银行业务经营管理活动的开展，反之则不利于业务管理活动的开展。

本章小结

1. 商业银行银行是提供包括信贷、储蓄、支付服务在内的最广泛金融服务和在经济中发挥最广泛金融服务功能的金融机构。第二次世界大战以后，一些国家的商业银行开始向全能银行转变，目前大多数国家的商业银行已成为“金融百货公司”。

2. 商业银行是从货币兑换商演变而来，第二次世界大战以后，特别是 20 世纪 70 年代以来，商业银行取得了快速发展。中国的商业银行出现较晚，新中国的商业银行在改革开放以后，特别是《商业银行法》颁布实施以后取得了长足发展。

3. 当代商业银行发展呈现出合并与扩张，业务全球化、多元化与集中化，竞争日趋激烈化，技术进步与自动化，银行资产证券化及金融创新层出不穷等趋势。

4. 现代经济中商业银行的功能不断扩大，主要表现在金融中介功能、支付中介功能、信用创造功能及金融服务功能。

5. 商业银行在金融市场和金融体系中发挥着弥补金融体系的不完善、代理监督及调节经济的作用。

6. 商业银行的管理要遵循安全性、流动性与盈利性协调统一的原则。

7. 商业银行管理的环境包括内部环境和外部环境。内部环境主要包括商业银行的组织形式和治理结构；外部环境主要指其所处的金融生态环境，主要包括地区经济发展水平、金融市场的发达程度、法律法规以及宏观经济政策等因素。

本章习题

一、单选题

1. 早期商业银行的主要资金来源（　　）。

A. 定期存款　　B. 活期存款　　C. 短期贷款　　D. 长期贷款

2. 清政府在上海成立（　　）标志着中国近代商业银行的产生。

A. 盐业银行　　B. 金城银行　　C. 中国通商银行　　D. 兴业银行

3. 1694 年在创建的（　　），标志着现代银行的产生，为商品经济的发展创造了条件。

A. 威尼斯银行　　B. 阿姆斯特丹银行

C. 纽伦堡银行　　D. 英格兰银行

4. 新中国成立前全国北方金融中心是（　　）。

A. 北京　　B. 济南　　C. 天津　　D. 沈阳

5. （　　）银行曾于 1958 年改为财政部基建财务司，专门办理基本建设财政性拨款业务。

A. 中国建设银行　　B. 中国交通银行

C. 中国工商银行　　D. 中国农业银行

6. 1983年，（　　）银行在业务上划归中国人民银行领导，奠定了我国建立中央银行体制的基础。

A. 中国交通银行　　B. 中国建设银行
C. 中国工商银行　　D. 中国农业银行

7. 1979年银行体制改革以来，以中央银行为领导、以（　　）为主体、多种金融机构并存、分工协作的金融体系初步形成。

A. 农业发展银行　　B. 进出口银行
C. 国有专业银行　　D. 国家开发银行

8. 以下不属于城市商业银行的是（　　）。

A. 北京银行　　B. 南京银行　　C. 宁波银行　　D. 渤海银行

9. 我国第一家主要由民营企业投资的全国性股份制商业银行是（　　）。

A. 中国光大银行　　B. 上海浦东发展银行
C. 华夏银行　　D. 中国民生银行

10. 农村合作银行是在合并（　　）的基础上组建的。

A. 农村信用社　　B. 农村合作社
C. 村镇银行　　D. 农村资金互助社

11. 下列哪种方式可以可以快速进入国外客户群体（　　）。

A. 设立分支机构　　B. 收购外国金融机构
C. 设立合资银行　　D. 空壳银行

12. 设立空壳银行的目的是（　　）。

A. 逃避所在国银行监管　　B. 了解海外市场
C. 开展业务获取盈利　　D. 逃避设立分支行限制

13. 商业银行竞争日趋激烈化，（　　）成为银行争夺的对象。

A. 业务活动　　B. 技术　　C. 客户　　D. 人才

14. “银行为客户账户办理资金转账支付，节省流通中的现金和支票”属商业银行（　）功能。

A. 金融中介功能　　B. 支付中介功能
C. 信用创造功能　　D. 金融服务功能

15. 商业银行（　）是其经营管理状况的综合反映。

A. 资金的安全性　　B. 存款吸收额度
C. 盈利水平高低　　D. 资产流动程度

16. 世界上大多数国家的商业银行普遍采取的组织形式为（　　）。

A. 单元银行制　　B. 总分支行制
C. 银行持股公司制　　D. 连锁银行制

17. 下列哪项不包括在总分行制的三种类型之中（　　）。

A. 总行制　　B. 总管理处制
C. 分办事处制　　D 地区分行制

18. 美国花旗银行的组织形式为（　　）。
A. 单元银行制　　B. 总分支行制
C. 银行持股公司制　　D. 连锁银行制

19. 下列不属于商业银行决策系统的是（　　）。
A. 总经理（行长）　　B. 股东大会
C. 监事会　　D. 稽核部门

20. 商业银行经营管理的外部环境主要指（　　）。
A. 银行组织方式　　B. 经营管理机制
C. 人才培养环境　　D. 金融生态环境

二、判断题

1. 英国早期的银行是从货币兑换业演变而来的。（　　）

2. 1694 年在英国伦敦创建的英格兰银行，标志着股份制银行的产生。（　　）

3. “大一统”的银行体制，其根本特征是全国只存在一家银行，即中国人民银行。（　　）

4. 1986 年 7 月恢复成立了新中国成立以后的第一家股份制商业银行——建设银行。（　　）

5. 国务院颁布《中华人民共和国外资银行管理条例》，标志着中国正式全面开放银行业。（　　）

6. 银行以贷款形式将金融工具划分为最小的单位，适应广大个人投资者的需要。（　　）

7. 对于存款者来说，由于银行在搜集和分析金融信息方面的优势，完全可以作为存款者的代理人对银行借款者的财务状况进行监督，以免其存款遭受损失。（　　）

8. 商业银行是典型的盈利经营，资金主体部分来源于客户的存款和借入款。（　　）

9. 金融市场的发展使得直接融资的数量、渠道、方式、方法越来越多，这必然给银行这种间接性质的融资活动带来压力。（　　）

10. 中央银行的财政政策对银行的影响可谓最为直接。（　　）

三、多选题

1. 在中国，商业银行的定义是依照《中华人民共和国商业银行法》和《中华人民共和国公司法》设立的（　　）的企业法人。
A. 吸收存款　　B. 发放贷款
C. 办理信托业务　　D. 办理结算业务

2. 近代商业银行的特点有（　　）。
A. 利息水平可承受　　B. 放贷金额较高

C. 金融服务职能扩大　　D. 信用创造职能

3. 南三行是指（　　）。

A. 浙江兴业银行　　B. 浙江实业银行

C. 浙商银行　　D. 上海商业储蓄银行

4. 近年来，城市商业银行呈现出的发展趋势（　　）。

A. 积极引进战略投资者　　B. 跨区经营

C. 联合重组　　D. 上市融资

5. 商业银行业务全球化趋势的四种形式（　　）。

A. 设立分支机构　　B. 收购外国金融机构

C. 设立合资银行　　D. 空壳银行

6. 商业银行之间的竞争主要体现有（　　）。

A. 业务活动竞争　　B. 技术竞争

C. 客户竞争　　D. 人才竞争

7. 最具前途和生命力的银行服务渠道（　　）。

A. 传统的分支机构　　B. 电话银行

C. 网上银行　　D. 自动柜员机

8. 现代经济中商业银行的功能主要有（　　）。

A. 金融中介功能　　B. 支付中介功能

C. 信用创造功能　　D. 金融服务功能

9. 商业银行的管理原则主要包括（　　）。

A. 创新性原则　　B. 安全性原则

C. 流动性原则　　D. 盈利性原则

10. 商业银行法人治理结构一般包括（　　）。

A. 策划系统　　B. 决策系统　　C. 执行系统　　D. 监督系统

四、综合题

1. 简述商业银行的功能。

2. 当代商业银行的发展趋势对我国商业银行改革有哪些启示？

3. 现代银行业务发生变化的原因是什么？

4. 商业银行应该贯彻哪些经营原则？

第二章　商业银行财务报表与财务评价

学习目标

系统学习商业银行基本财务报表的组成及财务评价方法。

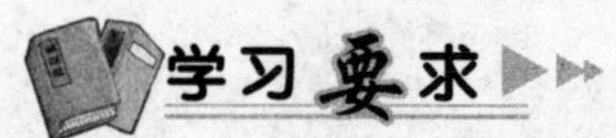

了解：资产负债表、利润表、现金流量表的基本构成及其相互关系。

掌握：商业银行财务评价指标与财务评价方法。

第一节　商业银行财务报表

一、资产负债表

资产负债表是反映银行资金来源与资金运用的财务报表，又称财务状况表。它是一种存量报表，反映的是特定时点上银行资金流入与流出的数量和结构。通过资产负债表不仅可以了解银行资金来源与运用的规模、渠道、结构和清偿能力，还可以了解商业银行的经营特色和管理水平。

（一）资产负债表的编制基础及主要科目

资产负债表的编制是建立在如下恒等式的基础之上的：

资产＝负债＋所有者权益

其具体科目如表 2－1 所示：

表 2－1　　资产负债表的基本科目

资产	负债与所有者权益
现金（一级准备）	存款：
流动性证券资产（二级准备）	交易账户存款
证券投资	储蓄存款

续 表

资产	负债与所有者权益
贷款：	定期存款
消费者贷款	非存款性借款
不动产贷款	所有者权益：
商业贷款	股本
农业贷款	资本盈余
金融机构贷款	留存收益
其他资产（房地产、设备等）	资本储备

（二）资产负债表反映的资金来源与运用

资产负债表反映的资金来源于运用的关系如表 2－2 所示：

表 2－2　　资产负债表反映的资金来源与运用的关系

资金运用	资金来源
贷款与租赁	公众存款
证券投资	借入资金
在其他金融机构的现金和存款	股东权益

二、利润表

利润表又称损益表，是反映一定时期内一家商业银行收支流量的报表。通过商业银行一定时期内收支情况的配比，可以反映出银行的盈亏状况。

（一）利润表的编制基础及其主要内容

利润表的编制是建立在如下恒等式的基础之上的：

利润＝收入－支出

其收入与支出配比的基本内容如表 2－3 所示：

表 2－3　　利润表反映的收入支出的基本内容

收入	支出
贷款收入	存款支出
证券收入	非存款性借款支出
现金资产收入	薪金和税收支出
其他收入	其他支出
利润＝收入－支出	

（二）利润表与资产负债表的关系

利润表与资产负债表都是银行的财务报表，两者反映的内容不同。资产负债表是存量报表，反映的是特定时点上资金流入（来源）与资金流出（运用）状况，是银行经营活动的静态体现。利润表是流量报表，反映的是一定时期内收支流量（收益与费用）的记录。但是两者又有很大的相关性：资产负债表上的资产主要产生利润表中的营业收入，而负债则产生绝大部分的营业支出；资产负债表的一部分资本项目是从银行收入或利润中提取的，银行盈利越多，提取的资本公积金越多，资本实力越强。

三、现金流量表

现金流量表又称资金来源与运用报表，是反映银行在一定时期内资金来源与运用及增减变化的财务报表。随着银行经营环境的变化和竞争的加剧，财务管理的重要性日益增强，现金流量表对银行来说尤为重要。

（一）现金流量表的编制基础及主要内容

现金流量表以资金变动为基础，以资金来源与运用的变化为对象，揭示资金来源与运用的关系及变化的动态过程。其编制是建立在如下恒等式的基础之上的：

一定时期内提供给银行的资金来源＝一定时期内银行的资金运用

资金来源主要包括三项：

第一，银行经营所得资金，它由净利润扣除应计收入，加上仅在账面上得以处理而资金未流出银行的注销会计科目的余额。在银行利润所得中，应计收入但非真实的现金流入，应当扣除；对其他会计科目已注销但未流出银行的收入，应当计入银行的资金来源中，一般包括计提的折旧、待摊费用、贷款损失准备、递延税款贷方发生额等。对净利润进行上述调整的目的在于真实反映银行的实际经营所得。

第二，资产的减少，如现金与存放同业的减少、证券资产的减少等。

第三，负债和股本的增加，这是银行从外部获得的资金来源。

资金运用包括：支付现金股利，它直接导致资金流出银行；减少可用资金，增加盈利资产；债务的减少，银行以可用资金偿还债务是资金的流出。

（二）现金流量表与资产负债表及损益表之间的关系

现金流量表不同于资产负债表。资产负债表虽然反映的也是银行资金来源与资金运用状况，但是，它揭示的是一定时点上资金来源与运用增减变化的结果，是静态存量报表，有助于分析过去和预测未来银行的财务状况。现金流量表反映的则是一定时期内资金来源与运用增减变化过程的动态报表。

现金流量表也不同于损益表。损益表虽然也是动态报表，但是反映的内容是银行一定时期内的收入支出及财务成果，是银行资金运动的结果。现金流量表反映的是一定时期资金来源与资金运用的变化情况。

现金流量表的作用在于说明银行资金来源与运用变化的结果与原因，揭示银行资金运动变化的全过程，通过资金运动状况来说明银行盈亏变化是如何产生的。因此，现金流量表沟通了资产负债表和损益表，将银行的资金运动过程与结果联系起来，是分析银行财务状况和盈亏变化的重要工具。

第二节　商业银行财务评价

一、商业银行财务评价指标

从理论上说，衡量一家银行的业绩，要看其能否全面贯彻银行的经营方针与原则，协调安全性、流动性与盈利性三者的关系，在保证银行经营安全稳健的前提下，获取最大的盈利。按照这一标准，银行业绩的评价指标应当包括盈利性指标、流动性指标、安全性指标，这些指标构成了评价银行业绩的总体指标体系。

（一）盈利性指标

盈利性指标是衡量商业银行运用资金赚取收益同时控制成本费用支出的能力。从理论上说，股票的价值是反映一家银行经营状况的最佳指标，但是影响股票价格的因素很多，股票价格往往不能反映银行业绩的真实情况，特别是对于交投不活跃和未上市的银行股票来说，股票价值失去了评价其业绩的实际意义，因此必须借助于其他盈利性指标来评价银行的业绩。盈利性指标包括：

1. 净值收益率

净值收益率是税后净利润与股权资本的比率，是银行资金运用效率和财务管理能力的综合体现。它反映银行对股东的回报率，即每元股本的获利能力。股东将资本投资于银行，承担一定的资本风险，同时要求获得相应的收益。净值收益率的计算公式为：

$$净值收益率=\frac{税后净利润}{股权资本额}\times 100\%$$

2. 资产收益率

资产收益率是税后净利润与总资产的比率，用单位资产的获利能力表示。资产收益率指标反映银行将资产转化为净收益的能力，表明银行运用资产的管理效率。资产收益率的计算公式为：

$$资产收益率=\frac{税后净利润}{资产总额}\times 100\%$$

3. 净利息收益率

净利息收益率即银行利差率，是银行净利息收入与盈利资产的比率。它反映银行运用资产的收益扣除吸收资金成本的毛利率。该指标表明银行信用中介业务的获利能力。净利息收益率的计算公式为：

$$净利息收益率=\frac{利息收入-利息支出}{盈利资产总额}\times 100\%$$

公式中利息收入包括贷款与证券投资的利息收入，利息支出包括存款与借入款的利息支出，盈利资产是指总资产中减去现金资产、固定资产后的资产。净利息收益率实际上是将利差收入的增长幅度与盈利资产增长幅度加以比较，净利息收益率的提高表明净利息收入的增长快于盈利资产的增长，银行在增加盈利资产的同时，较好地控制了利息成本，银行经营效率高。因此，银行提高净利息收益率的途径是合理组合资产，提高资产收益率；降低不良资产比重，增强盈利资产的获利能力；重视负债结构，降低负债成本。

4. 净非利息收益率

净非利息收益率是净非利息收入与盈利资产的比率，它反映银行服务性收入与非利息成本之间的关系，表明银行金融服务性业务的获利能力。净非利息收益率的计算公式为：

$$净非利息收益率=\frac{非利息收入-非利息支出}{盈利资产总额}\times 100\%$$

公式中非利息收入包括存款服务费和其他服务性收入，如手续费佣金收入、汇兑业务收入、代理业务收入等。非利息支出主要包括提取的贷款损失准备、薪金及福利支出、固定资产折旧等管理费用支出、其他支出等。这一考核指标可以间接反映银行的管理效率。有些银行虽然手续费收入在收入总额中的比重不断上升，但由于赶不上非利息成本的上升幅度，净非利息收益率为负值。

5. 财务杠杆比率

财务杠杆比率又称资本乘数，是总资产与资本的比率。该指标反映一定量资本推动资产运动的能力。财务杠杆比率用公式表示为：

$$财务杠杆比率=\frac{资产总额}{资本总额}\times 100\%$$

财务杠杆比率所以叫资本乘数，是因为在资产收益率一定的情况下，资本推动资产运动的能力越强，意味着银行的负债额越大，净值收益率越高。

6. 银行利润率

银行利润率是税后净收益与营业收入的比率。该比率反映银行控制成本费用和贷款定价政策的有效性。银行利润率用公式表示为：

$$银行利润率=\frac{税后净利润}{营业收入总额}\times 100\%$$

银行税后净利润是营业收入扣除营业支出后的净额，在银行营业收入一定的情况下，支出增长，税后净利润下降；反之，净利润增加。因此提高银行利润率，必须严格控制支出，如果收入与支出等比率增减，银行利润率不会发生变化。

7. 资产利用率

资产利用率又称资产周转率，是营业收入与总资产的比率。该比率反映银行资产获取毛收益的能力。资产利用率用公式表示为：

$$资产利用率=\frac{营业收入总额}{资产总额}\times 100\%$$

8. 盈利资产率

盈利资产率是收益资产总额与总资产的比率，用公式表示为：

$$盈利资产率=\frac{盈利资产总额}{资产总额}\times 100\%$$

其中盈利资产总额由贷款总额、证券投资总额和租赁资产总额三部分组成。该比率用以衡量银行收益资产比重，反映资产结构的合理性与运用资产的有效性。

9. 净营业收益率

净营业收益率是净营业收入与资产总额的比率，它反映纳税前银行资产的收益率，用公式表示为：

$$净营业收益率=\frac{净营业收入}{资产总额}\times 100\%$$

10. 每股盈利

每股盈利反映银行股票的每股收益率，计算公式为：

$$每股盈利=\frac{税后净收益}{发行在外的普通股股数}$$

（二）流动性指标

流动性指标反映银行流动性供给和实际或潜在的流动性需求之间关系，是平衡盈利性与安全性的杠杆。商业银行资金来源的特殊性，决定了流动性指标在经营业绩指标中的重要性，只有满足银行经营活动所需要的资金流动性，才能保证经营的安全性，盈利性才能够实现。流动性的指标包括资产流动性、负债流动性和综合性三类。

1. 资产流动性指标

（1）现金资产比例。即现金资产与总资产的比率。现金资产是流动性最强的资产，可随时动用应付客户贷款和兑付存款。这一比率越高，表明银行资产流动性越强。但是现金资产的盈利性很低甚至无盈利，如果比重过高，超过了银行的流动性需求，则意味着盈利资产比重降低，银行盈利能力下降。用公式表示为：

$$现金资产比例=\frac{现金资产}{总资产}\times 100\%$$

（2）短期债券比例。即短期债券与总资产的比率。银行持有的短期债券主要包括政府发行的国库券和货币市场的商业票据。短期债券主要以满足流动性需要为目的。用公式表示为：

$$短期债券比例=\frac{短期债券}{总资产}\times 100\%$$

（3）证券资产比例。指银行持有的全部证券资产在总资产中的比重。银行持有的证券资产可以随时在二级市场上出售，用以满足流动性需求。证券资产的流动性大小，主要看银行能否在购入成本不受损失的情况下将其迅速变现。用公式表示为：

$$证券资产比例=\frac{证券资产}{总资产}\times 100\%$$

（4）短期贷款比例。即短期贷款在总资产中的比例。贷款是银行的主要盈利性资产，大多有固定期限，在到期之前很少能为银行提供流动性供给。但是一年期以内的短期贷款，在一个营业周期内能自动清偿，可提供一定的现金流，因此短期贷款比例可作为衡量银行资产流动性的重要指标。该指标越高，表明贷款的流动性越强。用公式表示为：

$$短期贷款比例=\frac{一年期以内的贷款}{总资产}\times 100\%$$

2. 负债流动性指标

负债流动性指标主要指易变负债比例。易变负债指银行负债中波动较大、来源不稳定的负债。包括同业拆借、大额可转让存单和其他各类短期借款。银行虽然可以通过在货币市场借入短期资金来弥补资金头寸的不足，但借入资金是不稳定的资金来源，不仅成本较高，而且受市场因素影响很大。银行如果过多地依赖易变负债解决流动性问题，会加大银行的流动性风险。

3. 综合类指标

（1）短期资产负债比例。即短期资产与易变负债的比率。该指标反映银行弥补流动性不足的实际能力。短期资产是银行流动性供给的稳定来源，若其数额大于易变负债，表明银行流动性供给具有相对稳定性，银行流动性风险较小，反之相反。用公式表示为：

$$短期资产负债比例=\frac{短期资产}{易变负债}\times 100\%$$

（2）预期现金流量比。即预计现金流入与现金流出之比。银行现金流入包括到期资产的收回、存款和借入款的增加。现金流出包括正常贷款的发放、证券投资、兑付存款、支付或有负债、应付承诺贷款等项目。两者比值等于1，表明未来可预见的资金流大致平衡；比值大于1，表明未来流动性状况较好；比值小于1，意味着银行现金供给小于现金需求，流动性会出现问题。用公式表示为：

$$预期现金流量比=\frac{预期现金流入}{预期现金流出}\times 100\%$$

（三）安全性指标

安全性指标，也称为风险指标，是反映银行面临风险的程度和抗风险能力的指标。银行业务经营中面临的基本风险：信用风险、利率风险、清偿风险、经营风险。

1. 信用风险指标

信用风险是指银行贷款到期不能得到偿付的风险。由于银行自有资本在资金来源中只占很小比例，因此其贷款只要有一部分贬值，往往会使银行陷入困境甚至崩溃的边缘。衡量银行信用风险的指标有：

（1）不良贷款比率。该比率是指不良贷款与全部贷款余额之比。用公式表示为：

$$不良贷款比率=\frac{不良贷款}{全部贷款余额}\times 100\%$$

贷款分类是按风险大小不同进行的。不良贷款主要包括次级、可疑和损失三类。不良贷款比率反映了银行贷款质量存在问题的严重程度，是判断银行贷款质量和信用风险的主要指标之一。为了反映银行不良贷款的构成，还必须计算以下三个比率：

$$次级贷款比率=\frac{次级贷款余额}{全部贷款余额}\times 100\%$$

$$可疑贷款比率=\frac{可疑贷款余额}{全部贷款余额}\times 100\%$$

$$损失贷款比率=\frac{损失贷款余额}{全部贷款余额}\times 100\%$$

（2）贷款净损失率。该比率即贷款净损失与贷款余额的比率。用公式表示为：

$$贷款净损失比率=\frac{贷款净损失}{全部贷款余额}\times 100\%$$

其中贷款净损失是指已被银行确认并冲销的贷款损失与此后经过银行努力，又重新收回部分的差额。该比率反映银行资产真实损失情况。其比值越大，银行信用风险越大。

（3）贷款损失准备率。该比率即贷款损失准备金与贷款净损失的比率。贷款损失准备金来自于历年的税前利润，直接用于弥补贷款损失。该项指标越高，表明银行防范信用风险的能力越强。该指标用公式表示为：

$$贷款损失准备率=\frac{贷款损失准备金}{贷款净损失}\times 100\%$$

（4）贷款损失保障倍数。该比率即当期利润加上贷款损失准备金之和与贷款净损失的比率。该指标越高，表明银行弥补贷款损失的实力越强。用公式表示为：

$$贷款损失保障倍数=\frac{当期利润+贷款损失准备金}{贷款净损失}\times 100\%$$

2. 利率风险指标

利率风险是指市场利率变化对银行利润率的影响。市场利率的变化会同时影响利率敏感性资产的收入和利率敏感性负债的成本，从而影响银行的利差收入和利润率的变化。利率敏感性资产是指其收益率随市场利率变化的资产，利率敏感性负债是指利率成本随利率变化的负债。衡量银行利率风险的指标有：

（1）利率灵敏度。即利率敏感性资产与利率敏感性负债的比率。用公式表示为：

$$利率灵敏度=\frac{利率敏感性资产}{利率敏感性负债}$$

利率灵敏度其标准值等于1。若该比率大于1，在市场利率上升时，银行利润率提高，市场利率下降时，银行利润率下降；该比率小于1，在市场利率下降时，银行利润率提高，在市场利率上升时，银行利润率下降。

（2）敏感性缺口。是利率敏感性资产与利率敏感性负债的差额。用公式表示为：

$$敏感性缺口＝利率敏感性资产－利率敏感性负债$$

该指标的标准值为 0。当比值大于 0 时，若市场利率上升，银行利润率提高，市场利率下降，银行利润率减少；当比值小于 0 时，市场利率下降，银行利润率提高，市场利率上升，银行利润率下降。

3. 清偿风险指标

清偿风险是指银行资产价值下降，以至不能偿付银行债务而破产的风险。当银行不良贷款过多或证券组合中大部分资产价值下降，或在出售时遭受损失，就会大量减少银行资本，使银行信誉下降，银行在市场上筹集资金的能力降低，影响银行的流动性和偿付能力。如果银行投资者和存款者意识到这种风险，并从银行撤出资金，银行将面临清偿和破产的危险。衡量清偿风险的指标有：

（1）净值与资产总额的比率。用公式表示为：

$$净值与资产总额的比率＝\frac{净值}{资产总额}\times 100\%$$

该比率表示银行资本承担资产损失的能力，指标越高，表明银行承受资产损失的能力强。其特点在于计算简便，但不能反映不同资产的风险程度及其变化。

（2）净值与风险资产的比率。用公式表示为：

$$净值与风险资产的比率＝\frac{净值}{风险资产}\times 100\%$$

风险资产是总资产中扣除现金资产、固定资产和政府短期债券资产后的余额。该指标体现资本承担资产损失的保护性功能，更准确地反映了银行的清偿能力和资本风险的大小。

（3）一级资本与总资产的比率。用公式表示为：

$$一级资本与总资产的比率＝\frac{一级资本}{资产总额}\times 100\%$$

一级资本是银行资本中最稳定的部分，可以用来弥补任何损失。一级资本主要包括普通股和非累积优先股。该比率越高，表明银行资本实力越强。

4. 经营风险指标

经营风险就是指经营成本与原来的预期目标发生较大的偏差，从而引起净收入和公司价值下降的可能性。银行在经营过程中，由于未能有效地控制直接成本和雇员操作的失误，就得承担经营风险。有时银行还必须承担由于雇员和顾客的不轨行为造成的损失。经营风险的主要指标有：

（1）运营效率。该比率即营业支出与营业收入的比率。用公式表示为：

$$运营效率＝\frac{营业支出}{营业收入}\times 100\%$$

（2）薪金福利费用率。该比率即营业支出中薪金福利费所占比率。用公式表示为：

$$薪金福利费用率＝\frac{薪金福利费}{营业支出总额}\times 100\%$$

该指标反映银行非利息成本控制的情况。因为薪金福利费是非利息成本的主要构成部分。

(3) 每雇员生产率。用公式表示为：

$$每雇员生产率=\frac{净营业收入}{同类全日制雇员人数}\times 100\%$$

该指标反映银行使用自动化设备和培训雇员、提高效率的情况。该指标越高，表明银行的管理效率越高。

二、商业银行财务评价方法

所谓商业银行财务评价方法，是指以反映商业银行盈利性、流动性和安全性的指标为基础，对商业银行整体财务竞争力作出全面的业绩分析与评价。其中杜邦分析法是最常用的方法。

（一）杜邦分析法

杜邦分析法是由美国杜邦公司的经理创造的，是一种典型的综合分析法。它将银行经营业绩看作一个系统，从系统内盈利能力和风险因素的相互制约关系入手进行分析，从而对银行经营绩效做出比较全面的评估。杜邦分析法的核心是股本收益率，该指标有很强的综合性。杜邦分析法的主要思路是：将股本收益率指标层层分解以便找出影响股本收益率最基本的因素，所以也将杜邦分析法称为指标分解法。杜邦分析法克服了比率分析法将银行业绩人为地分为几个方面、割裂了相互间联系的缺点，将银行盈利能力与风险状况结合起来对银行的经营业绩做出评估。

1. 两因素的杜邦财务分析

两因素的杜邦财务分析是杜邦分析的基本出发点，集中体现了杜邦分析法的分析思想。其模型为：

$$ROE=ROA\times EM$$

其中，*ROE*——股本收益率（Return on Equity）；

ROA——资产收益率（Return on Assets）；

EM——股本乘数（Equity Multiplier）。股本乘数＝资产总额/股本总额，反映银行资本管理效率。

ROE 是股东所关心的与股东财富直接相关的重要指标。上面的两因素模型显示，ROE 受资产收益率（ROA）和股本乘数（EM）的共同影响。资产收益率（ROA）是银行盈利能力的集中体现，它的提高会带来 ROE 的提高，即 ROE 指标间接反映了银行的盈利能力。

ROE 指标也可体现银行的风险状况。提高股本乘数（EM），可以改善 ROE 水平，但也带来更大风险。一方面，股本乘数（EM）加大，银行净值比重降低，清偿力风险加大，资产损失较易导致银行破产清算。另一方面股本乘数（EM）会放大资产收益率的波动幅度，较大的股本乘数（EM），导致 ROE 不稳定。

2. 三因素及四因素的杜邦财务分析

三因素及四因素的杜邦财务分析模型为：

$$
\begin{aligned}
ROE &= ROA \times EM \\
&= PM \times AU \times EM \\
&= TME \times EME \times AU \times EM
\end{aligned}
$$

其中，PM——净利润率$=\dfrac{\text{税后净收入}}{\text{营业总收入}}\times 100\%$；

AU——资产利用率$=\dfrac{\text{营业总收入}}{\text{资产总额}}\times 100\%$；

TME——税赋管理效率$=\dfrac{\text{税后净收入}}{\text{税前净收入}}\times 100\%$；

EME——支出管理效率$=\dfrac{\text{税前净收入}}{\text{营业总收入}}\times 100\%$。

首先，银行净利润率（PM）的提高，要通过合理的资产和服务定价来扩大资产规模，增加收入，同时控制费用开支使其增长速度小于收入增长速度才能得以实现，因而该指标是银行资金运用能力和费用管理效率的体现。

其次，资产利用率（AU）体现了银行的资产管理效率。银行的资产组合包括周转快、收益低的短期贷款、投资，又包括期限长、收益高的长期资产，还包括一些非盈利资产。各类资产在经营中都起一定作用，不可或缺。良好的资产管理可以在保证银行正常经营的情况下提高其资产利用率，导致 ROA 指标的上升，最终给股东带来更高的回报率。

最后，银行净利润率不只是同其资金运用以及费用管理效率相关，也同银行的税赋支出有关。银行税前利润是其营业中的应税所得，不包括免税收入和特殊的营业外净收入。TME（税后净收入/税前净收入）越高，反映银行的税赋支出越小，税赋管理较为成功。EME（税前净收入/营业总收入）也反映了银行的经营效率，是银行资金运用和费用管理能力的体现。实际上，将 PM 分解为 TME 和 EME 后，就得到了四因素的杜邦分析模型。

（二）商业银行财务评价实例

商业银行财务评价实验教学案例，以中国工商银行股份有限公司 2009—2011 年连续 3 年的财务报表为蓝本，通过对工商银行连续 3 年财务报表的分析，使学生全面掌握资产负债表、利润表、现金流量表等财务报表的阅读与分析，同时掌握指标分析及杜邦分析等分析方法。

1. 目标银行总体概况与发展环境

2005 年，中国工商银行完成了股份制改造，正式更名为中国工商银行股份有限公司（简称工商银行）；2006 年，中国工商银行成功在上海、香港两地同步发行上市。公开发行上市后，工商银行共有 A 股 250962348064 股，H 股 83056501962 股，总股本 334018850026 股。

2011年，工商银行发展面临的环境复杂多变。从国际看，欧债危机持续蔓延，国际金融市场动荡不安，大宗商品价格大幅震荡，一些主要经济体经济增速下滑，新兴市场国家通胀压力较大，各种形式的保护主义愈演愈烈，世界经济复苏的不稳定性与不确定性上升；从国内看，经济发展中的不平衡、不协调、不可持续的矛盾和问题依然突出，经济增长下行压力与物价上涨压力并存，中小企业生产经营困难加重，经济结构调整任务艰巨。

面临新形势下的挑战，工商银行积极应对，继续保持了健康平稳的发展势头，在各个领域取得了新的发展与进步。截至2011年年底，工商银行市值总额2280亿美元，继续保持全球上市银行第一的位置；经营网络扩展至33个国家和地区，金融产品总量达到3200余种；实现净利润2084.45亿元，较上年增长25.6%；不良贷款余额和不良贷款率连续12年实现双降；资本充足水平大幅提升，一般资本充足率13.17%，核心资本充足率10.07%。

2. 财务报表评价

（1）资产负债表评价。2009—2011年工商银行资产负债简要情况如表2-4至表2-6所示：

表2-4　　中国工商银行2009—2011年资产结构表　　金额单位：百万元

项目	2011年12月31日		2010年12月31日		2009年12月31日	
	金额	占比（%）	金额	占比（%）	金额	占比（%）
客户贷款及垫款净额	7594019	49.1	6623372	49.2	5583174	47.4
证券投资净额	3915902	25.3	3732268	27.7	3599173	30.5
现金及存放中央银行款项	2762156	17.8	2282999	17.0	1693048	14.4
存放和拆放同业及其他金融机构款项净额	478002	3.1	248860	1.8	235301	2.0
买入返售款项	349437	2.3	262227	2.0	408826	3.5
其他	377352	2.4	308896	2.3	265531	2.2
资产合计	15476868	100.0	13458622	100.0	11785053	100.0

通过表2-4我们发现中国工商银行2009—2011年资产结构存在以下两点变化：

第一，证券投资比重逐渐下降，贷款比重逐渐上升。2009—2011年中国工商银行证券投资净额占总资产比例从30.5%下降到25.3%，而客户贷款及垫款净额从47.4%上升到49.1%。这表明虽然证券市场不断发展，但这并没有使证券资产成为银行资产的主要形式。因为，每一种金融机构都需要充分发挥其比较优势，而商业银行的比较优势不在于证券投资，而在于贷款。伴随着金融市场的不断发展，商业银行的这种比较优势变得更加明显。

第二，现金类资产（现金、中央银行存款、同业及其他金融机构存款）占总资产比重逐年上升。中国工商银行现金类资产比重从2009年的16.4%，上升到2010年的18.8%和2011年的20.9%。这体现了在次贷危机后，中国工商银行越发重视流动性管理。通过拥有更多的具有较强流动性和变现能力的金融资产，使得企业面临的流动性风险大幅度降低。

表2-5 中国工商银行2009—2011年负债结构表 金额单位：百万元

项目	2011年12月31日		2010年12月31日		2009年12月31日	
	金额	占比（%）	金额	占比（%）	金额	占比（%）
客户存款	12261219	84.5	11145557	88.2	9771277	88.0
同业及其他金融机构存款和拆入款项	1341290	9.2	1048002	8.3	1001634	9.0
卖出回购款项	206254	1.4	84888	0.7	36060	0.3
已发行债务证券	204161	1.4	102264	0.8	75000	0.7
其他	506121	3.5	256254	2.0	222148	2.0
负债合计	14519045	100.0	12636965	100	11106119	100.0

通过分析表2-5中的数据，我们发现中国工商银行2009—2011年负债结构存在以下两点变化：

第一，存款竞争力不断增强，从2009年到2011年存款绝对量从97712.77亿元增加到122612.19亿元，存款增长率达到25.48%。

第二，负债的主动性有所增强，从2009年到2011年非存款类借款（同业及其他金融机构存款、拆入款项、卖出回购款项、已发行债务证券）绝对量从11126.94亿元增加到17517.05亿元，借款增长率达到57.43%。这总体上表明中国工商银行“资金来源决定资金运用”的被动经营状况已有所改变，“资金运用决定资金来源”的经营理念正在逐渐被认可和接受。

表2-6 中国工商银行2009—2011年资本结构表 金额单位：百万元

项目	2011年12月31日		2010年12月31日		2009年12月31日	
	金额	占比（%）	金额	占比（%）	金额	占比（%）
负债合计	14519045	93.8	12636965	93.9	11106119	94.2
所有者权益合计	957823	6.2	821657	6.1	678934	5.8
资产合计	15476868	100.0	13458622	100.0	11785053	100.0

从表 2－6 中国工商银行资本结构表，可以看出中国工商银行资本拥有量逐年提高，从 2009 年到 2011 年，资本占资产比率从 5.8％增加到 6.2％，资本总额的增加量为 2788.89 亿元，增长率为 41.08％，这说明中国工商银行在充分利用财务杠杆获取利润的同时，其抵抗风险能力在逐渐增强。

（2）利润表评价。2009—2011 年工商银行利润表简要情况如表 2－7 所示：

表 2－7　　中国工商银行 2009—2011 年利润表简表　　金额单位：百万元

项目	2011 年	2010 年	2009 年
利息收入	362764	303749	245821
非利息收入	112450	77072	63633
营业收入	475214	380821	309454
减：营业支出	204214	166334	143460
营业利润	271000	214487	165994
加：营业外收支净额	1311	939	1254
税前利润	272311	215426	167248
减：所得税	63866	49401	37898
净利润	208445	166025	129350

通过对表 2－7 的分析，我们发现以下两点：

第一，中国工商银行利润质量较高，持续发展能力强。从 2009 年到 2011 年，中国工商银行的净利润总额从 1293.50 亿元增长到 2084.45 亿元，增长额为 790.95 亿元，增长率达到 61.15％；营业收入从 3094.54 亿元增长到 4752.14 亿元，增长额为 1657.6 亿元，增长率了达到 53.57％；成本收入比从 32.87％下降到 29.38％，下降了 3.49 个百分点；其每年的净利润占营业收入比例从 41.80％上升到 43.86％，上升了 2.06 个百分点。

第二，利息收入仍是收入的主要部分，业务转型步伐需要加快。从 2009 年到 2011 年，中国工商银行的利息收入占营业收入总额的比例分别为 79.44％、79.76％和 76.34％，总体呈现下降趋势；非利息收入占营业收入比例分别为 20.56％、20.24％和 23.66％，总体呈现逐年上升趋势。这表明中国工商银行的业务收入构成日益合理，但面临利率市场化改革的逐渐接近，工商银行应加快业务转型的步伐，增加非利息业务比重，降低传统的利息业务比重。

（3）现金流量表评价。2009—2011 年工商银行现金流量表简要情况如表 2－8 所示：

表 2-8　　中国工商银行 2009—2011 年现金流量表简表　　金额单位：百万元

项目	2011 年	2010 年	2009 年
经营活动现金流入	2431213	2307021	2424540
减：经营活动现金流出	2083090	2028845	2020678
经营活动现金流净额	348123	278176	403862
投资活动现金流入	1351870	1842414	994382
减：投资活动现金流出	1408603	2002000	1579666
投资活动现金流净额	－56733	－159586	－585284
筹资活动现金流入	103834	95364	40080
减：筹资活动现金流出	67829	91318	56367
筹资活动现金流净额	36005	4046	－16287

在现金流量表分析中，关键是商业银行经营活动中的现金净流量分析。经营活动正的现金净流量表明银行的业务收入足以抵补业务支出，并有剩余资金用于投资和债务的清偿。通过表 2-8，我们发现中国工商银行在 2009—2011 年，经营活动净现金流均为正值，总体状况良好。而且中国工商银行经营活动现金流量比①在 2009—2011 年，其数值分别为 83.34%、87.94%和 85.68%。这说明中国工商银行业务状况良好，货币资金回笼较快，现金净流量充裕。但 2011 年和 2010 年经营活动现金净流量相对于 2009 年而言，分别下降了 557.39 亿元和 1256.86 亿元，应加以关注。

3. 财务指标评价

财务指标评价是结合资产负债表、损益表及现金流量表的相关项目，采用对比的方法得到一组关于盈利性、流动性和安全性的财务比率指标，通过计算和分析这些比率达到对商业银行绩效的基本认识。

（1）盈利性指标评价。2009—2011 年中国工商银行盈利性指标具体情况如表 2-9 所示：

表 2-9　　中国工商银行 2009—2011 年主要盈利性指标　　（%）

年份 / 盈利性指标	2011	2010	2009
净资产收益率	21.76	20.21	19.05
总资产收益率	1.35	1.23	1.08
净利息差	2.49	2.35	2.16

① 经营活动现金流量比＝经营活动现金流出量/经营活动现金流入量。

续 表

盈利性指标 \ 年份	2011	2010	2009
净利息收益率	2.61	2.44	2.26
成本收入比	29.38	30.61	32.87

从表 2－9 中可以发现，2009—2011 年，中国工商银行的盈利水平在稳步提高，成本控制效率不断增强。

（2）流动性指标评价。2009—2011 年中国工商银行流动性指标具体情况如表 2－10 所示：

表 2－10　　中国工商银行 2009—2011 年主要流动性指标　　（%）

项目	年份	2011	2010	2009
流动性比率	人民币	27.6	31.8	30.7
	外币	90.6	53.4	61.1
贷存款比率	本外币合计	63.5	62.0	59.5

从表 2－10 可以看出，2009—2011 年中国工商银行流动性指标中人民币比率总体呈现下降趋势；外币比率总体呈现上升趋势，而且在 2011 年出现了大幅度增加；贷存款比例以 2%左右的年均速度上升，与银监会确定的人民币流动性比率大于等于 25%、外币流动性比率大于等于 25%、本外币合计贷存款比率小于等于 75%而言，中国工商银行总体流动性状况较好，不存在偿债危机。

（3）安全性指标评价

2009—2011 年中国工商银行安全性指标具体情况如表 2－11 所示：

表 2－11　　中国工商银行 2009—2011 年主要安全性指标　　（%）

安全性指标 \ 年份	2011	2010	2009
不良贷款率	0.94	1.08	1.54
拨备覆盖率	266.92	228.20	164.41
贷款拨备率	2.50	2.46	2.54
核心资本充足率	10.07	9.97	9.90
一般资本充足率	13.17	12.27	12.36

续 表

年份 安全性指标	2011	2010	2009
总权益对总资产比率	6.19	6.11	5.76
加权风险资产占总资产比率	54.58	52.85	50.24

从表 2-11 可以看出，不良贷款率下降以及贷款拨备率和不良贷款拨备覆盖率的上升，说明贷款质量在增强。一般资本充足率和核心资本充足率都呈现上升趋势，但上升幅度不大，这主要是因为后危机时代计提资本准备的影响，但是仍然高于巴塞尔协议规定的最低要求。总权益与总资产比率逐渐下降，财务杠杆作用减弱，财务风险发生的可能性不断降低。加权风险资产占总资产比率呈现上升趋势，表明工商银行面临的经营环境日益复杂，风险管理的难度逐渐增强。

4. 综合体系评价——杜邦分析法

2009—2011 年中国工商银行四因素杜邦分析各指标如表 2-12 所示：

表 2-12　　中国工商银行 2009—2011 年杜邦分析计算表　　(%)

年份 安全性指标	2011	2010	2009
税负管理效率	76.55	77.07	77.34
支出管理效率	57.42	56.57	54.05
资产利用率	3.07	2.83	2.63
股本乘数	1615.84	1637.99	1735.82

从表 2-12 中可以看出，随着管理体制的日益完善，在 2009—2011 年，中国工商银行税负管理效率、支出控制水平以及资产利用率都在稳步提高。股本乘数日益下降表明财务风险发生的可能性逐渐降低，但股本乘数整体水平较高，蕴含的财务风险仍然较大，因此从公司的长远发展来看，工商银行应进一步降低对于财务杠杆的应用。

本章小结

1. 商业银行财务报表是反映商业银行信贷业务活动及其资产负债比例管理和风险资产管理状况结果的综合性报表。包括资产负债表、利润表和现金流量表三类。

2. 资产负债表是反映企业在某一特定日期（如月末、季末、年末）全部资产、负债和所有者权益情况的会计报表。它是一张揭示企业在一定时点财务状况的静态报表。

3. 企业一定会计期间的经营成果既可能表现为盈利，也可能表现为亏损，因此，利润表也被称为损益表。它全面解释了企业在某一特定时期实现的各种收入、发生的各种费用、成本或支出，以及企业实现的利润或发生的亏损情况。

4. 现金流量表是反映一家公司在一定时期现金流入和现金流出动态状况的报表。其组成内容与资产负债表和损益表相一致。通过现金流量表，可以概括反映经营活动、投资活动和筹资活动对企业现金流入流出的影响，对于评价企业的实现利润、财务状况及财务管理，要比传统的损益表提供更好的基础。

5. 杜邦分析法是利用集中主要的财务比率之间的关系来综合地分析企业的财务状况，评价公司盈利能力和股东权益回报水平。采用这一方法，有助于企业管理层更加清晰地看到权益基本收益率的决定因素，以及销售净利润与总资产周转率、债务比率之间的相互关联关系，为报表分析者全面仔细地了解企业的经营和盈利状况提供了方便。

本章习题

一、单选题

1. 反映特定时点上银行资金流入与流出的数量和结构的是（　　）。

A. 资产负债表　　B. 利润表　　C. 现金流量表　　D. 损益表

2. 下列不属于负债与所有者权益的是（　　）。

A. 股本　　B. 资本盈余　　C. 投资证券　　D. 资本储备

3. 资产负债表上的资产主要产生利润表中的（　　）。

A. 现金资产收入　　B. 营业收入　　C. 贷款收入　　D. 证券收入

4. 资金来源主要包括三项，（　　）是银行从外部获得的资金来源的一项。

A. 负债和股本的增加　　B. 银行经营所得资金

C. 资产的减少　　D. 成本的降低

5. 衡量商业银行运用资金赚取收益同时控制成本费用支出的能力的指标是（　　）。

A. 盈利性指标　　B. 流动性指标

C. 创新性指标　　D. 安全性指标

6. 资产收益率是（　　）与总资产的比率，用单位资产的获利能力表示。

A. 税前收入　　B. 税后净收入

C. 利息收入　　D. 非利息收入

7. 反映银行运用资产的收益扣除吸收资金成本的毛利率，表明银行信用中介业务的获利能力的指标是（　　）。

A. 净值收益率　　B. 资产收益率

C. 净利息收益率　　D. 净非利息收益率

8. 反映一定量资本推动资产运动的能力的指标是（　　）。

A. 财务杠杆比率　　B. 银行利润率
C. 资产利用率　　D. 盈利资产比率

9. 不良贷款比率是衡量银行（　　）的指标。
A. 利率风险　　B. 信用风险　　C. 清偿风险　　D. 经营风险

10. 盈利资产总额不包括（　　）。
A. 贷款总额　　B. 证券投资总额
C. 租赁资产总额　　D. 营业收入总额

11. 假设商业银行有资产总额100万，营业收入总额25万，则该商业银行资产利用率为（　　）。
A. 20%　　B. 25%　　C. 30%　　D. 35%

12. 短期债券主要以满足（　　）需要为目的。
A. 安全性　　B. 流动性　　C. 盈利性　　D. 交换性

13. 易变负债不包括（　　）。
A. 同业拆借　　B. 大额可转让存单
C. 商业票据　　D. 其他各类短期借款

14 为了反映银行不良贷款的构成，还须计算三个比率，（　　）不包括在内。
A. 次级贷款比率　　B. 可疑贷款比率
C. 损失贷款比率　　D. 贷款损失准备率

15. 短期贷款比例属于（　　）指标。
A. 资金流动性　　B. 资产流动性　　C. 负债流动性　　D. 综合性

16. 反映银行面临风险的程度和抗风险能力的指标是（　　）。
A. 盈利性指标　　B. 流动性指标
C. 创新性指标　　D. 安全性指标

17. 敏感性缺口指标的标准值为（　　）。
A. −1　　B. 0　　C. 0.5　　D. 1

18. 经营风险的主要指标不包括（　　）。
A. 运营效率　　B. 薪金福利费用率
C. 利率灵敏度　　D. 每雇员生产率

19. 体现银行资金运用能力和费用管理效率的指标是（　　）。
A. 银行净利润率　　B. 资产利用率
C. 股本收益率　　D. 资产收益率

20. EME表示的是税前净收入与（　　）之比。
A. 税后净收入　　B. 营业总收入　　C. 营业净收入　　D. 资产总额

二、判断题

1. 商业银行财务评价就是以商业银行财务报表为基础，运用科学的方法，通过一系列指标的考核，评价商业银行经营状况的过程。（　　）

2. 借入资金对应运用于贷款与租赁。（　）

3. 利润表与资产负债表都是银行的财务报表，两者反映的内容基本相同。（　）

4. 损益表是静态报表，反映的内容是银行一定时期内的收入支出及财务成果，是银行资金运动的结果。（　）

5. 短期债券主要以满足安全性需要为目的。（　）

6. 证券资产比例是指银行持有的全部证券资产在总资产中的比重，银行持有的证券资产可以随时在二级市场上出售。（　）

7. 预期现金流量比值大于1，意味着银行现金供给小于现金需求，流动性出现问题。（　）

8. 风险资产是总资产中扣除现金资产、固定资产后的余额。（　）

9. 杜邦分析法的核心是净营业收益率，该指标有很强的综合性。（　）

10. 股本收益率指标可以体现银行的风险状况。（　）

三、多选题

1. 银行的资金来源主要包括（　）。

A. 银行经营所得资金　　B. 资产的减少

C. 负债的增加　　D. 股本的增加

2. 银行业绩的评价指标应当包括（　）。

A. 盈利性指标　　B. 流动性指标

C. 创新性指标　　D. 安全性指标

3. 盈利资产总额由（　）三部分组成。

A. 贷款总额　　B. 存款总额

C. 证券投资总额　　D. 租赁资产总额

4. 流动性的指标包括（　）三类。

A. 资产流动性　　B. 资金流动性　　C. 负债流动性　　D. 综合性

5. 银行业务经营中面临的基本风险包括（　）

A. 信用风险　　B. 利率风险　　C. 清偿风险　　D. 经营风险

6. 不良贷款主要包括（　）三类。

A. 数额　　B. 次级　　C. 可疑　　D. 损失

7. 影响贷款损失保障倍数的因素有（　）。

A. 前期理论　　B. 当期利润

C. 贷款损失准备金　　D. 贷款净损失

8. 衡量银行利率风险的指标有（　）。

A. 利率灵敏度　　B. 不良贷款比率

C. 敏感性缺口　　D. 流动性缺口

9. 三因素的杜邦分析模型包括（　）。

A. PM　　B. AU　　C. EM　　D. TME

10. 中国工商银行2009—2011年发展概况正确的是（　　）。

A. 贷款比重上升　　B. 盈利水平提高

C. 负债主动性减弱　　D. 利润质量较高

四、综合题

1. 银行资产负债表能提供哪些信息？
2. 利润表的主要内容是什么？
3. 反映商业银行流动性的主要指标有哪些？
4. 杜邦分析法的主要内容是什么？
5. 以某一家银行为例，运用杜邦分析法进行财务评价。

第三章 商业银行资本管理

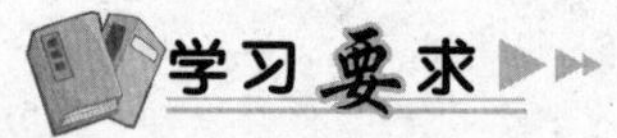

系统学习商业银行资本的构成与功能、资本衡量及资本管理策略。

学习要求

了解：资本的构成与资本的功能。

掌握：《巴塞尔协议Ⅰ、Ⅱ、Ⅲ》下商业银行资本的衡量与计算；商业银行资本管理的策略与资本金计划的制订。

第一节 商业银行资本的构成与功能

一、商业银行资本的构成

关于商业银行资本的构成，各国商业银行一直存在争议。但从现代银行制度出发，股份制商业银行的资本主要由普通股、优先股、资本盈余、留存盈余、法定公积金、资本票据和债券构成。

（一）普通股

普通股是银行发行普通股股票筹集的资本，是银行资本的核心部分。普通股票价值等于银行普通股发行股数乘以面值。普通股是银行最稳定的外部资本来源，最被管理当局重视。

（二）优先股

优先股是指具有某些优先权的股票。优先股股东具有获得固定股息收入的优先权，在公司破产清算时，有优先求偿权。优先股的种类很多，其中永久性非累积优先股无还本付息的压力，与普通股一样是银行最稳定的外源资本。其他种类的优先股由于资本成本较低，又可发挥财务杠杆效应，因此也是银行资本的重要组成部分。

（三）资本盈余

资本盈余又称资本溢价，是指股票发行价格高于票面金额所形成的溢价收入。由于在资本项下的普通股和优先股是按发行总面值列账，因此银行将股票发行价格高于面值的盈余部分，记入资本盈余账户。

（四）留存盈余

留存盈余即未分配利润，是银行历年累积的尚未分配的税后利润。留存收益是银行内部资本的来源，其数额大小取决于银行历年的盈利水平和股息分派政策。

（五）法定公积金

法定公积金是商业银行根据法律规定每年从盈利中提取的盈余。各国金融监管当局对银行盈余公积的提取比例都有明确规定。例如，美国规定，银行每年必须留存10%的收益，直到累计余额与银行股本相等为止；日本规定，商业银行每年从税后利润中提取相当于支付现金股利20%的利润作为法定公积金。我国《金融保险企业财务制度》规定，法定盈余公积金按税后利润的10%提取，直到法定盈余公积金达到注册资本的50%为止。法定公积金构成银行资本的一部分。

（六）资本票据和债券

资本票据与债券是银行的债务性资本。它代表外部投资者投入银行的长期债务资本，其特点是有明确的利息和到期日，求偿权在存款人之后，又称后期偿付债券。资本票据是一种固定利率计息的小面额后期偿付证券，期限7～15年不等。债券的种类很多，包括可转换后偿付债券、浮动利率后偿付债券、选择性利率后偿付债券等。

二、商业银行资本的功能

（一）经营与管理功能

资本的经营与管理功能主要体现在：在开业之前，资本为银行购买土地、修建新建筑、购买设备、雇佣管理者和职员提供了启动资金，并为银行提供了领取营业执照、组织经营所需的营运资金；开业后，资本能提升社会公众对于银行的信心，确保银行信用活动的扩展；额外的资本注入为银行业务创新提供了资金的支持和风险保护，使银行得以扩大市场份额；资本支持了银行资产规模的扩张，充当了银行成长的调节器；监管机构通过资本指标加强对银行的监督管理等。

（二）保护与防御功能

银行资本是吸收存款的基础，为银行对外融资提供保护，同时银行资本可用来承担资产损失，为银行破产提供保护，为银行提供缓冲的机会。另外银行资本与风险是紧密相联的。在经营活动中，所有者将面对来自各方面的风险，银行虽然可以利用提高贷款质量、资产分散化组合或存款保险等多种手段防范风险，但是都要靠银行资本作为最后一道防线。银行资本能够弥补贷款、投资和管理者失误带来的损失，只有当一家银行的风险损失超过股权资本时，其破产才成为现实。

第二节 《巴塞尔协议》与商业银行资本衡量

一、《巴塞尔协议Ⅰ》与商业银行资本衡量

（一）《巴塞尔协议Ⅰ》产生背景

1. 金融监管理论的发展

20 世纪 70 年代开始，理论界将管制理论运用到银行领域并逐渐取得了共识。其中最具有影响的是社会利益论。该理论将管制视为消除或者减少市场破产成本进而保护公众利益的手段，市场破产成本源于自然垄断、外部效应及信息不对称。社会利益理论即找到了管制的依据，也明确了管制的意义和努力方向。因此，该理论为《巴塞尔协议Ⅰ》的产生奠定了理论基础。

2. 国际银行危机的爆发

20 世纪 70 年代以后，由于金融创新、金融衍生工具的广泛使用以及债务危机等多种因素，美国、欧洲先后爆发严重的银行危机，国际上著名的前联邦德国 Herstatt 银行和美国富兰克林国民银行倒闭。美国在整个 20 世纪 80 年代大约有 1100 家商业银行破产，630 家资不抵债的储贷协会要求获得政府救助，商业银行的数目下降了 14%；欧洲的丹麦、瑞典、挪威和芬兰等国家都经历了严重的金融危机。几乎所有大银行都因为巨额的贷款损失而陷入困境。例如，因为发展中国家债务危机的爆发，1982 年，美国最大的十家货币中心银行的国家风险敞口总计达到 560 亿美元，这严重影响了银行经营的信誉和稳定。

3. 银行监管国际化的需要

金融全球化的浪潮带来了银行监管国际化的需要。到 20 世纪 80 年代早期，美国资金中心银行和跨区银行在海外的分行超过了 800 家，银行利润中有 30%到 60%来自于国际业务。日本等国的跨国银行大量扩张金融资产业务，且普遍存在资本充足率要求低于欧美银行的状况。这种国际化趋势的存在一方面限制了国内金融监管的权力与范围，另一方面加剧了国际银行业不平等竞争的局面。因此，客观上要求国际金融组织通过国际间协调完成跨国银行的监管。

4. 巴塞尔委员会的成立

1975 年 2 月，根据时任英格兰银行总裁理查森的建议，在国际清算银行的发起和主持下，由十国集团成员国比利时、荷兰、加拿大、英国、法国、德国、意大利、瑞典、美国、日本及瑞士和卢森堡两个观察员国中央银行的银行监督管理官员在瑞士巴塞尔召开会议，建立起一个监督国际银行活动的协调委员会，全称是“国际清算银行关于银行管理和监督活动常设委员会”，简称巴塞尔委员会。巴塞尔委员会的成立为国际银行业监管问题提供了一个讨论场所和合作的舞台。1987 年 12 月 10 日，国际清算

银行在瑞士的巴塞尔召开了由12个西方发达国家中央银行行长参加的会议，专门讨论加强经营国际业务的商业银行资本及风险资产监管问题。1988年7月底，巴塞尔委员会通过了《关于统一国际银行的资本计算和资本标准的协议》，简称《巴塞尔资本协议》，即《巴塞尔协议Ⅰ》。该协议的主要宗旨就是通过制定资本对信用风险资产的比例和确定最低资本比率的办法来加强国际银行的稳定性。

(二)《巴塞尔协议Ⅰ》主要内容

《巴塞尔协议Ⅰ》的内容主要由四部分组成，分别为资本的构成、风险加权资产的计算、最低资本充足率目标的确定和过渡期安排。

1. 资本的构成

《巴塞尔协议Ⅰ》将银行的资本划分为两类：核心资本（一级资本）和附属资本（二级资本）。

(1) 核心资本。包括股本和公开储备。股本包括已完全缴足的普通股和永久性非累积的优先股；公开储备指以公开的形式，通过保留盈余和其他盈余，主要包括股票发行溢价、未分配利润（包括在整个过程中用当年保持利润向储备分配或储备提取）、普通准备金和法定准备金中提取的储备。

(2) 附属资本。包括非公开储备、资产重估储备、一般准备金、混合资本工具和长期次级债务。

①非公开储备。该储备不公开在资产负债表上，但却反映在损益表内，并为银行的监管机构所接受。它与公开储备有着相同的内在质量。但由于它缺乏透明度，而且很多国家不承认未公开储备为可以接受的会计概念。因此，非公开储备不能包括在核心资本中。

②资产重估储备。一些国家允许对某些资产进行重估以便反映或接近资产的市值，其主要来源于：a. 对记入资产负债表上的自身房产的正式重估；b. 来自有隐藏价值的资本的名义增值。资产重估必须由官方认可的专门评估机构进行，并需审慎估价且充分反映价格波动和被迫销售的可能性。考虑到这种重估储备一旦增值收益实现后可能需要缴纳各种税费，因此，对历史成本的账面价值与市场价值之间的差额打55%的折扣。

③一般准备金。指用于防备目前尚不能确定的损失的准备金或呆账准备金。只要不把它们用于某项特别资产，并且不反映某项特别资产值的减少，就可以包括在资本内作为附属资本。这类准备金在附属资本中的比例最多不超过风险资产的1.25%，特殊情况下不能超过2%。

④混合资本工具。这类资本是既有股本性质又有债务性质的混合工具。它们明确的规范因国而异，但都应该符合下列要求：a. 它们是无担保的、从属的和缴足金额的；b. 它们不可由持有者主动赎回，未经监管当局事先同意，也不准赎回；c. 除非银行被迫停止交易，否则它们得用于分担损失（这不同于常规的次级债务）；d. 虽然资本工具会带来支付利息的责任，而且还不能削减或延期（不像普通的股息和红利那样），但是

如果银行的盈利不敷支付，应允许推迟这些利息的支付（类似于累积优先股）。

⑤长期次级债务。包括普通的、无担保的、初次所定期限最少五年以上的次级债务资本工具和不许回购的优先股。其特点一是次级，即债务清偿时不能享受优先清偿权；二是长期，至少在五年以上。这类工具作为资本存在一定缺陷，只能达到核心资本的50%。

另外，《巴塞尔协议Ⅰ》还规定，在核定银行资本实力时应从核心资本中扣除商誉，从核心资本与附属资本之和中扣除对不合并报表的附属银行和财务附属公司的投资，扣除对其他银行和金融机构资本部分的投资。

2. 风险加权资产的计算

(1) 表内资产风险权重的确定。《巴塞尔协议Ⅰ》把表内资产按风险大小划分为五级，分别规定了风险权重为0、10%、20%、50%和100%的资产范围，具体内容如表3-1所示：

表3-1　资产负债表内的资产风险权数

风险权重系数	资产项目
0	①现金 ②以本国货币定值并以此通货对中央政府和中央银行融通资金的债权 ③对经济合作与发展组织（OECD）国家的中央政府和中央银行的其他债权 ④用现金或用OECD国家中央政府债券作担保，或由OECD国家的中央政府提供担保的债权
10%	对国内政府公共部门机构（不包括中央政府）的债权和由这样的机构提供担保的贷款
20%	①对多边发展银行（国际复兴开发银行、泛美开发银行、亚洲开发银行、非洲开发银行、欧洲投资银行）的债权，以及由这类银行提供担保，或以这类银行发行债券做抵押品的债权 ②对OECD国家内的注册银行的债权以及由OECD国家内注册银行提供担保的贷款 ③对OECD以外国家注册的银行逾期在一年期内的债权和由OECD以外国家的法人银行提供担保的，所逾期限在一年制内的贷款 ④对非本国的OECD国家的公共部门机构（不包括中央政府）的债权，以及由这些机构提供担保的贷款 ⑤托收中的现金款项
50%	完全以居住用途的房产作抵押的贷款，这些房产为借款人所占有使用，或由他们出租

续 表

风险权重系数	资产项目
100%	①对私人机构的债权 ②对 OECD 以外的国家的法人银行逾期在一年以上的债权 ③对 OECD 以外的国家的中央政府的债权（以本国货币定值和以此通货融通的除外，见前面所述） ④对公共部门所属的商业公司的债权 ⑤行址、厂房、设备和其他固定资产 ⑥不动产和其他投资（包括那些没有综合到资产负债表内的，对其他公司的投资） ⑦其他银行发行的资本工具（从资本中扣除的除外） ⑧所有其他资产

（2）表外项目信用换算系数的确定。随着银行表外业务的迅速发展，资产风险不断增大，对于银行资本的衡量也应包含和体现这类业务。但是表外业务风险测定较为困难。《巴塞尔协议Ⅰ》关于表外资本衡量的基本思路是，首先按表外资产的换算系数将表外资产换算为表内资产，然后再按表内资产的风险权重将其换算为风险资产。《巴塞尔协议Ⅰ》将表外资产的信用换算系数分为四级，具体内容如表 3－2 所示：

表 3－2　表外项目信用换算系数表

信用转换系数	表外项目
100%	①直接信用替代工具如一般负债保证（包括为贷款和证券提供财务保证的备用信用证）和承兑（包括具有承兑限定的背书） ②销售和回购协议以及有追索权的资产销售（此类资产的信贷风险仍在银行） ③远期资产购买，超远期存款和部分缴付款项的股票和承担承诺一定损失的证券
50%	①某些与交易相关的或有项目（如履约担保书、投标保证书、认股权证和为某些特别交易而开出的备用信用证） ②票据发行融通和循环包销便利 ③其他初始期限为一年期以上的承诺（如正式的备用便利和信贷额度）
20%	短期的有自我清偿能力的与贸易相关的或有项目（如有优先索偿权的以装运货物作抵押的跟单信用证）
0	类似初始期限为一年期之内的，或者可以在任何时候无条件取消的承诺

另外，《巴塞尔协议Ⅰ》还规定了与外汇和利率有关的表外项目的换算系数：剩余到期日在 1 年或 1 年以内的，利率合约换算系数为 0，汇率合约换算系数 1%；剩余到

期日在1年或1年以上的，利率合约换算系数为0.5%，汇率合约换算系数为5%。

（3）风险加权资产的计算。用公式表示为：

$$表内风险资产=\sum 表内资产\times 风险权重$$

$$表外风险资产=\sum 表外资产\times 信用换算系数\times 表内相同性质资产的风险权重$$

$$衍生工具风险资产=\sum 衍生工具资产\times 信用换算系数\times 表内相同性质资产的风险权重$$

$$全部风险资产=表内风险资产+表外风险资产$$

3. 最低资本充足率目标的确定

按照一般资本充足率=资本总额/风险资产总额及核心资本充足率=核心资本/风险资产总额的计算方法，《巴塞尔协议Ⅰ》规定，1992年年底前，各成员国商业银行一般资本充足率的最低标准为8%，核心资本充足率的最低标准为4%。

4. 过渡期安排

1990年年底，资本充足率最低标准为7.25%，资本中至少有一半应是核心资本；1992年年底前，资本充足率应达到规定的资本充足率标准。

（三）《巴塞尔协议Ⅰ》的特点与评价

1.《巴塞尔协议Ⅰ》的特点

从国际银行业风险管理的角度看，《巴塞尔协议Ⅰ》具有以下鲜明的特点：

（1）突出强调资本充足率的重要性。在现实的银行经营活动中，资本充足率的高低代表商业银行抵御金融风险能力的高低。资本金的多少，决定了银行的实力和支付及清偿能力，它不仅可以保证银行正常的经营活动，而且可以应付偶发性资金短缺，从而维护存款人的正当利益和公众对于银行的信心。另外，一家好的银行不仅要谋求自我发展，更要有充分的自我约束，而资本充足率正是这种约束，即一定规模的资金只能经营一定的业务量。通过强调资本充足率，《巴塞尔协议Ⅰ》使得全球银行经营从注重规模转向注重资本与资产质量等因素。

（2）统一了全球银行风险管理标准。《巴塞尔协议Ⅰ》统一了对资本组成的认识，同时根据资产负债表上不同种类资产以及表外业务项目确定了不同的风险权数，并规定了资本与风险资产的目标比率，这就为国际社会衡量国际银行业的风险暴露情况提供了统一的标准。统一标准的确定增强了国际银行业风险管理的自律意识，并促使其风险管理朝国际统一的方向努力。

（3）强调国家风险对银行信用风险的重要影响。《巴塞尔协议Ⅰ》在衡量银行信用风险时特别强调国家风险的影响。受20世纪70年代发生的发展中国家债务危机的影响，大批国际性银行在发展中国家的贷款成为呆账，使得国际银行业损失巨大。为此，如何防范国家风险就成为国际银行监管机构所关注的重点。因此，该协议明确规定对经合组织成员国的授信风险权重低于非经合组织国家。对于发展中国家来说，有关风险权重可以达到100%。

2.《巴塞尔协议Ⅰ》的评价

《巴塞尔协议Ⅰ》的实施对降低金融风险确实起到了积极的作用，但随着金融创新浪潮的推进、全球金融市场的发展以及金融机构经营管理方式的变革，此协议在实际应用中越来越凸显其局限性，主要表现为以下几点：

（1）风险管理规定过于简单。一方面，《巴塞尔协议Ⅰ》仅仅注意到信用风险，而没有考虑到银行经营中影响越来越大的市场风险、操作风险等；另一方面，从具体的风险资产的计算看，《巴塞尔协议Ⅰ》既没有考虑同类资产不同信用等级的差异，也没有对不同风险程度国家的风险权重进行准确处理，从而不能十分准确地反映银行资产面临的真实的风险状况。

（2）未考虑不同银行风险管理水平的差异。这样运用同一种方法计算资本充足率，对于风险管理水平较高的银行，计算出的资本需求量可能会大于其真正需要的资本数量，从而造成资本浪费；而对于管理水平一般的银行，得出的资本需求量可能仍不足以抵御银行面临的各种风险。

（3）国际银行界的资本套利现象并未得到有效制止。许多已有的监管约束推动了国际银行界资本套利现象，但是《巴塞尔协议Ⅰ》难以有效约束这些现象。这主要包括：通过推进资产的证券化将信用风险转化为市场风险等其他风险来降低对资本金的要求，广泛采用控股公司的形式来逃避资本金的约束等。

由于《巴塞尔协议Ⅰ》在应用中日益显现出来的局限性，之后巴塞尔委员会相继对其进行了一系列修订，其中主要包括1996年公布的《关于市场风险补充规定》，强调市场风险的管理；1997年推出的《有效银行监管的核心原则》，提出了比较系统的全面风险管理思路；1998年发表的《关于操作风险管理的报告》，提出对银行操作风险管理的初步意见。这些补充和完善，都为以后《巴塞尔协议Ⅱ》的出台奠定了基础。

二、《巴塞尔协议Ⅱ》与商业银行资本衡量

（一）《巴塞尔协议Ⅱ》的产生背景

随着世界经济一体化、金融国际化浪潮的涌动，金融领域的竞争尤其是跨国银行间的竞争日趋激烈，金融衍生工具及其交易的迅猛发展使银行业务趋于多样化和复杂化，银行经营的国内、国际环境及经营条件发生了巨大变化，使得银行的经营风险并未明显下降。例如，1995年英国巴林银行的倒闭其直接导火索是金融衍生业务的监管缺位导致的。同年，日本大和银行纽约分行的关门事件也反映出对跨国银行管理和内部控制体制的缺陷。

1997年亚洲金融危机爆发，东南亚各国的金融体系受到了严重的挑战。1998年东南亚金融危机开始向俄罗斯、韩国、日本和美洲国家迅速蔓延，全球金融陷入恐慌。尽管此轮危机并未直接影响主要发达国家，但由于金融经济全球化步伐加快，欧洲与美国经济也受到不小的影响。各国金融监管当局和国际银行业感到重新修订现行的国际金融监管标准已刻不容缓。在此背景下，1999年6月，巴塞尔委员会公布了《新巴

塞尔资本协议》即《巴塞尔协议Ⅱ》征求意见稿（第一稿），对《巴塞尔协议Ⅰ》做了大量修改。2001年又推出了一个征求意见稿，修正之前的信用风险评估标准，加入了操作风险的参数，将三种风险纳入银行资本计提，以期规范国际型银行风险承担能力。2003年又公布了第三稿，新协议在2004年6月正式定案，直到2006年，新协议才开始正式实施。

（二）《巴塞尔协议Ⅱ》主要内容

新巴塞尔协议着重强调了三大支柱：一是最低资本要求，二是监管部门监督检查程序，三是市场纪律。这三大支柱之间具有内在的严密性。新巴塞尔协议继续强调以最低资本充足率为核心的同时，明确把对银行的资本充足性监管与其他监管制度安排，即监管当局对银行资本充足率的监督检查和市场约束结合起来，从而使得资本充足性管制体系更为完善，也更为有效。三大支柱的主要内容概括如下：

1. 第一支柱：最低资本要求

第一支柱主要包括三个基本要素：监管资本的定义、风险加权资产和资本对风险加权资产的最低比率。

在计算资本充足率时，市场风险和操作风险的资本要求乘以12.5，再加上针对信用风险的风险加权资产，就得到分母，即总的风险加权资产。分子是监管资本（商业银行在计算资本充足率时应从资本中扣除的项目有：商誉；商业银行对未并表金融机构的资本投资；商业银行对非自用不动产和企业的资本投资。商业银行计算核心资本充足率时，应从核心资本中扣除的项目有：商誉；商业银行对未并表金融机构资本投资的50%；商业银行对非自用不动产和企业资本投资的50%），两者相除得到资本比率的数值。总的资本比率不得低于8%，二级资本仍然不得超过一级资本，即限制在一级资本的100%以内。其具体的资本充足率计算公式如下：

$$资本充足率=\frac{资本总额}{风险加权资产总额}\times 100\%$$

其中风险加权资产总额的计算公式如下：

$$风险加权资产总额=信用风险加权资产+市场风险资本\times 12.5+操作风险资本\times 12.5$$

最低资本要求主要考虑以下三种风险的影响：

（1）信用风险。是指受信方拒绝或无力按时、全额支付所欠债务时，给信用提供方带来的潜在损失。信用风险一般分为商业信用风险和银行信用风险。信用风险的范畴还可以进一步扩展到信用的接受者。例如购买者或借款方也可能承受供货方或银行带来的风险。银行资产的信用风险，主要指银行发放的贷款和持有的债券，因债务人管理的不善而拖欠本息或违约的可能性。其计算方法如下：

①标准法。新巴塞尔协议计量信用风险的标准法是旧巴塞尔协议计算方法的延续。新协议对于银行的资产，按其是否有外部评级以及外部评级机构对资产的评级结果给予一定的风险权重，以弥补原协议在风险资产权数规定上的不足。在确定信用风险的标准法中，对各交易对手的各种风险，如主权风险、银行风险和公司风险等都是在外

在信用评级机构评级的基础上确定风险权重。标准法计算风险资产，即

$$风险资产=A_j\times W_j$$

其中，A_j——风险资产种类；

W_j——风险权数。

前文中的表 3－1 和表 3－2 所示的资产风险权数就是标准法所设用的信用风险权数。

②内部评级法。内部评级法允许银行使用自己的内部模型计量信用风险，即将借款按借款人的类型分为公司、国家、银行、零售、股票等五种类型，分别采用不同的方法处理。内部评级法对每一类风险都考虑了三方面因素：风险构成因素，指各银行可以使用自己的估计数或标准的监管参数；风险权重函数，该函数将风险构成因素转化成为银行计算风险权重资产的风险权重；最低资本要求，指银行采取内部评级方法时需要满足的法定资本量。

（2）市场风险。是指银行资产的市场价格、利率、汇率等因素的不确定性使银行收益或资产贬值的可能性。其计算方法如下：

①标准法。在标准法模型下，银行的市场风险通过计算资产组合面临的利率风险、汇率风险、股权风险以及商品风险而得出。例如，在巴塞尔协议下，汇率风险和股权风险的资本要求是 8%，商品风险是 15%。其中，对股权风险来说，资本要求又因一般市场风险的净头寸和特定风险的总头寸而有所不同。不同国家的监管当局设计出了不同的监管模型来计算银行账户和交易账户头寸的最低资本要求。这些模型包括：美国证券交易委员会实施的全面法，先是被巴塞尔委员会建议使用，后被欧盟的资本充足指引采用的分块法，英国金融服务局采用的资产组合法，以及美联储采用的预先承诺法。

②内部模型法。为鼓励银行采用较先进的风险管理技术，各认可机构可运用成熟的内部风险模型，其主要的计算方法是计算风险暴露的 VaR（风险价值）。所谓 VaR，就是在一定的持有期和一定的置信度区间内，一个投资组合最大的潜在损失是多少。VaR 是一种利用概率论与数理统计来评价风险的方法，它可以使投资人既知道潜在损失的金额，又可以知道损失发生的可能性。作为一种金融风险评估和计量模型，已经被全球各主要银行、非银行金融机构、公司和金融监管机构广泛采用。在实际的市场风险管理中，VaR 的计算方法主要有方差—协方差法、历史数据模拟法、结构化蒙特卡罗法和压力测试。

方差—协方差法假定投资组合中各种风险因子的变化服从特定的分布，通过历史数据分析和估计该风险因子收益分布的参数值，然后求出在一定置信水平下，反映了分布偏离均值程度的临界值，之后建立与风险损失的联系，推导 VaR 值。

历史数据模拟法是根据历史数据模拟未来的一种方法，它采用的是历史上真实发生的数据，因此该方法比较直观，计算出的结果说服力也较强，许多大银行更倾向于采用这种方法。

蒙特卡罗法的计算过程是，使用者选定金融变量服从的随机过程及随机参数，然

后利用假定的价格路径对所有变量进行模拟，得出投资组合的不同价值，最后利用模拟得到的不同的投资组合价值编制收益率的概率分布，测定投资组合得到风险价值。

以上的 VaR 计算方法的共同缺点就是不能反映市场突发事件情况下的损失程度，因此作为 VaR 的补充，压力测试法可以一定程度上解决这个问题。压力测试考虑的是关键金融变量的大规模变化对投资组合价值的影响。它先主观地假设一些极端事件发生，然后利用新情况对投资组合中的所有资产重新进行定价，这样就可以得出该场景下投资组合的收益率。

(3) 操作风险。是指银行内部程序、工作人员、电脑系统操作失误或外界欺诈等造成的损失。本定义包括法律风险，但不包括策略风险和声誉风险。

根据新巴塞尔协议，操作风险主要有三种计算方法。这三种方法在复杂性和风险敏感度方面渐次加强：基本指标法；标准法；高级计量法。

①基本指标法。是指银行持有的操作风险资本应等于前三年总收入的平均值乘上一个固定比例（用 α 表示），α 为固定值 15%。资本计算公式如下：

$$KBIA = GI \times \alpha。$$

其中，$KBIA$——基本指标法需要的资本；

GI——前三年总收入的平均值。

α= 15%，这是由巴塞尔委员会设定，将行业范围的监管资本要求与行业范围的指标联系起来。

总收入定义为：净利息收入加上非利息收入。这种计算方法旨在反映所有准备（例如，未付利息的准备）的总额；不包括银行账户上出售证券实现的利润（或损失）；不包括特殊项目以及保险收入。

②标准法。在标准法中，银行的业务分为 8 个产品线：公司金融、交易和销售、零售银行业务、商业银行业务、支付和清算、代理服务、资产管理和零售经纪。每一种业务都介入一个收入指标，然后介入一个β系数，总资本要求各产品线监管资本简单加总。总资本要求如下所示：

$$KTSA = \sum (GI_{1-8} \times \beta_{1-8})$$

其中，$KTSA$——用标准法计算的资本要求；

GI_{1-8}——按基本指标法的定义，8 个产品线中各产品线过去三年的年均总收入；

β_{1-8}——由委员会设定的固定百分数，建立 8 个产品线中各产品线的总收入与资本要求之间的联系。β 值详见表 3-3：

表 3-3　　巴塞尔委员会设定的各业务的 **β** 系数

产品线	β系数
公司金融（β_1）	18%

续 表

产品线	β系数
交易和销售（β_2）	18%
零售银行业务（β_3）	12%
商业银行业务（β_4）	15%
支付和清算（β_5）	18%
代理服务（β_6）	15%
资产管理（β_7）	12%
零售经纪（β_8）	12%

③高级计量法。是指银行用以下定量和定性标准，通过内部操作风险计量系统计算监管资本要求。高级计量法是变化比较大的一种方法，1999 年 6 月颁布的《新资本协议框架》中提出的是内部衡量法，在 2001 年 9 月的工作报告中为了鼓励金融机构自行开发其他先进的计算方法，引入更为广义的“高级衡量方法”，取代原有的内部衡量方法，而内部衡量方法则只视为高级计量法 AMA 的一种。

目前提出的计算操作风险的高级计量方法有以下几种：内部衡量法、损失分布法、极值理论、积分卡方法等。

内部衡量法是银行采用监管者的规定，并收集损失数据和估算风险资本的一种方法。对银行业务划分不同领域后，再在每个业务种类中定义不同的风险类型，对不同领域与不同风险类型的组合规定相应的风险暴露指标（EI）和预期损失与非预期损失的转换系数（γ），并利用银行自己的内部数据计算损失概率（PE）和损失程度（LGE），公式为：

$$风险资本=\sum i\sum j[\gamma_{(i,j)}\times EI_{(i,j)}\times PE_{(i,j)}\times LGE_{(i,j)}]$$

其中，i——业务种类；

j——风险类型。

它按照不同的损失类型对风险暴露指标进一步细化，能完整地描绘出银行业务的风险全貌。转换系数 γ 考虑了银行业务之间的相关性造成的所需风险资本的减少。该方法对银行收集整理内部数据建立自己的损失数据库的能力要求较高。银行将各种处理环节细分为一系列具体步骤，每一步骤出错的历史资料作为出现错误的概率，亏损历史资料作为每种错误产生的预期亏损程度，将各处理环节汇总，得出整体预期亏损，并依据这一数值提取相应的补偿资本金。

损失分布法，即根据损失资料库中每一种业务类别的损失特征选取拟合度最优的模型，对损失发生的概率和损失程度做出假设，得到操作风险损失在未来时期内的可能分布，比如假设损失发生的概率服从泊松分布，而损失的程度服从对数正态分布，以此来估计该类业务操作风险所需资本金，整个银行操作风险要求的资本金总额是各个业务类别资本金的加总。

极值理论法。极值理论在巴塞尔协议中并未提及，但由于其有较好的适用性才得以在理论界得到认可。因为导致操作风险损失的事件发生频率低，造成的损失大，从分布形态上看具有强烈的厚尾分布特征，使用极值理论法模拟厚尾部分，可以根据极端值的样本数据，在总体分布未知的情况下，得到一定置信度的计算值作为资本要求。该方法的关键是设定一个最优阈值，当所选取的参数超过该阈值时，记录下来作为极端情况的样本数据。极值理论的优势在于它直接处理损失分布的尾部，不必假设总体分布。问题在于最优阈值难以确定，同时由于只有少数点进入尾部区域，很难获得充分的数据。

积分卡方法是非常前沿的计算方法，其基本思想是包括多项前瞻性的关于操作风险的数量指标，通过对这些指标的监测、度量和分析，金融机构能用这种方法来配置其他方法计算出的所需要的资本金。这种方法的优点在于能够对一线的工作人员形成良好的正向激励，促使其积极管理操作风险。但是这种方法的有效性和可靠性完全取决于设计这种方法的专家，因为该方法所选取的指标和每项指标的权重都靠专家的经验来决定，有比较强的主观性和随意性，换作另一批专家可能使整个方法的体系和结果都会发生比较大的变化。

2. 第二支柱：监督检查

第二支柱是巴塞尔委员会针对银行业风险制定的监督检查的主要原则、风险管理指引和监督透明度及问责制度，以及如何处理银行账户中利率风险、操作风险和信用风险有关方面（包括压力测试、违约定义、剩余风险、贷款集中风险和资产证券化）的指引。监督检查的目的，不仅要保证银行有充足的资本来应对业务中的所有风险，而且还鼓励银行开发并使用更好的风险管理技术来监测和管理风险。监管当局应评价银行如何按自身的风险状况确定资本要求，并在必要时进行干预。这样做的目的是在银行和监管当局之间形成有效的对话机制，以便在发现问题时可以及时、果断地采取行动以降低风险和补充资本。

第二支柱包括四个原则：首先，银行应当建立一个能够有效评估符合自己具体风险特征的资本充足问题的程序；其次，银行监管者应当审查银行内部的资本充足评估程序；再次，银行应当持有高于最低资本要求的资本，以防范第一支柱下未有效覆盖的风险；最后，在银行的资本充足率可能出现问题时，银行监管者应当及早介入，以防止问题的实际发生。这四个原则能够促使银行自身积极地发现并处理所有的重大风险，同时可以让监管者能够有效监督并帮助银行进行风险管理。

3. 第三支柱：市场纪律

在《巴塞尔协议Ⅰ》中，信息披露和市场约束只是作为监管制度的附属部分，而在《巴塞尔协议Ⅱ》中则被作为三大支柱之一列入主体框架之中。委员会认为，共同的披露框架是将银行风险暴露告知市场的有效途径，并为增强可比性提供一致、合理的披露标准。委员会通过建立一套披露要求以达到促进市场纪律的目的，对最低资本要求和监督检查进行补充。第三支柱主要包括：适用范围、资本结构、风险敞口与评估以及资本充足率四个领域。巴塞尔委员会对每一个领域都制定了具体的要求。

（三）《巴塞尔协议Ⅱ》的特点与评价

1.《巴塞尔协议Ⅱ》的特点

（1）坚持并完善了《巴塞尔协议Ⅰ》的监管思路。《巴塞尔协议Ⅱ》延续了《巴塞尔协议Ⅰ》中以资本充足率为核心、以信用风险控制为重点、突出强调国家风险的风险监管思路，并吸收了《有效银行监管的核心原则》中提出的银行风险监管的最低资本金要求、外部监管、市场约束等三个支柱的原则，进而提出了衡量资本充足比率的新的思路和方法，以使资本充足率和各项风险管理措施更能适应金融发展的客观要求。同时，《巴塞尔协议Ⅱ》要求三个支柱必须协调使用才能真正体现新协议的精髓，这也是《巴塞尔协议Ⅱ》区别于《巴塞尔协议Ⅰ》的核心所在。

（2）对风险的识别和计量更加全面。在风险识别方面，《巴塞尔协议Ⅱ》中有关风险的定义扩大为信用风险、市场风险和操作风险的各种因素，基本涵盖了现阶段银行业经营所面临的风险，以保证银行资本充足性能对银行业务发展和资产负债结构变化引起的风险程度变化有足够的敏感性。在风险计量方面，除标准法外，《巴塞尔协议Ⅱ》允许银行运用内部评级法来衡量和测算信用风险和操作风险，使新的监管规则有了一定的灵活性。

（3）促使各国监管机构的监管重点与监管方式发生变化。《巴塞尔协议Ⅱ》更加强调各国监管当局结合各国银行业的实际风险对各国银行进行灵活的监管。这主要是巴塞尔委员会注意到不同国家的具体金融环境和进入体制差异。例如，《巴塞尔协议Ⅱ》指出，各国监管当局可以根据各国的具体状况，自主确定不低于8%的最低资本充足水平。同时，许多风险衡量的水平和指标需要各国金融监管当局根据实际状况确定，而且金融监管当局还要能够有效地对银行内部的风险评估体系进行考察。这样，各国金融监管当局监管的重点，将从原来单一的最低资本充足水平转向银行内部的风险评估体系的建设状况。在监管方式上，《巴塞尔协议Ⅱ》指出，为了使银行的资本状况与总体风险相匹配，监管当局可以采用现场检查、非现场检查及与银行管理部门座谈等手段相结合的方法来实现。

（4）强化市场约束机制。为了确保市场约束的有效实施，必然要求建立银行信息披露制度。《巴塞尔协议Ⅱ》对于银行的资本结构、风险状况、资本充足状况等关键信息的披露提出了更为具体的要求。如信息披露包括核心信息披露和附加信息披露两种情况；活跃的大型银行，每季度要进行一次信息披露，而对于市场风险，在每次重大事件发生后都要进行信息披露；对于一般银行，要求每半年进行一次信息披露；强调了有关风险和资本关系的综合信息披露等。

2.《巴塞尔协议Ⅱ》的评价

《巴塞尔协议Ⅱ》从单一资本充足率监管到三大支柱的确立，体现了监管思想重大的变化，代表了国际银行业的监管趋势。但仍存在如下的问题：

（1）适用对象偏向于发达国家大银行。从适用对象看，《巴塞尔协议Ⅱ》主要是依据发达国家的实践而制定的，提出的各种风险计量方法也主要是针对大型国际银行设计的，由于协议内容复杂，风险计量方法的技术要求比较高，因而也就决定了其适用于那些在风险计量和管理水平上领先的银行，而对于一些发展中国家发展条件不成熟的银行而言，实施起来还是一个长期和渐进的过程。

（2）风险监管具有顺经济周期的特征。《巴塞尔协议Ⅱ》在客观上可能会促使银行体系的贷款投放行为，放大经济周期，加剧经济波动。具体来说，在经济周期上行阶段，银行的资产质量总体水平会显著改善，相应地需要配置的资本金减少，银行可以有更大规模的资金用于新的贷款投放，进而会进一步刺激经济增长。与此对应的是，在经济周期的下行阶段，银行资产质量总体水平的下降会增大银行需要配置的资本金的规模，挤压银行可以用于新的贷款投放的资金规模，从而加剧对于经济的紧缩作用。

（3）忽略了三大风险以外的其他风险的监管。《巴塞尔协议Ⅱ》在贯彻全面风险监管方面有了积极的进展，第一次在风险管理框架柱涵盖了三大风险，并对利率风险提出了监管要求。但是，考虑到银行的其他风险在特定市场条件下也可能对银行的运行带来多方面的负面影响，因此许多风险是不能忽视的，特别是不能忽视流动性风险与金融衍生品的风险。但这两种风险监管在《巴塞尔协议Ⅱ》中却是一种缺失。

三、《巴塞尔协议Ⅲ》与商业银行资本衡量

（一）《巴塞尔协议Ⅲ》产生背景

1. 金融危机的频繁爆发与破坏性影响

1985 年以来，已经有超过 30 个巴塞尔委员会成员国发生过金融危机，相当于巴塞尔委员会成员国每年有高达 5%的危机发生概率。而多数危机都与银行业危机休戚相关，巴塞尔委员会的研究表明，银行业危机导致的经济产出损失值约为危机前国民生产总值的 60%。破坏能力之所以如此巨大，在于银行是高杠杆运作的机构处于信用中介的核心链条当中，银行体系的不稳定，影响其对经济的贷款投放和流动性支持，最终导致经济产出的减少。

2. 严格监管利大于弊

《巴塞尔协议Ⅲ》的目标是减少未来危机发生的可能性和造成的危害，这意味着更高的资本监管和流动性要求。尽管成本会提高，但其社会效益远高于给单个机构带来的成本。巴塞尔委员会的研究表明，即便把资本和流动性要求提升到远高于目前最低值的水平，经济效益的净值也仍为正数。这类似于稳健的财政政策和低通胀的管理方式的政策效果，短期内会让经济放缓，但从长期来看却能带来经济的持续增长。增强银行业和整个金融系统的稳定性也包含着相同的道理，加强监管的长期效益足以抵消其短期成本。

鉴于此巴塞尔委员会在 2010 年提出了《巴塞尔协议Ⅲ》。该协议规定，全球各商业银行 5 年内必须将一级资本充足率的下限从现行要求的 4%上调至 6%，过渡期限为

2013年升至4.5%，2014年为5.5%，2015年为6%。同时，还将普通股最低要求从2%升至4.5%，过渡期限为2013年升至3.5%，2014年升至4%，2015年升至4.5%。截至2019年1月1日，全球各商业银行必须将资本留存缓冲提高到2.5%。

另外，《巴塞尔协议Ⅲ》维持目前资本充足率8%不变，但是对资本充足率加资本留存缓冲要求在2019年以前从现在8%逐步升至10.5%。最低普通股比例加资本留存缓冲比例在2019年以前由目前的3.5%逐步升至7%。

此次《巴塞尔协议Ⅲ》对一级资本提出了新的限制性定义，只包括普通股和永久优先股。会议还决定各家银行最迟在2017年年底完全接受最新的针对一级资本的定义（见表3-4）。

表3-4 《巴塞尔协议Ⅲ》的过渡期安排

指标＼年度	2011—2012	2013	2014	2015	2016	2017	2018	2019
杠杆率	监管监测期	过渡期为2013年1月1日—2017年1月1日，从2015年1月1日开始披露					纳入第一支柱	
普通股充足率最低要求		3.5%	4.0%	4.5%	4.5%	4.5%	4.5%	4.5%
资本留存缓冲最低要求					0.625%	1.25%	1.875%	2.5%
普通股充足率加资本留存缓冲率最低要求		3.5%	4.0%	4.5%	5.125%	5.75%	6.375%	7.0%
扣减项的过渡期			20%	40%	60%	80%	100%	100%
一级资本充足率最低要求		4.5%	5.5%	6.0%	6.0%	6.0%	6.0%	6.0%
总资本充足率最低要求		8.0%	8.0%	8.0%	8.0%	8.0%	8.0%	8.0%
总资本充足率加资本留存缓冲的最低要求		8.0%	8.0%	8.0%	8.625%	9.125%	9.875%	10.5%
不符合新资本定义的资本工具过渡期	从2013年1月1日起分10年逐步删除							
流动性覆盖比率（LCR）	开始监测				开始监测			
净稳定资金比率（NSPR）	开始监测						开始监测	

（二）《巴塞尔协议Ⅲ》主要内容

总的来说，《巴塞尔协议Ⅲ》是将微观审慎和宏观审慎监管结合，资本监管和流动性监管相结合的全面监管框架，使银行能在不同的市场环境下更有效地应对各种冲击。

1. 微观审慎监管

《巴塞尔协议Ⅲ》对于微观方面的监管改革可以用资本比率计算方式来思考：一是分子，也就是监管资本；二是分母，也就是风险资产；三是资本比率本身。《巴塞尔协议Ⅲ》（以下简称"协议Ⅲ"）对银行资本进行了重新定义：银行的一级资本必须充分考虑在"持续经营资本"的基础上吸收亏损，其核心形式是普通股和留存利益，剔除少数股东权益、无形资产等项目；二级资本在银行"破产的三级资本"被废除，以确保市场风险要求下的资本质量与信贷和操作风险要求下的资本质量看齐。

（1）分子。更加严格的资本定义。协议Ⅲ对于分母的改革提高了资本质量。先看一下协议Ⅱ的缺陷。第一，在旧的资本定义情况下，银行也许有很多的一级资本充足率，但是有形普通资本充足率却可能很低。在金融危机之前，许多银行在风险基础上的杠杆率达到了 33∶1 和 100∶1。第二，旧协议中资本定义组成要素过于复杂，这些复杂的定义使得当损失上升时什么资产可以用的决定变得十分困难。第三，在这些复杂的资本质量决定标准中，还缺乏一致性的资本扣除标准。

（2）分母。增加风险覆盖范围。协议Ⅲ在分母上提高了风险覆盖范围：①提高资产证券化交易风险暴露的风险权重，提高相关业务资本要求；一是对资产证券化暴露进一步细化"再资产证券化风险暴露"，并提高其风险权重；二是对使用外部评级确定资产证券化监管资本要求规定了额外限制条件，包括排除隐患自身提供增信安排资产池风险信息、资产证券化交易结构和风险特征；三是提高了资产证券化涉及的流动性便利的信用风险转换系数，并取消对市场整体出现动荡时的流动性便利的资本优惠。②提高交易账户风险资本要求。对于交易账户使用内部模型法的银行，一般市场风险的资本要求除了计算 *VaR*（Value at Risk），还须考虑压力测试下的 *VAR*，即基于 10 天持有期、99%的单尾置信区间以及连续 12 个月的显著压力时期数据计算风险价值。同时，交易账户使用内部模型计量特定风险的银行，需要对信用敏感头寸计量新增风险资本占用。③交易对手信用风险。委员会采取的措施有：使用压力测试估计的参数计算有限预期正暴露（EPE）以覆盖广义错向风险，以此确定交易对手违约风险的资本要求；使用"交易对手暴露等价债权法"来捕捉信用估计调整风险；以此剔除附加资本要求；大型金融机构计算风险暴露相关性时使用 1.25 的资产价值相关性乘法；提出延长风险保证金期限、压力测试和返回检验等新要求。

（3）资本比率。提出新的要求标准。一是建立资本缓冲。资本缓冲分为资本留存缓冲和逆周期资本缓冲两类。前者由扣除递延税项及其他项目后的普通股构成，且不低于 2.5%；后者比率为普通股或者其他能完全吸收亏损资本的 0～2.5%，根据各国具体情况来定。二是提高最低资本充足要求。巴塞尔协议Ⅱ、Ⅲ对资本充足率要求的比较见表 3－5。

表 3－5　《巴塞尔协议Ⅱ、Ⅲ》对于资本充足率和资本缓冲率要求　（%）

	核心一级资本（普通股）			一级资本		总资本		逆周期资本缓冲率
	最低资本要求	资本留存缓冲	普通股总量	最低资本要求	一级资本总量	最低要求	总量	
协议Ⅱ	2			4		8		
协议Ⅲ	4.5	2.5	7.0	6	8.5	8	10.5	0～2.5

通过这样的标准，资本数量和质量都比协议Ⅱ要求高出很多。质量上，注重普通股的比率，这是对于银行安全最有力的保障；数量上，不仅提高资本充足率要求，还增加资本缓冲。

2. 宏观审慎监管

《巴塞尔协议Ⅲ》是宏观监管和微观监管相结合的新协议，而宏观审慎是针对于系统性风险的，它主要包括以下三个方面。

（1）杠杆比率。杠杆比率计算法为核心资本与总资本的商。总资本不经过风险调整，可以防止模型风险和为计量错误提供额外保护，补充和强化基于协议Ⅱ的风险管理框架。2010 年 7 月 26 日巴塞尔委员会文件将一级资本最低杠杆率定于 3%。巴塞尔委员会希望在 2013—2017 年双轨运行这个比率，在 2017 年上半年进行最终调整，并希望在 2018 年 1 月 1 日进入协议Ⅲ的第一支柱。

（2）降低顺周期性。银行自身经营和监管要求的顺周期性放大了金融危机的危害性。巴塞尔委员会研究并公布了一些降低顺周期性的措施。第一，减缓最低资本要求的周期性波动。第二，建立前瞻性的贷款损失拨备。通过推动会计准则认可准备金与预备期损失挂钩等方式，推进稳健拨备方法，提高吸收经济衰退时额外损失的能力。

（3）系统重要性。金融机构应具备附加的损失吸收能力。由于具有系统重要性金融机构在整个经济运行中扮演着重要角色，加上它们之间具有很多相互交易，易产生广泛联系。金融稳定局建议对系统重要性金融机构提出 1%的附加资本要求，降低“大而不倒”带来的道德风险。同时。巴塞尔委员会与金融稳定局正在研究一项针对具有“系统重要性”银行的综合方案，可能包括资本附加费、或有资本、保释债等。

3. 流动性监管。

《巴塞尔协议Ⅲ》将流动性监管提升到和资本监管同样的地位，引入了两个统一的定量检测指标——流动性覆盖比率和净稳定资金比率及五个检测工具。

（1）设立新的流动性监管指标——流动性覆盖比率和净稳定资金比率。流动性覆盖比率主要描述短期（30 天以内）特定压力情境下，银行所持有的无变现障碍的、高质量的流动性资产数量，以此应对资金流失的能力。净稳定资金比率主要考核的是银行中长期（1 年以上）的流动性，即各项资产和业务融资，至少具有与它们流动性风险状况相匹配的满足最低限额的稳定资金来源（见表 3－6）。

表 3-6　　《巴塞尔协议Ⅲ》的流动性监管指标

项目	流动性覆盖比率（LCR）	净稳定资金比率（NSFR）
公式	$\frac{\text{优质流动性资产储备}}{\text{未来 30 日资产净流出量}} \geqslant 100\%$	$\frac{\text{可用的稳定资金（ASF）}}{\text{业务所需的稳定资金}} > 100\%$
监管目标	短期流动性风险的监测	调整期限错配、稳定资金来源
分析基础	资产负债表	现金流量表
作用	保障银行的基本流动性	促进银行使用更加长期的结构性资金来源以支持资产负债表内、表外风险暴露和资本市场业务活动
目的	通过确保机构拥有足够的优质流动性资源来提高应对短期流动性风险能力	让银行运用更加稳定、持久和结构化的融资渠道来提高其在较长时期内应对流动性风险的能力，防止银行在市场繁荣、流动性充裕时期过度依赖批发型融资
对应的压力场景	1. 机构公众信用评级显著下降 2. 储备的部分损失 3. 无担保的批发资金的损失 4. 担保资金头寸的显著增加 5. 对衍生品交易提出追加抵押品的要求 6. 对契约性与非契约性的表外风险暴露提出高额提款要求	1. 信用等级被调低 2. 因风险造成的清偿或盈利能力下降 3. 突发事件造成银行的声誉损失或者社会信任度下降

（2）建立流动性监管的辅助监测工具，巴塞尔委员会规定了五个监测工具随时监测，用于反映银行业机构现金流、资产负债表以及某些市场指标的具体信息。①合同期限错配，该工具显示了在特定时间跨度内需要补充的流行性总量。②融资集中度，它需要从三个角度测量：重要交易对手、金融工具及币种，重要性依据是单一交易对手、金融工具和币种分别占相应资产比重的 1%以上，这可以识别比较重要的批发融资渠道及交易对手，监管当局希望借此鼓励融资来源多元化。③可用的无变现障碍资产，它是指银行可以用来在二级市场上进行抵押融资和被中央银行接受作为借款担保品的、无变现障碍的资产。④重要市场币种的流动性覆盖比率，为了防止重要币种的错误配置风险，银行和监管者需要检查重要币种的流动性覆盖比率，其公式为：外国币种的流动性覆盖比率$=\frac{\text{该币种的高质量流动性资产储备}}{\text{未来 30 天该币种的净现金流出}} \times 100\%$。⑤与市场有关的监测工具，运用以市场为基础的数据作为对上述定量方法的有价值补充，包括市场整体信息、金融行业信息和特定银行信息，这些信息可以作为银行业、单个金融机构出现流动性

困难的早期预警。

(三)《巴塞尔协议Ⅲ》的特点与评价

1.《巴塞尔协议Ⅲ》的特点

(1) 大幅度提高银行资本监管要求。2008 年金融危机的产生和蔓延，充分暴露出在旧有的银行业监管规则中，由于核心资本充足率的要求过低，使得银行体系难以抵御突如其来的全球性金融系统风险，原本认为可以有效分散风险的衍生金融工具，在此次金融危机中未能发挥其效能，反而在某种程度上对风险的进一步扩散起了推波助澜的作用，因此新协议对银行资本作了一系列严格要求。

(2) 调整不合理的风险权重。协议Ⅲ提高了资产证券化交易风险暴露的风险权重，大幅提高相关业务资本要求。①对资产证券化暴露进一步细化“再资产证券化风险暴露”，并大幅提高了“再资产证券化风险暴露”的风险权重。②对使用外部评级确定资产证券化监管资本要求规定了额外限制条件，包括排除银行自身提供增信安排导致的信用评级提高带来的资本优惠：银行必须尽职调查，持续及时地掌握基础资产池风险信息、资产证券化交易结构和风险特征，否则须从资本中扣除资产证券化风险暴露。③提高了资产证券化涉及的流动性便利的信用风险转换系数，并取消对市场整体出现动荡时的流动性便利的资本优惠。

(3) 突出强调银行流动性监管。①引入流动性监管指标。新协议引入了流动性覆盖和净稳定资金比率对银行的流动性进行监管，这些指标的设定将使银行能承受更严重的外部冲击，在危机发生时满足大量流动资金的流出需要。②明确资本杠杆比率标准。高杠杆率是造成在危机发生时银行难以获得足够的资本从而导致破产的重要原因，引入杠杆率的目的是将其作为风险度量的一道屏障。新协议要求各国对 3%的一级杠杆率在同一时期进行平行测试，基于平行期的测试结果，再于 2017 年上半年进行最终调整，并希望在 2018 年 1 月 1 日进入新协议的第一支柱部分。巴塞尔委员会要求成员国必须按照规定时间达到杠杆率的要求，以期对降低系统风险发挥重要作用。

(4) 明确新规执行期间。①准备实施和实现最低要求阶段。新规明确，各成员国的实施将从 2013 年 1 月 1 日开始，在此之前各成员国必须制定相应的国家法律法规，截至 2013 年 1 月 1 日，各国银行业的资本充足率须满足三个要求：3.5%的普通股权益比率、4.5%的核心一级资本充足率和 8.0%的总资本充足率。②新协议对一级资本充足率、防护缓冲资本、杠杆率流动性覆盖率和净稳定资金比率等监管指标均做出了明确的过渡期安排。

2.《巴塞尔协议Ⅲ》的评价

协议Ⅲ可以说是最近几十年针对银行监管领域的最大规模改革。各国央行和监管部门希望这些改革能促使银行减少高风险业务，同时确保银行持有足够储备金，能够不依靠政府救助独立应对今后可能发生的金融危机。

(1) 体现各国政府强化银行监管的共识。2008 年的金融危机后，各国政府在加强全球金融监管方面达成了共识，即通过加强对金融衍生品、高管薪酬、资本充足率三个方面的监管，以实现全球金融业的健康发展。在资本充足率监管方面体现为重新修订了巴塞尔协议，提高了资本充足率标准并确定了实施的时间表。

（2）推动全球各银行提高抵御风险能力。协议Ⅲ要求，商业银行的核心资本充足率将由4%上调到6%，同时提2.5%的防护缓冲资本和不高于2.5%的反周期准备资本，这样核心资本充足率的要求可达到8.5%～11%。总资本充足率要求仍维持8%不变。此外，还将引入杠杆比率、流动杠杆比率和净稳定资金比率的要求，以降低银行系统的流动性风险，加强抵御金融风险的能力。

（3）对全球金融体系稳定具有积极影响。协议Ⅲ的实施将会对世界经济、金融体系和银行业的发展产生深远影响。从长期看，充足的资本对银行业的稳定发展的确有益；短期内，资本增加将造成信贷成本增加及对经济恢复的制约不容置疑。按巴塞尔清算银行的估计，在过渡期内目标资本充足率每提高一个百分点，将导致GDP增速比基准水平低0.08%。美国金融学会计算得出协议Ⅲ实施五年后主要经济体规模将减少3%，法国银行协会也得出法国经济下滑6%的悲观结果。

（4）过渡期时间过长，弹性过大。巴塞尔委员会在全球经济复苏尚不明朗的大环境下，担心提高标准短期内对实体经济会有影响不无道理，但如此长的过渡期、观察期、并行期前所未有，过长的过渡期会导致各国差异化实施时间表，宽松的实施安排能否实现改革初期“提高监管标准”的目标值得怀疑。

第三节　商业银行资本管理策略

一、内源资本管理策略

（一）内源资本及其特点

内源资本是指通过银行内部留存收益获得的资本来源。内源资本的特点主要包括：

1. 成本较低

银行通过内部留存收益获得内源资本与在资本市场公开发行股票相比，一方面在于不用支付发行费用，无支付股息和利息的负担，资本成本较低。另一方面，与外源资本相比，内源资本不会削弱现有股东对银行的控制权，可以避免股东所有权的稀释。

2. 税负高

银行内源资本是当年净收入分派股息以后的剩余部分，是税后净收益的一部分，政府对留存收益要全部征税。

3. 受经济波动和利率变动的影响较大

内源资本是银行纯利润分派股息后的留存收益，受银行净收益增长的制约。经济周期直接影响银行净收益，因此是间接影响银行内源资本的一个重要因素。一般而言，市场利率较高时，银行也要支付给股东较高的股息率，留存收益和内源资本减少；反之，股息支付率下降，留存比率和内源资本相应增加。

（二）只有内源资本的资产增长模型

由于资本充足率的要求，内源资本对于银行资产规模的扩张具有放大效应，但这种放大效应并不是没有限度的，这主要是由于内源资本受到银行股利政策的制约。美国经济学家戴维·贝勒于 1987 年提出了银行资产持续增长模型很好地说明了这一问题，揭示了资产持续增长率与银行资产收益率、银行红利占税后利润的比例和规定的资本对资产比率三者之间的数量关系。该模型的基本思路如下：

1. 银行资产持续增长率

由银行内源资本所支持的银行资产的年增长率，称为银行资产持续增长率，用 G 表示：

$$G=\frac{A_1-A_0}{A_0}\times 100\%=\frac{\Delta A}{A_0}\times 100\%$$

其中，A_1——本期银行资产额；

A_0——上期银行资产额；

ΔA——银行资产增加额。

2. 银行资产的增长率等于银行资本的增长率

银行资本的限制决定了银行资产的增长率等于银行资本的增长率，可表示如下：

$$G=\frac{A_1-A_0}{A_0}\times 100\%=\frac{\Delta A}{A_0}=\frac{E_1-E_0}{E_0}$$

$$\frac{\Delta A}{A_0}=\frac{\Delta E}{E_0}$$

其中，E_1——本期银行资本额；

E_0——上期银行资本额；

ΔE——银行资本增加额。

3. 内源资本条件下的持续增长模型：

留存收益 $\Delta E=ROA(1-D)A_1$ 银行资产与资本同步增长。因此：

$$G=\frac{\Delta A}{A_0}=\frac{\Delta E}{E_0}=\frac{ROA(1-D)A_1}{E_1-\Delta E}=\frac{ROA(1-D)A_1}{E_1-ROA(1-D)A_1}=\frac{ROA(1-D)}{E_1/A_1-ROA(1-D)}$$

上述公式表示了银行资产持续增长率与银行资产的净收益率（ROA）、银行红利分配比例（D）和资本比率（E_1/A_1）之间的数量关系。当其中的三个变量确定后，其余的一个变量就可以由公式获得它们确切的值。

例如，从上式可得出红利分配比例：

$$D=1-\frac{(E_1/A_1)\times G}{ROA(1+G)}$$

二、外源资本管理策略

（一）外源资本来源及特点

外源资本是指银行通过发行股票、债券和出售资产等形式从金融市场获得补充资本的来源。外源资本特点如下：

1. 普通股

普通股是最典型、最具有股权特征的股票，是银行资本来源的重要渠道。发行普通股筹集资本的优点在于：首先，没有固定期限。普通股是银行永久性资本来源，是构成核心资本的主要组成部分。其次，股息是不固定的，可以用来弥补银行任何损失。最后，它是吸收存款的基础。银行的普通股本越多，意味着银行实力越强，日后筹集资本越有利。其缺点是：普通股的发行成本高于债券；红利收益要缴纳所得税；发行普通股还会造成原有股东权益的稀释，发行过多会造成留存收益减少和股票价格下跌。

2. 优先股

优先股是指具有某些优先权的股票。优先股在承担银行风险方面与普通股相同。优先股有固定的股息收入，其股息分派在普通股之前，与债务资本相比优先股支付的股息有更大的灵活性。发行优先股的好处在于：当银行普通股市场价格低于面值，发行普通股面临巨大市场压力时，可以发行优先股解决资本流动性问题。优先股的缺点在于，与普通股一样，优先股发行成本高；由于股息固定，在银行收益下降时，会使得普通股收益加速下降。

3. 后期偿付债券

后期偿付债券是指持有人要求银行给予偿付的次序排在其他银行负债之后的长期债券 。一般而言 ，满足以下两个条件的后期偿付债券列入银行资本：第一，当银行倒闭时，后期偿付债券持有人的求偿权在银行各类存款之后；第二，原始加权平均期限在 7 年以上。后期偿付债券与一级资本不同，它有固定期限，到期必须还本付息。因此它属于附属资本。后期偿付债券的优点是：债券利息是免税的；不影响股东对银行的控制权；当银行借入资金收益率高于利息成本时，银行可获得财务杠杆效应。其缺陷是：债券有固定到期日，本息的支付具有强制性，会增加银行的债务负担；不能用于弥补贷款损失；设立偿债基金的债券还会增加银行的流动性压力。

(二) 含有外源资本的资产增长模型

在银行存在外源融资情况下，同样可以推导出资产持续增长模型。加入外源融资，则有资本增加额为：

$$E = ROA(1-D)A_1 + \Delta OE$$

则：

$$G = \frac{\Delta A}{A_0} = \frac{\Delta E}{E_0} = \frac{\Delta E}{E_1 - \Delta E} = \frac{ROA(1-D)A_1 + \Delta OE}{E_1 - ROA(1-D)A_1 - \Delta OE}$$
$$= \frac{ROA(1-D) + \Delta OE/A_1}{E_1/A_1 - ROA(1-D) - \Delta OE/A_1}$$

上述公式表示了银行资产持续增长率与银行资产收益率（ROA）、外源融资比率（$\Delta OE/A1$）、银行红利分配比例（D）和资本比率（E_1/A_1）之间的数量关系。当其中的三个变量确定后，其余的一个变量就可以由公式获得它确切的值。

三、资本金计划

从计算资本充足比率的公式看，提高商业银行的资本充足率主要应从两个方面着手：一是增加分子；二是减少分母。

（一）分子计划

分子对策是指通过增加资本数量，改善和优化资本结构，达到资本充足率标准比率目标的要求。分子计划的实施步骤主要包括：首先，制定总体财务计划；其次，确定满足财务计划要求的资本金数量；再次，确定银行内源资本数额；最后，选择最佳的外源资本方式。

（二）分母计划

分母对策是指通过调整资产结构，降低资产风险数额，达到资本管制的要求。

1. 调整资产结构

各国针对本国银行资产风险的特点对银行资产的风险权重都有具体规定。商业银行要依据规定，调整资产结构，降低资产风险。

2. 压缩资产规模

银行资产规模越大，要求保留的资本量越多，增加资本的需求越强。对于资本不足的银行来说，当内部留存收益不能满足资本增长的需要，而且资本市场不景气或由于银行本身信誉有限，难以通过外源资本扩大资本来源时，可以通过出售一部分高风险资产或市价较高的金融资产，缩小资产规模来提高资本对风险资产的比率。需要注意的是，压缩资产规模不能简单行事，要通过有效的资产组合，保持合理的资产结构。

此外，表外业务种类很多，风险大小不同，银行还可以根据上述原则调整表外资产，达到降低资产风险的目的。

银行的资本金管理，可以分别采用分子对策或分母对策，也可以将两者结合起来使用。需要注意的是，银行在调整资产风险结构时，要协调好安全性、盈利性和流动性的关系，不能顾此失彼。

1. 商业银行的资本主要由普通股、优先股、资本盈余、留存盈余、法定公积金、资本票据和债券构成。商业银行资本的功能主要体现在经营与管理功能和保护与防御功能两方面。

2.《巴塞尔协议》作为现代银行资本监管的国际准则，主要经历了三次演变。其中《巴塞尔协议Ⅰ》的内容主要由四部分组成，分别为资本的构成、风险加权资产的计算、最低资本充足率目标的确定和过渡期安排；《巴塞尔协议Ⅱ》从单纯的资本监管，演变为强调三大支柱监管：一是最低资本要求，二是监管部门监督检查程序，三是市场纪律；《巴塞尔协议Ⅲ》在《巴塞尔协议Ⅱ》的基础上，将微观审慎和宏观审慎监管结合，资本监管和流动性监管相结合，使银行能在不同的市场环境下更有效地应对各种冲击。

3. 商业银行资本管理策略主要包括内源资本管理策略和外源资本管理策略。内源资本是指通过银行内部留存收益获得的资本来源；外源资本是指银行通过发行股票、债券和出售资产等形式从金融市场获得补充资本的来源。

4. 提高商业银行的资本充足率主要应从两个方面着手：一是增加分子；二是减少分母。分子对策是指通过增加资本数量，改善和优化资本结构，达到资本充足率标准比率目标的要求；分母对策是指通过调整资产结构，降低资产风险数额，达到资本管制的要求。

本章习题

一、单选题

1.（　　）是银行发行普通股股票筹集的资本，是银行资本的核心部分。

A. 优先股　B. 资本盈余　C. 留存盈余　D. 普通股

2. 数额大小取决于银行历年的盈利水平和股息分派政策的是（　　）。

A. 优先股　B. 资本盈余

C. 留存盈余　D. 法定公积金

3.（　　）代表外部投资者投入银行的长期债务资本，其特点是有明确的利息和到期日。

A. 资本盈余　B. 留存盈余

C. 法定公积金　D. 资本票据和债券

4. 我国《金融保险企业财务制度》规定，法定盈余公积金按税后利润的（　　）提取，直到法定盈余公积金达到注册资本的50%为止。

A. 10%　B. 20%　C. 30%　D. 40%

5. 资产重估储备属于《巴塞尔协议Ⅰ》内容中的（　　）部分。

A. 资本的构成　B. 风险加权资产的计算

C. 最低资本充足率目标的确定　D. 过渡期安排

6. 下列哪项不是《巴塞尔协议Ⅰ》中银行的资本划分（　　）。

A. 核心资本　B. 附属资本　C. 一级资本　D. 次级资本

7. 附属资本不包括（　　）。

A. 一般准备金　B. 公开储备

C. 混合资本工具　D. 长期次级债务

8. 一般准备金在附属资本中的比例特殊情况下不能超过（　　）。

A. 1%　B. 1.25%　C. 2%　D. 2.25%

9. 既有股本性质又有债务性质的附属资本是（　　）。

A. 非公开储备　　B. 资产重估储备
C. 一般准备金　　D. 混合资本工具

10. 风险权重系数为20％的资产项目是（　　）。
A. 现金　　B. 托收中的现金款项
C. 对私人机构的债权　　D. 所有其他资产

11. 国内政府公共部门机构（不包括中央政府）的债权和由这样的机构提供担保的贷款的资产项目的风险权重系数为（　　）。
A. 0％　　B. 10％　　C. 20％　　D. 50％

12. 第一支柱的三个基本要素不包括（　　）。
A. 监管资本的定义　　B. 监管资本的划分
C. 风险加权资产　　D. 资本对风险加权资产的最低比率

13. 使用的损失分布法、极值理论、积分卡方法等属于（　　）。
A. 内部衡量法　　B. 基本指标法
C. 标准法　　D. 高级计量法

14.《巴塞尔协议》以资本充足率为核心、以（　　）为重点。
A. 国家风险监管　　B. 市场约束
C. 信用风险控制　　D. 外部监管

15.《巴塞尔协议Ⅲ》的目标是（　　）。
A. 减少危机发生可能　　B. 贯彻全面风险监管
C. 资本足够充足　　D. 管理水平创新

16. 杠杆比率属于（　　）监管。
A. 微观审慎监管　　B. 宏观审慎监管
C. 流动性监管　　D. 安全性监管

17.（　　）最典型、最具有股权特征的股票，是银行资本来源的重要渠道。
A. 普通股　　B. 优先股　　C. 后期偿付债券　　D. 资本公积

18.（　　）需要从三个角度测量：重要交易对手、金融工具及币种。
A. 合同期限错配　　B. 融资集中度
C. 市场有关的监测工具　　D. 可用的无变障碍资产

19. 分子计划的实施，首先应该（　　）。
A. 确定银行内源资本数额　　B. 制定总体财务计划
C. 满足资本金数量　　D. 选择最佳外源资本方式

20. 下列属于分母计划的是（　　）。
A. 调整资产结构　　B. 扩大资本规模
C. 制定财务计划　　D. 选择最佳外源资本方式

二、判断题

1. 资本票据与债券是债务性资本，它代表外部投资者投入银行的短期债务资本。（　）

2. 银行资本能够弥补贷款、投资和管理者失误带来的损失，只有当一家银行的风险损失超过股权资本时，其破产才成为现实。（　）

3. 一般准备金，指用于防备目前已经确定损失的准备金或呆账准备金。（　）

4.《巴塞尔协议Ⅰ》规定，1992 年年底前，各成员国商业银行核心资本充足率的最低标准为 8%。（　）

5. 长期次级债务这类工具作为资本存在一定缺陷，其数量只能达到核心资本的 50%。（　）

6.《巴塞尔协议Ⅰ》不仅注意到信用风险，还考虑到银行经营中的市场风险、操作风险等。（　）

7. 操作风险是指银行内部程序、工作人员、电脑系统操作失误或外界欺诈等造成的损失。本定义包括了法律风险、策略风险和声誉风险。（　）

8.《巴塞尔协议Ⅱ》要求三个支柱必须协调使用才能真正体现新协议的精髓，这也是《巴塞尔协议Ⅱ》区别于《巴塞尔协议Ⅰ》的核心所在。（　）

9. 总收入定义为：净利息收入加上非利息收入。这种计算方法旨在反映所有准备（例如，未付利息的准备）的总额；包括特殊项目以及保险收入。（　）

10. 从适用对象看，《巴塞尔协议Ⅱ》主要是依据发达国家的实践而制定的，提出的各种风险计量方法也主要是针对大型国际银行设计的。（　）

三、多选题

1. 下列属于股份制商业银行的资本主要构成的是（　　）。

A. 债券　　B. 优先股　　C. 法定公积金　　D. 资本票据

2. 商业银行资本的功能（　　）。

A. 经营功能　　B. 管理功能　　C. 保护功能　　D. 防御功能

3.《巴塞尔协议Ⅰ》的内容主要由几部分组成，分别为（　　）。

A. 资本的构成　　B. 风险加权资产的计算

C. 最低资本充足率目标的确定　　D. 过渡期安排

4.《巴塞尔协议Ⅱ》主要强调的内容是（　　）。

A. 市场纪律　　B. 监管部门监督检查程序

C. 最低资本要求　　D. 市场风险

5. 最低资本要求主要考虑以下（　　）风险的影响。

A. 信用风险　　B. 管理风险　　C. 市场风险　　D. 操作风险

6. 内部评级法对每一类风险都考虑了（　　）三方面因素。

A. 风险构成因素　　B. 最低资本要求

C. 风险转移因素　　D. 风险权重函数

7. VaR 的计算方法主要有（　　）。

A. 方差—协方差法　　B. 历史数据模拟法

C. 结构化蒙特卡罗法　　D. 压力测试

8. 根据新巴塞尔协议，操作风险主要有（　　）三种计算操作方法。

A. 基本指标法　　B. 特殊指标法

C. 标准法　　D. 高级计量法。

9. 第三支柱——市场纪律主要包括（　　）。

A. 适用范围　　B. 资本结构

C. 风险敞口与评估　　D. 资本充足率

10. 内源资本的特点主要包括（　　）。

A. 成本较低　　B. 税负高

C. 受经济波动影响较大　　D. 受利率变动影响较小

四、综合题

1. 简述商业银行资本的功能。

2. 简述《巴塞尔协议Ⅰ》的基本内容。

3. 试述巴塞尔协议的发展过程。

4. 对《巴塞尔协议Ⅲ》的评价。

5. 简述商业银行外源资本特点。

6. 某一银行总资本为 6000 万元，已知备用信用证的转换系数为 100%，对私人公司的长期信用承诺的转换系数为 50%，请根据下表，计算其资本充足率。

资产项目	金额
现金	5000 万元
国库券	20000 万元
国内银行存款	5000 万元
居民住宅抵押贷款	5000 万元
私人公司贷款	65000 万元
总资产	100000 万元
表外项目	
用以支持市政债券的一般义务债券的备用信用证	10000 万元
对私人公司长期借贷合同	20000 万元
表外项目加总	30000 万元

第四章　商业银行负债管理

学习目标

系统学习商业银行负债的构成与特点、存款类负债管理、非存款类负债管理。

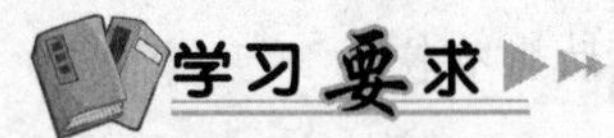

了解：存款类负债与非存款类负债的构成与特点。

掌握：存款成本管理、存款定价与非存款借款管理。

第一节　商业银行负债的构成及特点

一、存款类负债的构成及特点

（一）存款类负债的构成

存款是指商业银行运用信用方式从社会集聚的货币资金。它是以商业银行为主体、以社会公众为对象、以偿还付息和提供金融服务为条件而集聚起来的社会资金，反映的是存款人与银行之间的债权债务关系。对于存款人来说，存款既是一种授信行为，又是存款人所拥有的金融资产。对于银行而言，存款是接受债权人的现金、票据或贷款的转账而负有的即期或定期偿还的一种授信行为，形成银行的负债。根据存款是否可以签发支票，存款可以分为交易账户存款和非交易账户存款。

1. 交易账户存款

交易账户存款是指存款人可以通过支票、汇票、自动取款机、电话互联网和其他电子计算机设施提款或对第三者支付及办理转账结算的存款。交易账户存款的种类主要有：

（1）支票账户，又称活期存款，是指存款人无需事先以书面形式通知银行便可支用或转账的存款。

（2）可转让支付命令账户，是指个人和非盈利性组织可以随时在该账户开出“可转让支付命令”，用于对第三者进行支付并能获取利息的存款。因它可以经背书后转让，故有交易结算功能。可转让支付命令账户是1972年美国马萨诸塞州的储蓄贷款协会最早创办的一种储蓄存款账户。它具有与支票账户相同的功能，但是由于开出的是“可转让支付命令”而不受法律管制，银行可向客户支付利息，因此深受欢迎。20世纪80年代初政府允许包括商业银行在内的所有存款机构都可以办理这种存款。

（3）自动转账服务账户，是指银行根据存款人的事先授权，自动为客户在同一银行的两个账户间划转存款。在这项业务中，客户在银行开立两个子账户：一个是有息的储蓄账户，一个是无息的活期存款账户，可以只保留1美元的开户额，银行允许客户开出支票进行支付，银行收到客户所开支票后，自动按支票金额将款项从储蓄账户转移到活期支票账户上。这样，客户既可以享受使用支票账户的便利，又可以获得利息收入。

（4）超级可转让支付命令账户，是指有最低存款余额的规定并支付较高利息的可转让支付命令账户。它与可转让支付命令账户一样可以随时开出支付命令，区别在于，该账户要保持2 500美元的最低余额，且利率较高。该账户只允许个人和非盈利组织开立。

（5）货币市场存款账户，是一种可以生息的活期存款账户。存期短，几天或几个月。它是1982年美国国会通过《加·恩圣洁尔门存款机构法》，允许商业银行与货币市场基金竞争后出现的一种新业务。货币市场存款账户的特点是：开户的最低金额为2 500美元，如余额低于2 500美元，利率则改按储蓄存款计息；利率无上限，按每日市场利率进行调整；每月转账支付的次数不能超过6次，其中3次以下可以使用支票；10万美元以下的存款可得到联邦存款保险公司的保险；存款的对象不限，个人、非盈利机构、工商企业都可以开户；银行具有要求客户提取存款时应在7天前通知银行的权利。目前，货币市场存款账户在西方国家很普遍。我国的交易账户存款主要是指企业在银行开立的结算账户存款。对个人的交易账户主要是信用卡账户。

2. 非交易账户存款

非交易账户存款是指存款能够生息，但是不能签发支票的存款。非交易账户存款主要有：

（1）存折储蓄账户。是储户持现金、支票、债券、股票到银行开立存款账户，银行开立存折为凭证，存折不能流通转让，利率较低，定期结息，利息可纳入本金计算复利。存款可随时支取，银行还可代理储户支付有关的费用开支。存折储蓄账户是一种具有高流动性的非交易账户存款。

（2）定期存款（存单）。定期存款有固定的到期日，如3个月、6个月、1年、3年、5年或更长。凭银行签发的定期存款单提取，存单不可转让流通，但可作为银行贷款的抵押物。定期存单到期才能支取，如果提前支取利息要遭受损失。由于该账户的存款流动性较低，客户很少提前支取，所以利息率较高。利率水平随期限长短而定，期限越长利率越高。定期存款分为定期储蓄存款和一般定期存款两种。

（3）大额可转让定期存单。是指记载存款金额、存款期限和利率，可以在证券二级市场上流通转让的存款凭证，它是一种特殊的定期存款。可转让存单存款是由美国花旗银行创办的一种新型定期存款，此后美国其他商业银行也陆续开办了此项业务。购买者主要是公司、养老金协会、政府机构等，以此作为短期政府债券的替代物。20世纪70年代以后，发达国家银行都开始发行大额可转让存单。大额可转让定期存单的特点是：期限固定且面额较大，美国一般为10万美元；利率有固定的，也有浮动的，存单不记名，到期前不能支取，但是可以在二级市场流通转让。

(4) 通知存款。是指客户必须按规定提前若干天通知银行才能支取的一种存款，这种存款是介于定期存款与活期存款之间的一种非交易账户存款。通知存款必须事先确定一个最短存期，在存期内不得支取，存期过后可通知银行支取。国外常见的是7天通知存款，通知期为2天，也就是说，7天为定期存款，7天后在支取的前2天通知银行。

(5) 定活两便存款。是一种灵活的既有定期存款的收益性，又有活期存款便利性的存款。定活两便存款的存款期限、存款利率、存款数额没有限定，不能使用支票存取。客户存款时，规定一个基本期限，客户可以根据自己的意愿随时支取，利率高于活期存款，低于定期存款。

(二) 存款类负债的特点

1. 被动性

存款的被动性是指决定银行存款数量和结构的主动权不在银行一方。存款作为存款者的一种金融资产，存款人有完全的支配权，存与不存，存多存少，主要取决于存款人的意愿，而不取决于银行。对银行来讲，存款是一种被动型的负债。存款的这一特点，决定了银行必须不断创新存款品种，采取各种营销策略来吸揽存款。

2. 派生性

存款的派生性是指商业银行存款中有相当一部分是由贷款转化而来的。商业银行的存款有两类来源：一类是现金，另一类是派生存款。客户以现金存入银行产生的存款是原始存款。在支票流通和非现金结算制度下，银行发放贷款会转化为存款，从而形成派生存款。

3. 客观性

银行存款的客观性是指存款的数量在客观上要有一定限度。它包括两方面的含义：第一，存款代表社会总产品价值，具有客观性。存款来自于社会再生产过程中暂时闲置的货币资金，是社会总产品价值的一部分。它表现为企业的产品销售收入在尚未动用之前，以存款形式反映在银行账户上。从这个意义上讲，存款存在一个数量限额，即全社会银行存款的总量应与社会总产品的价值量保持一定的客观比例关系，它决定了存款的合理量限，超过这个合理量限的存款就是虚假性存款，会导致流通中的货币供给超过货币需求。第二，存款构成流通中货币量的主要组成部分，必然受到货币供求理论和货币流通规律的制约，也必然存在一个客观的数量界限。存款的这一特点表明，在一定时期内全社会的存款数量在客观上是一定的。金融机构的存款只不过是对存款总量的分割而已，各商业银行只能改变各自的存款占有份额，不能改变存款总规模。

4. 波动性

存款的波动性是指存款数量受多种因素的影响会经常变化。从宏观层面看，银行存款是国民收入减去即期消费后的结余，由于受经济周期、中央银行的货币政策、季节性因素、收入的不确定性和消费支出、消费结构、市场利率、银行服务质量等多种因素的影响，其余额会经常波动。存款的这一特点要求银行必须研究存款变动的客观规律，顺势而为，掌握吸收存款的主动权。

二、非存款类借款的构成及特点

（一）非存款类借款的构成

商业银行的非存款借款又称借款负债，是指银行主动通过金融市场或直接向中央银行融通资金。虽然存款始终是商业银行的主要负债，但随着银行管理重点由资产向负债的转移，借入资金在负债总额中的比重不断上升，成为商业银行重要的资金来源。商业银行借款负债主要由如下几部分构成：

1. 同业拆借

同业拆借是银行等金融机构之间相互拆借在中央银行账户上的准备金存款余额。在美国称为联邦资金市场借款。这是银行借入资金的最便捷方式。同业拆借产生于存款准备金政策的实施。最初同业之间拆借对象只限于中央银行存款账户上的余额，其主要目的无非是调节法定存款准备账户余额和满足支票清算的需要。当今同业拆借市场参加者除商业银行以外，还包括证券商、储蓄机构及其他公司，交易对象也扩大到证券商和政府拥有的活期存款，交易手段也发展到通过中央银行电子资金转账系统划拨资金，数秒钟即可完成转账交易。

2. 向中央银行借款

中央银行一般要求借入银行以证券作担保。借款种类主要有三种：短期调剂性借款、季节性借款和扩展性借款。短期调剂性借款，期限很短，通常只有几天。主要解决银行储备头寸不足的资金需要。季节性借款主要解决商业银行存贷款季节性波动引起的资金需求。扩展性借款主要解决当地经济衰退、银行陷入困境时对长期资金的需求。借款利率按中央银行规定的再贴现率计算，期限越长，利率越高。借款期限依借款种类不同而异，短期调剂性借款最长 30 天，必要时可以展期。我国商业银行向中央银行借款主要采取再贷款和再贴现方式。再贷款为信用借款，分为年度性借款、季节性借款和头寸借款三种形式。再贴现对象是在当地人民银行开户的商业银行分支机构，对非银行金融机构暂不办理再贴现。再贴现票据是经当地市级以上商业银行分行授权承兑的商业汇票。再贴现期限一般为 3 个月，最长不超过 4 个月。再贴现利率一般低于再贷款利率。

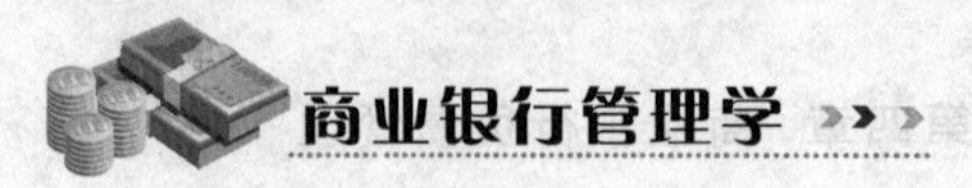

3. 回购协议借款

回购协议（Repurchase Agreement）是指卖方在出售证券融通资金的同时，与买方约定在一定期限后按原价或约定价格再将证券买回的一种交易行为。从本质上讲回购协议是一种以高质量证券作抵押的短期融资。大银行和政府债券交易商是回购协议市场的主要资金需求者。回购协议的资金供给者包括非银行金融机构、地方政府、存款机构、外国银行及外国政府等。回购协议的期限可以是隔夜、数月或可续协议（可续协议是指在回购协议下获得的资金可无限期使用，直至买卖双方中任何一方终止交易为止）。

4. 发行商业票据

商业票据是一些知名的大公司为筹集资金而发行的短期票据。期限从三四天到几个月不等。发行商业票据所筹资金大部分用于购买原材料、纳税或其他紧急的流动性需求。一般采用折价发行。美国联邦法规定，商业银行不能直接发行商业票据，通常是通过其附属公司发行，然后将所获资金贷款给商业银行。商业票据面额较大，通常为10万美元的整倍数，期限一般在270天以内。

5. 国际金融市场借款

欧洲货币市场是欧洲美元和其他欧洲货币的借贷活动所形成的国际金融市场。20世纪50年代形成，20世纪六七十年代迅速发展。在欧洲货币市场上借贷数量最大的是欧洲美元（美国境外的美元）。欧洲美元借贷市场是最活跃的银行间借贷市场，借贷期限从隔夜到1年不等，利率与伦敦同业拆借市场利率基本保持一致。此外，商业银行还可以发行大面额欧洲美元存单借入资金，欧洲美元存单可在二级市场流通转让。商业银行可以利用欧洲美元存单市场与国内定期存单市场的利差进行套利。

6. 长期非存款性资金来源

长期非存款性资金来源是指银行在资本市场上发行中长期债券借入资金。这部分资金来源发展缓慢。我们将在资本管理一章详细讨论。

（二）非存款类借款的特点

1. 主动性

存款是银行被动型负债，其存量、增量和流速基本上取决于存款人，而非存款借入资金主要取决于银行的资金需求，银行对借与不借、借多借少有更大的主动权和灵活性。

2. 成本高

在正常情况下，借入资金的利率要高于存款。银行从金融市场借入资金往往是在发生流动性不足、急需补充头寸时，必须按市场利率付息，没有讨价还价的余地。此外，如果是在市场上发行债券借入资金，还要支付发行代理费。因此，借款成本较高。

3. 风险大

借入资金是银行不稳定的资金来源。大银行信誉较高，有广阔的负债市场，在市场上借入资金比较容易，对中小银行来说，则要困难得多。然而即便是信誉高的大银行，在市场资金紧缺时，也很难在市场上借入资金，这时对于过度依赖借入资金解决流动性问题的银行来说，往往会陷入破产倒闭的困境。

第二节 商业银行存款管理

一、存款管理的重要性

由于商业银行高负债经营的特性，使得存款管理成为银行管理的重要组成部分，这主要是由于：

（一）存款是商业银行生存和发展的基础

商业银行是信用中介，其性质决定了自有资本在银行资产中的比重大大低于一般企业，银行能否吸收到经营活动所需要的资金，关系到其职能的发挥。作为信用中介，银行首先以债务人的身份，采用各种形式集中社会闲置的货币资金，然后再以债权人的身份将它们贷放出去，获取盈利。存款规模越大，银行的盈利能力越强，发展潜力越大。

（二）存款是衡量商业银行实力的标志

存款为商业银行贷款提供资金来源，存款的数量、规模、种类和结构决定和影响银行资产的规模和结构，从这个意义上说，存款是银行利润及规模扩展的最终决定力量。一家银行在市场上吸收存款的能力越强，意味着其信誉越高，抵御意外风险的能力越强。

（三）存款是影响宏观经济平衡的重要变量

存款对货币流通的影响表现在，如果银行超过经济增长的客观需要发放贷款，意味着货币供给超过了客观经济活动所决定的货币需求，货币供求的不平衡会导致社会总产品供给与需求不平衡，破坏宏观经济的均衡。相反，在经济疲软时，如果滞留于银行体系的存款过多，就会出现由于货币投放不足而加大总需求不足的矛盾，也不能实现宏观经济的均衡。正因为如此，作为货币供给量的存款成为中央银行调节宏观经济的重要变量，为各国政府所关注。

二、存款成本管理

存款成本管理是商业银行成本管理的重要组成部分，是商业银行实现盈利性目标的要求，也是进行存款定价的依据。因此，在进行存款成本管理过程中，应了解存款成本的构成，并努力探索成本控制的方法。

（一）存款成本构成

1. 利息成本

利息成本是指银行按约定以货币的形式直接支付给存款客户、债券持有人的报酬。

利息成本的计息方式有两种：一种是按不变利率计息；另一种是按可变利率计息。前者是指按负债发生时规定的利率乘以负债余额计算利息额。后者则指是负债发生时不规定具体的利率，而是确定一个基准，通常以市场不断变化的某种利率为基准（如国库券利率），加减某一具体的数额（0.5%或1%）为该项负债的利率。我国目前的存款一般按不变利率计算。

2. 服务成本

服务成本是指银行吸收资金所支付的除利息以外的其他成本。包括处理支票业务的费用、代收代付费用、利用计算机提供自动化服务的费用、广告宣传费用、存款部门人员的工资、设备折旧等。

3. 相关成本

相关成本是指与增加存款有关，但未包括在利息成本和服务成本中的开支。主要有以下两种。

（1）风险成本，即由于存款增加引起银行风险增加而必须付出的代价。例如，利率敏感性存款增加会增加银行利率风险，存款过度增加会使银行的资本风险增加等。

（2）连锁反应成本，即银行因提高利率或增加服务吸收新存款，由此引起的原有存款成本的提高。银行为更多地吸收存款往往对新存款采取提供更多服务或提高利率的手段，但是原存款户也会要求银行增加服务或提高利率，由此会引起银行存款成本的增加。

4. 存款资金成本

存款资金成本是利息成本和服务成本的总称。资金成本是指现有资金的单位平均借入成本。它是成本总额与平均负债余额的比。银行进行负债成本比较和分析时，往往使用资金平均成本这一概念。计算公式为：

$$存款资金成本率=\frac{利息成本+服务成本}{存款平均余额}\times 100\%$$

5. 可用资金成本

可用资金成本是指银行吸收的全部资金中扣除现金资产等非盈利资产后，以盈利资产计算的资金成本。现金资产等非盈利资产不能为银行带来收入，但是其资金成本要靠盈利资产的收益率补偿。因此，可用资金成本更准确地反映了银行负债的实际成本。可用资金成本的计算公式如下：

$$可用资金成本率=\frac{利息成本+服务成本}{资金总额-现金等非盈利资产}\times 100\%$$

6. 边际成本

存款的边际成本是指继原存款总额之后，每增加一单位存款余额所增加的成本。在实际业务处理中，一般将计算期当年新增的存款或其他资金来源的成本都视为边际成本。分析计算银行存款的边际成本对确定贷款的价格有重要的作用。如要使银行金融资产业务获取利润，在考虑确定银行贷款价格时，必须使银行资产的收益大于存款资金的边际成本。所以，存款资金的边际成本是确定贷款价格的标准，当存款资金的边际成本一定时，银行只能考虑选择边际收益率大于或等于边际成本的资产，同时贷款的价格必须大于或等于存款资金的边际成本。

银行存款资金的边际成本计算公式为：

$$存款边际成本=\frac{新增利息成本+新增服务成本}{新增存款资金额}$$

假设新增的存款资金中有一部分不能用作盈利资产，而要作为现金准备，则新增的可用资金的边际成本为：

$$可用资金边际成本=\frac{新增利息成本+新增服务成本}{新增存款资金额-新增现金等非盈利性资产}$$

（二）存款成本控制

银行存款成本控制，主要取决于银行的利息成本、服务成本和相关成本等。因此商业银行控制负债成本的基本途径有两条：一是控制利率水平；二是控制其他的成本支出。

1. 利息成本控制

在一个自由竞争的成熟金融市场上，各类负债均有一个均衡的利率水平，各家商业银行付给客户的利息都相差不大，如果哪家商业银行简单地压低利率以减少利息支出，那么这家银行的负债扩张就会大受影响，原有的存款也可能大量流失，最终得不偿失。因此，商业银行一般用间接的方法来控制利率水平。例如，商业银行可以组织本单位的研究力量或利用其他研究机构的研究成果来预测未来的利率走向，如果预测未来的利率是上升的，那么在给负债定价时，用固定利率代替浮动利率是减少利息支出的好方法，相反地，如果预测未来的利率水平是下降的，那么商业银行就应该尽量采用浮动利率来给负债定价。又比如，商业银行可以采取较为积极的筹资战略，多利用不太稳定而成本低的资金，而少利用稳定而成本高的资金，保持一个合理的负债结构。另外，商业银行可以提供优质的服务来弥补自己负债价格较低的不足或者做大规模负债结构的调整从而减少公众所要求的风险溢价。

2. 其他成本控制

一般来说，商业银行负债成本控制的关键不在于利息成本，而在于其他成本特别是管理费用和工薪福利的支出。控制其他成本支出的方法和思路有很多，比如精简人员、提高管理水平、改善决策水平、注重科学技术的应用、发挥规模经济优势等。

三、存款定价

存款定价是指如何确定存款的价格。存款定价包括存款利率和向客户收取的存款账户费用。存款价格变动不仅影响银行存贷款利差，也影响客户存款余额和存款组合，进而影响银行业务的开拓和利润的增长。科学地确定存款价格，目的在于最好地保护和增加银行利润。商业银行常用的存款定价方法有成本加利润定价法、边际成本定价法、市场渗透存款定价法、有条件定价法、等级目标定价法和关系定价法。

（一）成本加利润定价法

成本加利润定价法是指以银行预测的存款成本为基础，加上单位存款的预计利润作为存款价格。存款价格的计算公式为：

$$存款价格=税前加权成本+目标利润$$
$$=\left(\sum_{i=1}^{n}\frac{每类存款数额}{存款总额}\times\frac{利息与非利息成本}{1-非盈利资产占有比例}\right)+目标利润$$

（二）边际成本定价法

当市场利率频繁变动时，利用平均成本为存款定价变得不可靠，使用边际成本定价更为合理。当利率下降时，筹集新资金的边际成本可能大大低于银行所筹集全部资金的平均成本。一些与平均成本相比起来无利可图的项目则变得有利可图。反之，如果利率上升，新增资金的边际成本可能大大超过银行的平均资金成本，则一些原来有利可图的项目，现在可能变得无利可图。边际成本的计算公式如下：

边际成本＝总成本变动额

＝新利率×新利率下的筹集资金额－原利率×原利率下的筹集资金额

边际成本率＝总成本变动额÷新增资金额

（三）市场渗透存款定价法

市场渗透存款定价法是指短期内通过大大高于市场水平的高利率，或者低于市场标准的低收费来吸引更多客户的定价方法。这是希望占领最大市场份额的银行所采取的策略。对于市场渗透存款定价法的效果，美国弗兰纳里的分析指出，大多数客户都十分重视与开户银行的稳定关系，这不仅因为他们要在账户中享受存贷款和各种服务，而且要支付账户费用，破坏这种联系对客户来说是有代价的。这一观念有助于使客户忠实于他们已经选定的银行。因此存款具有相对稳定性，如果银行能够向存款人提供高于市场利率的回报，即便是银行提供的存款利率降低，也完全能够吸收他们的存款。当其他银行开始降低费用或提高存款利率时，客户也不会改变他们选定的银行。

（四）有条件定价法

有条件定价法（存款费用安排定价法）是指根据客户存款余额和对存款的运用情况确定存款价格。自从20世纪70年代美国商业银行出现付息交易账户以来，这种定价方法被更多的银行采用。如果客户存款余额保持在银行规定的限额以上，客户只支付很低的费用或者不付费。一旦存款平均余额下降到最低水平以下，就要支付较高的费用。有条件定价法具体可以分为以下三种方法：

1. 按统一标准定价

按统一标准定价是指银行不考虑账户余额，只对存款人开出支票和每一账户定期收取固定费用。如规定每月账户保持费2美元，每开一张支票支付10美分等。

2. 自由定价

自由定价是指银行不收取账户保持费和每次结算费用。由于账户利息率较低，客户也会支付隐性费用。实践证明采用这种定价方法吸引的小金额、高进出的存款较多，只有在市场利率很高时，银行才有利可图。

3. 有条件的自由定价

有条件的自由定价是指银行根据账户的不同条件确定不同的存款定价。一般说来，银行根据下列条件安排存款费用：结算业务量（如开出支票的张数，存取款、电子汇划、支付命令及资金不足的次数）；每月账户平均余额；存期长短。有条件的自由定价使银行将存款市场分为两类：一是高余额、低进出存款账户，另一类是低余额、高进出存款账户。银行总是根据本行对客户的需求，对存款费用做出不同的定价标准。客户则是在满足存款安全、服务方便和知名度相同的条件下，根据其预期开出支票的张数、存取款次数和账户平均余额来挑选开户银行，以支付较低费用，获取较高收益。

（五）等级目标定价法

等级目标定价法是指银行向事业有成的专业人员、业主和经理及高收入家庭提供服务，收取较高费用，而对于低余额、高进出的客户按不亏不盈定价的方法。这种方法的优点是可以抓住存款大户，控制小额存款，有利于控制成本，获取较高盈利，但缺点是对银行的社会形象有一定的负面影响。

（六）关系定价法

关系定价法是指银行根据客户享受服务的数量进行存款定价的方法。关系定价法的特点是吸引关系密切的最佳客户。银行的一般做法是，对购买两项以上服务的客户只收取较低的费用，甚至免去一些收费。采用关系定价法是基于这样一种考虑：客户享受一家银行的服务越多，对这家银行的依赖性越强，转移他行开户的可能性越小。采用关系定价法，可增加客户对银行的忠实程度，降低客户对其他金融服务机构存款价格变动的敏感性。

四、存款营销

（一）存款营销的含义及特征

1. 存款营销的含义

存款营销是商业银行营销的重要组成部分。通过营销开发根据市场调研发掘的具有更大利益机会的细分市场，使银行存款服务满足客户的需要，不断调整银行的服务环境和经营网点，寻找更大的利润市场。存款营销的基本内容是：存款品种的设计开发、存款市场调研、存款产品营销渠道和市场细分、存款营销策略、服务环境等。

2. 存款营销的特征

(1) 存款市场是一个大众市场。银行存款市场是面向广大社会公众服务的大众市场，在这个市场上，银行的大门是向任何愿意与之建立存款信用关系的客户开放的。存款市场不像资本市场和货币市场那样有一个严格的准入制度，也不像贷款市场那样有严格的审批制度。只要有合法收入的客户，都可以自愿、自由地进入市场要求银行提供服务。存款市场的大众性特征决定了存款营销的广泛性和分散性。银行必须提供不同层次、不同需求的存款品种和服务项目。

(2) 存款市场是一个零售市场。金融产品营销和物质产品营销从产品流转环节或销售数量看，都有批发与零售之分。存款市场是面对社会群体的市场，其存款营销的数量多是零散、小额的，特别是活期存款和储蓄存款，因此它具有零售性。这一特性决定了存款营销地域上的分散性和工作的繁杂性，因此，存款营销的侧重点是网点的设置与分布以及服务质量的提高。

(3) 存款市场是一个特许市场。各国银行法大都授权商业银行和储蓄机构作为存款机构吸收存款，严禁存款机构以外的金融和非金融机构吸收存款，从这个意义上讲，存款市场是一个特许市场。这一特征决定了存款营销的专营性和垄断性，这就要求银行必须依法规范存款营销活动。

(4) 存款产品的无形性。一般企业营销的是实物商品，而银行营销的存款是无形产品，这种产品不能像物质商品那样通过触觉、味觉、视觉和听觉来吸引客户。存款产品的这一特征限制了银行营销人员的选择性，即不能通过中间商而必须采用直接销售渠道。

(5) 存款产品的同质性。这是由商业银行的同质性所决定的。所谓同质性是指各家商业银行的业务种类是相似的，而具体到银行营销的某一种金融产品更是相同的，也就是说，商业银行不但存款品种差不多，而且每种品种的期限、利率等条件都是相同的。因此，对于客户来讲，到哪家银行办理存款拿到的产品都是一样的。这种存款产品的同质性就决定了存款营销更应注重其服务质量和营销策略。

(6) 存款服务的无特殊性。因存款市场和存款产品的特性，决定了存款服务的无特殊性和无个性。对客户来说，银行除特殊情况外，在存款营销中不会采取特殊服务，一家银行和另一家银行的服务非常相似，其营销环境也差不多，客户使用某一家银行服务的主要原因是方便。因此，银行必须树立自身形象，并将其灌注于公众心目中。银行应将重点放在“包装”上，即在服务和形象上下功夫，而不是在产品本身。银行应在地理位置、员工素质、服务质量、工作效率、声誉和广告等方面做文章，以高质量的服务吸引客户。

(二) 存款市场细分

存款市场细分是指商业银行对存款市场的客户按不同标准进行区分，将需求和动机基本相似的客户划分为一个子市场，以便对不同细分市场的客户群采取不同的营销策略。

1. 存款市场细分的标准

市场细分的关键是确定适当的细分标准，一般来讲，存款市场按存款经营特征可划分为私人（个人）客户市场和机构（单位）客户市场两类。

(1) 私人（个人）客户市场。私人客户市场主要是储蓄存款市场。私人客户市场如按地理因素细分，主要是分析市场密度，市场密度越大，网点的密度也越大；如按心理因素细分，主要是分析社会阶层和生活方式等不同的客户群；如按人口因素细分，主要是分析不同年龄、性别、职业、收入、民族等客户群的细分市场。

（2）机构客户市场。机构客户市场可以按企业规模细分，按产业、产品细分，按地理因素细分等。

2. 存款的市场定位

市场定位是指设计企业形象，以决定向细分的客户提供何种产品的过程。目的是让客户了解和接受企业内涵，给客户留下美好的企业形象。银行在竞争中，特别是在存款竞争中必须给自己在市场上找到一个恰当位置，在选择目标市场时，应按市场细分标准进行定位。

（三）存款营销渠道与策略

1. 存款营销渠道

市场营销学中的营销渠道是指产品或劳务从生产者向消费者转移时取得这种产品或劳务所有权的机构或个人，也是产品运动从起点到终点的经过途径。营销渠道是整个营销系统中的结构或分支，产品的营销是由多层次中间商组成的。由于金融产品的特殊性、其营销的专营性和专卖性，金融产品的营销渠道不同于物质产品，金融产品是通过银行内部渠道进行分销的。主要包括直接分销渠道和间接分销渠道：直接分销渠道是通过银行自身的分支机构完成存款品种营销；间接分销渠道是指在异地通过代理行推销存款产品，这种分销渠道主要用于国际跨国银行。

2. 存款营销策略

存款的营销策略是寓于银行营销策略之中的。商业银行营销策略是指商业银行将自身的资源条件通过市场定位、形象塑造、产品开发及战略管理等来实现银行经营目标而进行的决策。银行存款营销策略是商业银行营销策略的重要组成部分。由于存款本身的特性以及法律对存款利率的限制，存款的营销策略又不同于其他金融产品的营销策略，也就是说有些营销策略在存款营销中是不适用的，比如常用的利率策略、价格策略和期限策略等基本上适用于银行的贷款营销和证券营销业务。在存款营销策略中一般可采用市场细分策略、塑造银行形象策略、存款分销策略、存款促销策略、市场定位策略及新产品开发策略等。

第三节　商业银行非存款借款管理

一、非存款借款管理的重要性

（一）维持银行与良好客户的关系

长期以来，在业务活动中银行意识到维持与良好客户关系的重要性，并遵循良好客户关系原则。即对预计能为银行带来净利润的客户，总是尽可能满足他们的贷款需求。早期的做法是，银行管理者先作出同意贷款的决定，然后再考虑融资问题。对于能达到银行信用级别要求的贷款，只要能做到收益大于成本，就会得到银行的贷款支持。到20世纪60年代，由于客观环境的变化，上述原则逐渐发展为负债管理策略。银行通过借入资金来满足高信用等级的贷款需求和准备金的不足。

（二）调节可贷资金供求

与吸收存款相比，非存款借入资金是银行的主动负债，可作为维持贷款增长的一项基本融资手段。由于银行可以按照合理的利率从市场获得需要的资金，因此资金来源变得更加主动和具有弹性。当银行准备金不足或贷款增加时，便可以以较高的利率在货币市场上借到足够的资金；当银行贷款项目减少或准备金过剩时，可以减少借入资金。同时借入资金属于非存款负债，不用缴存存款准备金，商业银行可获得更多的可贷资金。

二、非存款借款应考虑的因素

（一）借款规模

银行在选择非存款借入资金以前，首先要计算非存款借入资金的总需求量。非存款借入资金的需求量等于预计未来借贷资金需要量与预计存款总量的缺口。其中预计未来借贷资金需要量包括各类贷款和购买债券的资金总需求量。对未来贷款与投资量的合理预计应当建立在广泛收集信息和与客户密切联系的基础上。银行对存款量的预测要考虑到未来的经济形势、利率走势及大额客户的现金流量。资金缺口可用下列公式计算得出：

资金缺口＝当前和预期的贷款与投资需求量－当前和预期的存款总量

（二）借款期限

商业银行借款期限有长有短，具体根据各家商业银行的需求来确定。同业拆借市场和回购协议借款期限较短，发行大额存单和商业票据借款期限较长些。一般情况下，银行出现紧急的现金兑付或清算头寸不足时，可通过同业拆借、回购协议和中央银行再贴现借入资金，如果为增加贷款融资可选择后两种方式。

（三）借款成本

银行要想获得较低的融资成本，必须对各种借入资金的市场利率了如指掌。一般说来同业拆借市场融资方便快捷，但利率高于中央银行的再贴现率。两者的利差代表在同业拆借市场借款的机会成本，利差越小，机会成本越低，银行越有可能从同业拆借市场借款。但是同业拆借利率较再贴现利率波动较大，如果通过同业拆借市场进行资金交易，银行无论是作为借方还是贷方，都要与经纪人和其他大银行保持密切联系。商业票据及大额可转让存单的收益率与其他借款相比极具竞争力，但是发行费用较高，如果只需短期资金，大可不必采用这两种借款方式。欧洲美元利率（即伦敦同业拆借利率）是全球短期借贷市场的主要参考利率，但是其波动性很大，已公布的利率存在时滞，银行需密切关注货币市场利率走势。

（四）借款风险

银行管理者在选择非存款借入资金渠道时，还要考虑两种风险：一种是利率风险。一般而言，除了中央银行再贴现率相对稳定外，其他利率都由市场资金供求决定，利率波动较大。另一种是贷款可得性风险。在信贷资金紧缺时，市场资金供给减少，借款者增加，贷款者不可能满足所有借款人的要求，他们会将资金贷放给信用最好的借款者，信用较差的银行可能无法借到资金或只能支付较高的利率才能获得借款。在发达的货币市场上，可转让定期存单、商业票据、欧洲美元借款对信贷风险最敏感。银行管理者必须有足够的风险意识。

（五）借款的法律限制

各国中央银行都借助于货币市场实施货币政策，对宏观经济加以调节。因此中央银行对货币市场上的借款方式的条件、借款数量、期限、资金的使用，甚至利率的浮动幅度都有规定（发展中国家居多），在通货膨胀时，往往还规定准备金比率。这将改变借入资金的成本和风险。如美国规定商业票据的期限至少是 7 天，通过贴现借入的资金不能发放贷款等。

1. 商业银行负债作为银行的重要资金来源，由存款类负债与非存款类借款组成。

2. 存款是指商业银行运用信用方式从社会集聚的货币资金。根据存款是否可以签发支票，存款可以分为交易账户存款和非交易账户存款。存款类负债具有被动性、派生性、客观性和波动性的特点。

3. 商业银行的非存款借款又称借款负债，是指银行主动通过金融市场或直接向中央银行融通资金。商业银行借款负债主要由同业拆借、向中央银行借款、回购协议借款、发行商业票据、国际金融市场借款和长期非存款性资金来源组成。相对于存款类负债而言，非存款类借款具有主动性、成本高、风险大的特点。

4. 由于商业银行高负债经营的特性，使得存款管理成为银行管理的重要组成部分，这主要是由于：存款是商业银行生存和发展的基础、存款是衡量商业银行实力的标志、存款是影响宏观经济平衡的重要变量。

5. 存款成本主要由利息成本 、服务成本、相关成本、资金成本、可用资金成本以及边际成本组成。因此存款成本控制途径主要有两条：一是控制利率水平；二是控制其他的成本支出。

6. 存款定价是指如何确定存款的价格，商业银行常用的存款定价方法有成本加利润定价法、边际成本定价法、市场渗透存款定价法、有条件定价法、等级目标定价法和关系定价法。

7. 存款营销是商业银行营销的重要组成部分。在理解存款市场特征基础上，存款营销的基本内容是主要包括存款品种的设计开发、存款市场调研、存款产品营销渠道和市场细分、存款营销策略、服务环境等。

8. 非存款借款管理的重要性在于：一方面，良好的借入资金管理能维持银行与良好客户的关系；另一方面，良好的借入资金管理可以调节可贷资金供求。

9. 商业银行在借入资金时应考虑借款规模、借款期限、借款成本、借款风险以及借款的法律限制这五方面的因素。

一、单选题

1.（　　）是1972年美国马萨诸塞州的储蓄贷款协会最早创办的一种储蓄存款账户。

A. 支票账户　　B. 自动转账服务账户
C. 货币市场存款账户　　D. 可转让支付命令账户

2. 超级可转让支付命令账户只允许（　　）开立。

A. 个人　　B. 服装公司　　C. 盈利组织　　D. 软件公司

3. 货币市场账户的特点是：开户的最低金额为（　　）。

A. 1000美元　　B. 1500美元　　C. 2000美元　　D. 2500美元

4.（　　）是一种特殊的定期存款，是一种可以在证券二级市场上流通转让的存款凭证。

A. 通知存款　　B. 定活两便存款
C. 大额可转让定期存单　　D. 存折储蓄账户

5.（　　）是由美国花旗银行创办的一种新型定期存款。

A. 通知存款　　B. 可转让存单存款
C. 定活两便存款　　D. 存折储蓄账户

6. 介于定期存款与活期存款之间的一种非交易账户存款是（　　）。

A. 存折储蓄账户　　B. 通知存款
C. 大额可转让定期存单　　D. 定活两便存款

7. 存款的（　　）特点，决定了银行必须不断创新存款品种，采取各种营销策略来吸揽存款。

A. 被动性　　B. 客观性　　C. 派生性　　D. 波动性

8. 存款的（　　）特点要求银行必须研究存款变动的客观规律，顺势而为，掌握吸收存款的主动权。

A. 被动性　　B. 客观性　　C. 派生性　　D. 波动性

9. 以下（　　）借款种类主要解决当地经济衰退、银行陷入困境时对长期资金的需求。

A. 短期调剂性借款　　B. 季节性借款

C. 年度借款　　D. 扩展性借款

10. 以下（　）不属于信用借款的分类形式。

A. 年度性借款　　B. 季节性借款

C. 头寸借款　　D. 扩展性借款

11. 再贴现期限一般为（　）个月。

A. 3个月　　B. 4个月　　C. 5个月　　D. 6个月

12.（　）是衡量商业银行实力的标志

A. 负债　　B. 存款　　C. 收入　　D. 资产

13. 存款市场的（　）特征决定了存款营销的广泛性和分散性。

A. 特许性　　B. 同质性　　C. 大众性　　D. 无特殊性

14. 存款营销的数量多是零散、小额的，特别是活期存款和储蓄存款，因此它具有（　）。

A. 特许性　　B. 零售性　　C. 同质性　　D. 无特殊性

15.（　）决定了存款营销的专营性和垄断性，这就要求银行必须依法规范存款营销活动。

A. 特许性　　B. 零售性　　C. 同质性　　D. 特许性

16.（　）是指银行按约定以货币的形式直接支付给存款客户、债券持有人的报酬。

A. 利息成本　　B. 服务成本

C. 风险成本　　D. 连锁反应成本

17. 设备折旧等属于（　）。

A. 利息成本　　B. 服务成本

C. 风险成本　　D. 连锁反应成本

18. 存款资金成本率与（　）反方向变动。

A. 利息成本　　B. 服务成本　　C. 存款平均余额　　D. 相关成本

19. 具有可以抓住存款大户，控制小额存款，控制成本，获取较高盈利等优点的定价法是（　）。

A. 市场渗透存款定价法　　B. 有条件定价法

C. 等级目标定价法　　D. 关系定价法

20.（　）可增加客户对银行的忠实度，降低客户对其他金融服务机构存款价格变动的敏感性。

A. 市场渗透存款定价法　　B. 有条件定价法

C. 等级目标定价法　　D. 关系定价法

二、判断题

1. 存款是以社会公众为主体、以商业银行为对象、以偿还付息和提供金融服务为条件而集聚起来的社会资金。（　）

2. 负债是银行发放贷款、进行投资的基础，它决定着银行资产的规模和结构。（ ）

3. 大额可转让定期存单的特点是：期限固定且面额较大；利率固定或浮动，存单不记名，到期前不能支取，不能在二级市场流通转让。（ ）

4. 随着银行管理重点由资产向负债的转移，借入资金在负债总额中的比重不断上升，成为商业银行重要的资金来源。（ ）

5. 短期调剂性借款，期限很短，通常只有几个月。（ ）

6. 欧洲美元借贷市场是最活跃的银行间借贷市场，借贷期限从隔夜到 1 年不等，利率与伦敦同业拆借市场利率基本保持一致。（ ）

7. 我国目前的存款一般按可变利率计算。（ ）

8. 一般来说，商业银行负债成本控制的关键在于利息成本。（ ）

9. 边际成本定价法是指以银行预测的存款成本为基础，加上单位存款的预计利润作为存款价格。（ ）

10. 实践证明采用自由定价方法吸引的小金额、高进出的存款较多，只有在市场利率很高时，银行才有利可图。（ ）

三、多选题

1. 以下属于交易账户存款种类的是（ ）。

A. 支票账户　B. 自动转账服务账户

C. 货币市场存款账户　D. 存折储蓄账户

2. 以下属于非交易账户存款种类的是（ ）。

A. 活期存款　B. 通知存款

C. 定期存款　D. 定活两便存款

3. 存款类负债的特点有（ ）。

A. 被动性　B. 客观性　C. 派生性　D. 波动性

4. 商业银行借款负债主要由（ ）等几部分构成。

A. 同业拆借　B. 向中央银行借款

C. 回购协议借款　D. 国际金融市场借款

5. 向中央银行借款种类主要有（ ）。

A. 短期调剂性借款　B. 季节性借款

C. 年度借款　D. 扩展性借款

6. 非存款类借款的特点有（ ）。

A. 主动性　B. 调节性　C. 成本高　D. 风险大

7. 商业银行常用的存款定价方法有（ ）等。

A. 成本加利润定价法　B. 边际成本定价法

C. 市场渗透存款定价法　D. 有条件定价法

8. 有条件定价法具体可以分为（ ）三种方法。

A. 按统一标准定价　　B. 自由定价

C. 有条件的自由定价　　D. 按等级定价

9. 存款营销的基本内容是（ ）等等。

A. 品种的设计开发　　B. 市场调研

C. 市场细分　　D. 营销策略

10. 非存款借款应考虑的因素有（ ）。

A. 借款对象　　B. 借款规模

C. 借款期限　　D. 借款的法律限制

四、综合题

1. 如何理解商业银行存款管理与非存款借款管理的重要性。

2. 简述存款成本的构成。

3. 简述存款定价的主要方法及其特点。

4. 商业银行进行非存款借款时应考虑哪些因素？

5. 某银行预计不同存款利率下吸收的存款额如表 4－1 所示：

表 4－1　不同存款利率下的吸收的存款额

利率水平（%）	可吸收的存款数额（百万元）
7.0	25
7.5	50
8.0	75
8.5	100
9.0	125

若银行管理层预测新增贷款的收益率（存款的边际收益）为 10%。请计算此时银行的最佳存款定价和最大利润分别为多少？

第五章　商业银行贷款管理

学习目标

系统学习商业银行贷款的种类、程序、定价方法及其风险管理。

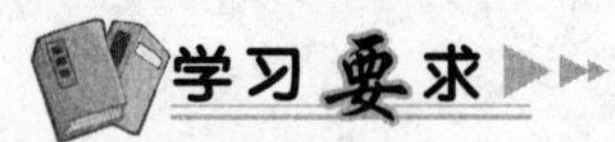

了解：商业银行贷款的种类与程序。

掌握：商业银行贷款定价与贷款风险管理的基本方法。

第一节　商业银行贷款业务概述

一、贷款种类

迄今为止，国际上还没有一套被各国普遍接受的贷款分类标准，也没有权威的准则。从实际情况看，各国商业银行在客户群、信息量以及管理水平等方面存在差异，在贷款分类标准方面也不同。

（一）按贷款期限分类

1. 活期贷款

活期贷款即通知贷款。它是指贷款时不定期限，银行可以随时通知收回的贷款。在收回时须提前通知客户，提前通知期限一般为 3 天、5 天或 7 天。这种贷款具有期限短、高流动性和灵活性。在银行资金宽裕时，可任客户使用，银行获取利息收入；当银行资金紧缺时，又可随时收回贷款。

2. 定期贷款

定期贷款是指具有固定偿还期限的贷款。这种贷款又可分为短期贷款、中期贷款和长期贷款三种。短期贷款是指期限在 1 年以内（含 1 年）的贷款。中期贷款是指期限在 1 年（不含 1 年）以上、5 年（含 5 年）以内的贷款。长期贷款是指期限在 5 年（不含 5 年）以上的贷款。定期贷款因有明确的偿还期，一般不能提前收回。此外，中长期贷款虽然利息率高、收益大，但由于资金被长期占用，易形成流动性风险。

3. 透支贷款

透支贷款是指银行与客户签订透支合同，允许客户在合同规定的期限和额度内，超过其活期存款账户余额进行支付并随时偿还的贷款。透支贷款是活期贷款的一种特殊形式。这种贷款由于是在银行核定的限额内循环使用，每次使用的期限和数额不确定，容易造成银行头寸的波动。会出现在银根紧时客户透支多，银根松时客户偿还多的情况，也会出现恶意透支，使银行很难加以控制。因此，银行应对核准透支客户的资信状况严格审查。透支贷款也是银行吸揽存款的一种好方式。

（二）按贷款保障程度分类

1. 信用贷款

信用贷款是指银行凭借借款人的信誉、无需提供抵押物或第三者担保而发放的贷款。从广义上讲，信用贷款是以无形资产——借款人的资信和未来现金流量作为还款保证的担保贷款。一般说来，信用贷款的风险较大，银行不仅要收取较高的利息作为风险的补偿，而且要对借款人进行严格公正的信用评估，对贷款的使用加以严格的监督和管理。这种贷款只贷放给信用等级高、预期收益大的“黄金客户”，如知名企业、跨国公司等。

2. 担保贷款

担保贷款是指以借款人的第三者的信用作为还款担保，或以借款人的财产作为还款担保的一种贷款方式。担保贷款可分为保证贷款和抵押贷款（含质押贷款）。保证贷款是指按规定的保证方式以第三者承诺在借款人不能偿还贷款时，由保证人承担连带清偿责任而发放的贷款。这种贷款由于有双重信用保险，所以风险较小。但为了避免担保人的空头担保，银行在办理保证贷款时须认真审核承保人的承保资格和实力。抵押贷款是指以借款人特定的财产作为担保的贷款。如果借款人违约到期不能清偿贷款，银行有权处理抵押物，并享有优先受偿权。

3. 票据贴现

票据贴现是一种特殊的贷款形式。它是指银行应客户的要求，以现金或活期存款买进客户持有的未到期商业票据的形式而发放的贷款。票据贴现从形式上是一种票据买卖，但实际上是以票据融资形式的银行贷款，反映了银行与票据承兑人之间的债权债务关系。由于票据贴现期限短、利息事先扣收、贴现票据的支付保证性大、贷款风险小的特点，因此是商业银行最广泛、数量最大的资产运用方式。

（三）按贷款对象分类

1. 工商业贷款

工商业贷款是指银行发放给工商企业，用于生产、流通、科研开发、设备更新等的贷款。工商业贷款可分为多种类型，在商业银行贷款总额中占有最大的比重。

2. 农业贷款

农业贷款是银行发放给农、林、牧、副、渔和农村工、商、交通等部门的贷款。农业贷款具有对象多、范围广、周期长、风险大、管理复杂的特点。中外商业银行对农业贷款均提供优惠政策，以支持农业的发展。

3. 消费者贷款

消费者贷款又称消费信贷，是指商业银行以消费者个人为贷款对象，以购买生活消费品而发放的贷款。这种贷款主要用于居民个人购买住房、汽车等高档耐用消费品，或用于教育、旅游、医药医疗等费用的支付。

（四）按贷款用途分类

1. 流动资金贷款

流动资金贷款是指银行向工商企业发放的主要用于企业为维持正常生产经营而购进存货以及支付生产费用的资金需要的一种贷款。其特点是期限较短、风险较小。主要包括存货贷款、临时贷款、结算贷款等。

2. 固定资产贷款

固定资产贷款是指银行对工商企业发放的用于扩大再生产的固定资产投资的贷款。固定资产贷款具有期限长、流动性差、风险大的特点。我国商业银行发放的固定资产贷款主要包括技术改造贷款和基本建设贷款。技术改造贷款即设备贷款，是银行对符合条件的工商企业因技术改造、设备更新和与之相关联的少量土建工程所需资金发放的贷款，这种贷款具有垫支性和投资性双重性质。基本建设贷款是银行对工商农等企事业单位新建、扩建、改建、重建的基本建设项目所需资金发放的贷款，属于投资性贷款，具有不动产贷款和项目贷款的双重性质。

3. 不动产贷款

不动产贷款也叫财产融资，是指银行向房地产开发商、承包商和最终购买者发放的用于购买土地、项目建设以及购买者进行房地产投资所需资金的贷款。不动产贷款受房地产市场制约以及诸多因素的影响，风险大，因此银行对建设项目的评估、法律担保尤为重要。

（五）按贷款偿还方式分类

1. 一次性偿还贷款

一次性偿还贷款是指借款人在贷款到期日一次性还清本金的贷款。其贷款的利息可分期偿付，也可到期一次付清。短期贷款大都采取这种方法。

2. 分期偿还贷款

分期偿还贷款是指银行要求借款人按照规定的期限分次偿还本金和利息的贷款，贷款期限可以按月、季、年定。长期性的贷款大多采用这种方法。

（六）按贷款现金流偿还方式分类

1. 定期支付利息、到期偿还本金的贷款

这是一种每月或每季支付利息、到期偿还本金的贷款，其现金流的计算较简单。这类贷款包括短期贷款和除个人消费贷款外的中长期贷款。这类贷款的现金流为：在贷款到期前每季度的结息日计算出应归还的利息；在贷款到期日，归还的现金流不仅包括利息，还包括贷款的本金。

2. 按月支付本息的贷款

这类贷款也称分期摊还贷款或自我分期摊还。这种贷款偿还的现金流计算比较复杂。贷款偿还的现金流是指每月支付一定的本金和利息。该现金流在整个贷款偿还期内可平均支付也可不平均支付，这种贷款主要适用于分期付款的消费者贷款。

二、贷款程序

为确保贷款的安全性，商业银行都制定了规范化的工作程序，以约束贷款行为。贷款的基本程序如下：

（一）借款申请

凡符合借款条件的借款人向银行申请借款必须填写《借款申请书》。《借款申请书》的主要内容包括：借款人名称、性质、经营范围，借款种类、期限、金额、方式、用途、用款计划、还款计划、借款原因等。同时，向银行提供以下文件：董事会借款决议或有相等效力的借款授权文件；借款人的营业执照、公司章程、财务状况说明；固定资产项目（不动产）立项文件及可行性研究报告；抵押品清单及所有权证书；有关还款保证文件；银行需要的其他文件和证明。

（二）贷款调查与项目评估

1. 贷款调查

银行接到借款人的申请书及有关文件后，应派人员到借款企业进行调查，调查的内容主要有三个方面：一是关于《借款申请书》内容的调查，要调查其真实性；二是关于项目可行性的调查，要从贷款项目在经济、财务、技术方面是否符合国家产业政策、投资效益和技术性能等方面，评估贷款项目的可行性；三是关于抵押物的调查，要对抵押物进行估价，对抵押权的设定进行评估。

2. 项目评估

对贷款项目的评估，是银行对借款企业提出的固定资产项目在可行性研究的基础上所进行的全面的经济技术论证，进而作出贷与不贷、贷多贷少的决策过程。贷款项目评估的主要内容是：

（1）项目建设必要性评估。项目建设是否必要，是制约项目投资经济效益的决定性因素，也是决定项目取舍的前提条件。对项目必要性评估应审查项目是否符合国家产业政策和行业规划，重点了解新增固定资产项目、生产规模和产品结构，以及审查总投资结算是否准确。

（2）项目建设条件评估。重点审查项目所在地自然条件、设计单位技术力量、建设用地、设备供应、施工力量、资金条件。

（3）对产品进行市场预测。对投产产品的寿命周期、市场供求进行预测和分析。

（4）对工艺技术进行评估。对生产工艺技术的先进性、科学性、安全性和经济性进行论证。

（5）对经济效益进行评估。通过财务分析，对项目的经济效益进行论证。

（三）借款人信用等级评估

由独立的信用评估机构或银行对借款人的领导素质、经济实力、资本结构、履约情况、经济效益和发展前景等因素，进行信用等级评定。银行贷款应向信用等级高的企业倾斜。

（四）贷款审批

贷款审批包括对贷款的审查和审批两个环节。审查实际上是对贷款和贷款项目的再论证，特别是对项目要从技术方面和经济方面进一步审核。银行要按“分级负责、集体审定、一人审批”和“审贷分离、分级审批”的贷款审批制度进行审定和审批。为了保证贷款决策的科学性，银行应建立贷款审批委员会，大额或疑难贷款应集体决策。

（五）签订借款合同

贷款经审查和批准后，须按《中华人民共和国合同法》规定，由贷款人与借款人签订借款合同。抵押贷款还要同时签订抵押合同，担保贷款要同时签订担保合同。借款合同的文本由贷款人拟定。合同的主要内容包括：借款的种类、用途、金额、利率、期限、还款方式、违约责任及保证条款。

（六）发放贷款

贷款人要按借款合同规定按期发放贷款，否则，应偿付违约金。在发放贷款时，借款人应先填好《借款借据》，贷款人将贷款足额划入借款人的账户，以备借款人支用。

（七）贷后检查

贷款发放后，银行应对借款人执行合同的情况及借款人的资信情况进行追踪检查。检查的主要内容包括：

（1）借款人是否按合同规定的用途使用贷款；

（2）借款人的资产负债变动情况；

（3）抵押物的占管状况；

（4）贷款项目的建设进度；

（5）贷款的风险预测。如发现问题，应及时处理。

（八）贷款收回

贷款到期，借款人应按合同规定按时足额归还借款本息。银行必须在短期贷款到期日的 10 天以前、中长期贷款到期日的 1 个月之前，向借款人发送还本付息通知单。借款人如不能如期还本付息，应在上述期限内向银行提交书面展期申请，对银行审查不同意展期的，转逾期贷款账户。我国规定，短期贷款展期不得超过原贷款期限，中长期贷款展期不得超过原贷款期限的一半。对逾期贷款一般采取罚息等制裁措施。

第二节 商业银行贷款定价

一、贷款定价的原则

（一）利润最大化原则

商业银行是经营货币信用业务的特殊企业。作为企业，实现利润最大化始终是其追求的主要目标。信贷业务是商业银行传统的主营业务，存贷利差是商业银行利润的主要来源。因此，银行在进行贷款定价时，首先必须确保贷款收益足以弥补资金成本和各项费用，在此基础上，尽可能实现利润的最大化。

（二）扩大市场份额原则

在金融业竞争日益激烈的情况下，商业银行要求生存、求发展，必须在信贷市场上不断扩大其市场份额。同时，商业银行追求利润最大化的目标，也必须建立在市场份额不断扩大的基础上。影响一家银行市场份额的因素非常复杂，但贷款价格始终是影响市场份额的一个重要因素。如果一家银行贷款价格过高，就会使一部分客户难以承受，而最终失去这部分客户，缩小银行的市场份额。因此，银行在贷款定价时，必须充分考虑同业、同类贷款的价格水平，不能盲目实行高价政策，除非银行在某些方面有着特别的优势。

（三）保证贷款安全原则

银行贷款业务是一项风险性业务，保证贷款的安全是银行贷款经营管理整个过程的核心内容。除了在贷款审查发放等环节要严格把关外，合理的贷款定价也是保证贷款安全的一个重要方面。贷款定价最基本的要求是使贷款收益能够足以弥补贷款的各项成本。贷款成本除了资金成本和各项管理费用外，还包括因贷款风险而带来的各项风险费用，如为弥补风险损失而计提的呆账准备金、为管理不良贷款和追偿风险贷款而花费的各项费用等。可见，贷款的风险越大，贷款成本就越高，贷款价格也应越高。因此，银行在贷款定价时，必须遵循风险与收益对称原则，以确保银行贷款的安全性。

（四）维护银行形象原则

作为经营信用业务的企业，良好的社会形象是商业银行生存与发展的重要基础。商业银行要树立良好的社会形象，就必须守法、诚信、稳健经营，要通过自己的业务活动维护社会的整体利益，不能唯利是图。在贷款定价中，要求银行严格遵循国家有关法律、法规和货币政策、利率政策的要求，不能利用贷款价格进行恶性竞争，破坏金融秩序的稳定，损害社会整体利益。

二、贷款定价的基本原理

贷款定价即银行贷款价格的制定或确定的过程。贷款作为一种特殊的商品，其与价格的相互关系的理论基础亦为供求理论。贷款的供求与贷款价格相互关系的一般原理可以表述为：贷款供给曲线是价格的增函数，贷款需求是价格的减函数；当贷款的供给与需求一致时，这一均衡点就是贷款价格的最佳点，也是贷款的最佳数量。这一原理如图 5－1 所示。

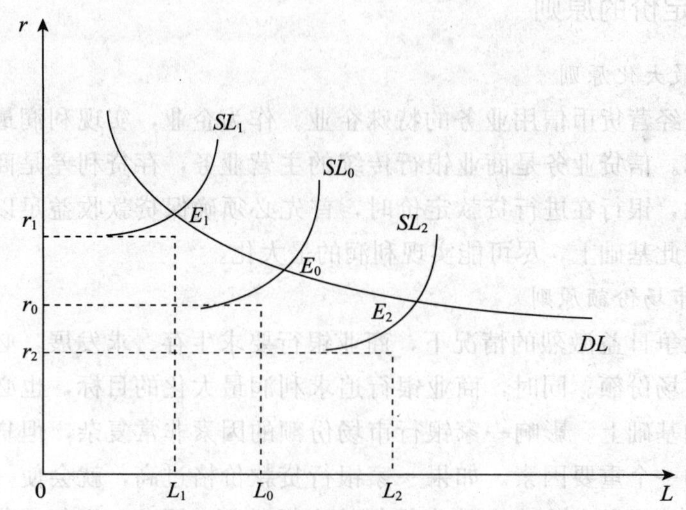

图 5－1　贷款供求与贷款价格的关系

图中：r 表示贷款价格；L 表示贷款数量；DL 表示贷款需求曲线；SL 表示贷款供给曲线；E_0表示贷款供求均衡点。

图示表明，贷款价格越高，贷款供给量越大，反之则相反。贷款价格越高，贷款需求量越小，反之则相反。贷款的供给曲线 SL_0 与贷款的需求曲线 DL 的交点 E_0 是贷款供求的均衡点，也是贷款价格的最佳点，这一点的贷款价格为 r_0，贷款数量为 L_0。因为，如果贷款供给和需求失衡，都会使贷款价格发生变化，结果会刺激贷款数量的变化。假定由于贷款资本紧缺造成贷款供不应求，贷款价格会上升，由 r_0 上升到 r_1，贷款价格上升拉动了贷款供给，贷款供给曲线由 SL_0 移至 SL_2；贷款价格上升又限制了贷款需求，使贷款量由 L_2 左移至 L_0，在 E_0 点达到了新的均衡。在这一均衡状态下，既无价格上升的刺激，也没有价格下降的压力，由此决定的贷款价格与贷款数量是理想的借贷市场上的最佳水平。

实际上，在竞争激烈的借贷市场上，随着许多国家放松管制，贷款价格的决定权往往并非掌握在贷款人手里，贷款人成了贷款价格的接受者。贷款人总是希望贷款价格高一些，以保证贷款后有利可图，并能补偿自己承担的风险。但贷款价格过高，会使客户转向其他贷款银行或从公开市场上借款。因此，贷款价格是借贷市场竞争的结果。

三、贷款价格的构成

一般来讲，贷款价格的构成包括：贷款利率、贷款承诺费、补偿余额和隐含价格。

（一）贷款利率

贷款利率是一定时期客户向贷款人支付的贷款利息与贷款本金之比。它是贷款价格的主体，也是贷款价格的主要内容。贷款利率分为年利率、月利率和日利率。年利率是贷款利率的基本形式，通常以百分比来表示。银行贷款利率一般有一个基本水平，它取决于中央银行的货币政策和有关的法令规章、资金供求状况和同业竞争状况。根据贷款使用情况，在具体确定一笔贷款的利率时，可以使用低于一般利率的优惠利率和高于一般利率的惩罚利率；根据确定一般利率的方式不同，贷款利率还可以分为固定利率和浮动利率。前者是指在发放贷款时确定并在贷款期间不再变动的利率。后者则是指在贷款期间根据市场利率变化而实行定期调整的利率。

贷款利率的确定应以收取的利息足以弥补支出并取得合理利润为依据。银行贷款所支付的费用包括资金成本、提供贷款的费用以及今后可能发生的损失等。合理的利润水平，是指应由贷款收益提供的，与其他银行或企业相当的利润水平。

（二）贷款承诺费

贷款承诺费是指银行对已承诺贷给顾客而顾客又没有使用的那部分资金收取的费用。也就是说，银行已经与客户签订了贷款意向协议，并为此做好了资金准备，但客户并没有实际从银行贷出这笔资金，承诺费就是对这笔已作出承诺但没有贷出的款项所收取的费用。由于承诺费是顾客为了取得贷款而支付的费用，因而，构成了贷款价格的一部分。

银行收取贷款承诺费的理由是：为了应付承诺贷款的要求，银行必须保持一定高性能的流动性资产，这就要放弃收益高的贷款或投资，使银行产生利益损失。为了补偿这种损失，就需要借款人提供一定的费用。支付了承诺费的贷款承诺是正式承诺，当借款人需要使用贷款时，银行必须予以及时满足，否则，银行要承担法律责任。

（三）补偿余额

补偿余额是应银行要求，借款人保持在银行的一定数量的活期存款和低利率定期存款。它通常作为银行同意贷款的一个条件而写进贷款协议中。要求补偿余额的理由是：顾客不仅是资金的使用者，还是资金的提供者，而且只有作为资金的提供者，才能成为资金的使用者。存款是银行业务的基础，是贷款的必要条件，银行发放贷款应该成为现在和将来获得存款的手段。从另一方面讲，也是银行变相提高贷款利率的一种方式，因此，它成为贷款价格的一个组成部分。补偿余额的计算分为两个部分：一部分是按实际贷款余额计算的补偿余额；另一部分是按已承诺而未使用的限额计算的补偿余额。

（四）隐含价格

隐含价格是指贷款定价中的一些非货币性内容。银行在决定给客户贷款后，为了保证客户能偿还贷款，常常在贷款协议中加上一些附加性条款。附加条款可以是禁止性的，即规定融资限额及各种禁止事项。也可以是义务性的，即规定借款人必须遵守的特别条款。附加条款不直接给银行带来收益，但可以防止借款人因经营状况的重大变化，给银行利益造成损失，因此，它也可以视为贷款价格的一部分。

四、贷款定价的影响因素

按照一般的价格理论，影响贷款价格的主要因素是信贷资金的供求状况。然而，由于信贷资金是一种特殊的商品，其价格的决定因素就更加复杂。通常，在贷款定价时银行应当考虑的因素主要有以下六个方面：

（一）资金成本

银行的资金成本分为资金平均成本和资金边际成本。资金平均成本是指每一单位的资金所花费的利息、费用金额。它不考虑未来利率、费用变化后的资金成本变动，主要用来衡量银行过去的经营状况，如果银行的资金来源构成、利率、费用等不变，银行可以根据资金平均成本来对新贷款定价。但如果银行资金来源结构、利率和费用等都处于变动状态中，它对贷款定价意义就不大。资金边际成本是指银行每增加一个单位的可投资资金所需要花费的利息、费用金额。因为它反映的是未来新增资金来源的成本，所以，在资金来源结构变化，尤其是在市场利率的条件下，以它作为新贷款定价的基础较为合适。

资金边际成本根据资金来源的种类、性质、期限等不同而不同，即每一种资金来源都会有不同的边际成本。但银行通常不能按某一种资金来确定贷款价格，因而需要计算全部新增资金来源的平均边际成本。这种平均边际成本就是新增一个单位的资金来源所平均花费的边际成本。

（二）贷款风险程度

由于贷款的期限、种类、保障程度及贷款对象等各种因素的不同，贷款的风险程度也有所不同。不同风险程度的贷款，银行为此所花费的管理费用或对可能产生的损失的补偿费用也不同。这种银行为承担贷款风险而花费的费用，称为贷款的风险费用，也是贷款的风险成本。银行在贷款定价时必须将风险成本纳入贷款价格之中。

一笔贷款的风险程度并由此而引起的银行贷款的风险费用受多种复杂因素的影响，如贷款的种类、用途、期限、贷款保障、借款人信用、财务状况、客观经济环境的变化等。所以，要精确地预测一笔贷款的风险费用显然是比较困难的。在实践中，为了便于操作，银行通常根据历史上某类贷款的平均费用水平并考虑未来各种新增因素后来确定贷款风险费用率。如过去5年中，对信用一级企业发放1年期信用贷款的平均风险管理费用率为0.6%，并以此作为新贷款的风险费用率，则银行对同类企业发放同类贷款500万元，就应收取贷款风险费用3万元（5 00万元×0.6%=3万元）。

（三）贷款费用

商业银行向客户提供贷款，需要在贷款之前和贷款过程之中做大量的工作，如进行信用调查、分析、评估，对担保品进行鉴定、估价、管理，对贷款所需的各种材料和文件进行整理、归档、保管。所有这些工作都需要花费人力、物力以及各种费用。在贷款定价时，应将这些费用考虑进去，作为构成贷款价格的一个因素。当然，在实践中，银行贷款种类的不同，所花费的贷款费用也不一样。为了操作方便，许多银行通常将各种贷款的收费种类及其标准作具体的规定，在确定某一笔贷款的收费时，只需按规定计算即可。

（四）借款人的信用及与银行的关系

借款人的信用状况主要是指借款人的偿还能力和偿还意愿。借款人的信用越好，贷款风险越小，贷款价格也应越低。如果借款人信用状况不好，过去的偿债记录不能令人满意，银行就应以较高的价格和较严格的约束条件限制其借款。

借款人与银行的关系也是银行贷款定价时必须考虑的重要因素。这里所指的关系，是指借款人与银行的正常的业务关系，如借款人在银行的存款情况、借款人使用银行服务的情况等。那些在银行有大量存款，广泛使用本行提供的各种金融服务，或长期地有规律地使用银行贷款的客户，就是与银行关系密切的客户，在制定贷款价格时，可以适当低于一般贷款的价格。

（五）银行贷款的目标收益率

商业银行都有自己的盈利目标。为了实现该目标，银行对各项资金运用都应当确定收益目标。贷款是银行主要的资金运用项目，贷款收益率目标是否能够实现，直接影响到银行总体盈利目标的实现。因此，在贷款定价时，必须考虑能否在总体上实现银行的贷款收益率目标。当然，贷款收益率目标本身应当制定得合理。过高的收益率目标会使银行贷款价格失去竞争力。

（六）贷款供求状况

市场供求状况是影响价格的一个基本因素。贷款作为一种金融商品，自然也受这一规律的制约。这里的贷款需求是指借款人某一时期希望从银行取得借款的数量。贷款供给是指所有银行在该时期内能够提供的贷款数量。当贷款供大于求时，贷款价格应当降低；当贷款供不应求时，贷款价格应当适当提高。

五、贷款定价的方法

（一）成本加成定价法

成本加成定价法也称宏观差额定价法，是指以贷款成本加目标利润率（或目标利润）作为贷款价格。使用这种定价法时，银行管理人员必须考虑其筹集可贷资金的成本和银行的其他经营成本。贷款利率至少包括四部分内容：银行筹资成本；银行的非资金性经营成本（包括贷款人员工资和设备、工具的成本）；银行对由于贷款可能违约风险作出的必要补偿；每笔贷款的预期利润水平。用公式表示：

贷款利率＝筹集资金的边际成本＋经营成本＋预计违约风险补偿费用率＋银行预计利润水平

例如，某企业向银行申请贷款500万元，如果银行为了筹集该笔贷款资金以10%的利率发行可转让存单，筹集资金的边际成本就10%，为发放和监管这项贷款的经费成本为2%，为了弥补该笔贷款发生的违约风险损失建议再加上500万元的2%的预计违约补偿费用，银行要求该项业务的利润水平达到1%，那么，这笔贷款的利率水平应为15%，即10%+2%+2%+1%=15%。

（二）价格先导模型定价法

前述的成本加成定价法的一个缺点是假设银行必须精确了解成本，事实并非如此，银行很难准确地将其经营成本以及各种费用摊销给每笔具体贷款业务。成本加成定价法的缺陷导致了价格先导模型定价法的形成。价格先导模型定价法是以若干大银行统一规定的优惠利率为基础，考虑到违约风险补偿和期限风险补偿后而制定的贷款利率，即对特定客户征收的实际贷款利率，用公式表示为：

贷款利率=基准利率（包括银行的经营成本和预期利润）+违约风险的溢价+长期贷款的期限风险溢价

基准利率是对信用等级最高的大公司提供的短期贷款的优惠利率，违约风险溢价是对非基准借款人收取的费用。贷款风险溢价通常被称为基准利率的加价，银行仅通过降低或提高贷款加价就可以达到扩大或收缩贷款量的目的。

确定风险溢价是价格先导贷款定价中最困难的，专家建议使用风险调整方法来评价贷款质量等级，以确定基准利率的加价幅度（见表5-1）。

表5-1　贷款的风险等级和溢价　（%）

风险等级	风险溢价	风险等级	风险溢价
无风险	0.00	特别注意	1.50
微小风险	0.20	5%次级	2.50
标准风险	0.50	可疑	5.00

例：向某客户发放5年期贷款的基准利率为10%，违约风险溢价为1.5%，期限风险溢价为2%（即风险等级为次级的风险溢价），那么，该笔贷款的利率为13.5%。

在美国，最通行的基准利率是由30家大银行组成的货币中心银行定期公布的贷款利率，多年来，其基准利率不经常变动。但随着货币市场的发展以及利率的自由化，产生了浮动基准利率。浮动基准利率发展为两种计算公式：（1）基准利率相加法，是在基础利率之上加若干百分点；（2）基准利率相乘法，是在基准利率之上乘一个乘数。加法或乘法的等级视企业信用风险等级而定，举例如表5-2所示：

表 5-2 利率加数和利率乘数

基准利率水平	基准加数		基准乘数	
	风险等级 A+1%	风险等级 B+2%	风险等级 A×1.1%	风险等级 B×1.2%
6%	7%	8%	6.6%	7.2%
8%	9%	10%	8.8%	9.6%
10%	11%	12%	11%	12%

20 世纪 70 年代以后，随着银行业务国际化和欧洲货币市场的发展，基准利率作为商业银行贷款的基准利率，一般均以 LIBOR（伦敦同业拆借利率，London InterBank Offered Rate，简写 LIBOR）为共同标准，并为客户对银行的贷款利率进行比较提供了一个公开准则。其计算公式为：

以 LIBOR 为基准的贷款利率＝LIBOR＋违约风险溢价＋利润

近年来，西方国家随着票据市场的发展，银行对大公司的短期贷款利率已突破了以基准利率或 LIBOR 为基础的贷款定价体系，出现了低于基准利率定价的模式。例如，美国许多银行宣布大公司的几天或几星期贷款利率可以低于货币市场利率（美国联邦资金利率）加上一个很小比例的风险补偿头寸。例如：某银行以当天联邦资金利率 6%借入联邦资金，以 6.15%的利率向信誉好的大公司提供期限为一星期的贷款 1 000万美元（6.15%贷款利率为 6%的借贷成本加上 1.5%的风险溢价）。目前，西方商业银行借款市场上实际存在着以基准利率或 LIBOR 为基础的定价体系和低于基准利率定价体系的双轨定价模型。

第三节 商业银行贷款风险管理

一、商业银行贷款风险的预警与判断

（一）贷款风险的预警

银行管理人员在确定还款的可能性时，主要是对影响还款可能性的因素进行综合分析。在考虑借款人现金流量、财务状况的基础上，通过各种分析因素归纳出贷款风险的预警信号。预警信号的识别，有助于银行发现和预测借款人出现的问题，由此来确定偿还贷款的可能程度。贷款风险预警信号可简单描述为：借款人拖延报送（上市公司延期报送）财务报告；借款人的应收账款不能按时收回；借款人的长期债务大量增加；借款人的资产负债表发生了重大变化；借款人的存货突然增加；借款人的产品成本上升或利润下降；借款人已依赖短期借款来满足长期资金需要；借款人的销售收入和利润增长率低于通货膨胀率；借款人的管理层发生了变化；借款人厂房和设备未

得到很好维修；借款人的存款不断下降；借款人延期支付银行利息和国家税款。当发现借款人上述一种或几种信号后，银行应及时作出反应，进行深入调查分析，找出问题的症结，协助借款人解决问题。

（二）贷款风险的判断

对贷款风险程度做出判断，关键是把握每类贷款的定义特征，因其集中反映了贷款的内在风险。从贷款风险分类标准看，分类别贷款的风险程度和损失程度呈逐级递增或恶化趋势。以五级分类法的主要特征作为贷款风险程度的判断依据。

1. 正常贷款

借款人有能力履行承诺，并且对贷款的本息进行全额偿还，没有有问题贷款。

2. 关注贷款

借款人净现金流量减少；借款人销售收入或经营利润下降；借款人的关注财务指标低于行业平均水平；借款人未按规定用途使用贷款；借款人与银行采取不合作态度，还款意愿差；借款人的抵押物价值下降。

3. 次级贷款

借款人支付出现困难；借款人内部管理出现问题，妨碍贷款及时清偿；借款人采取不正当手段套取银行贷款。

4. 可疑贷款

借款人处于停产、半停产状态；借款人的贷款项目处于停建、缓建状态；借款人资不抵债；银行已诉诸法律收回贷款。

5. 损失贷款

借款人无力偿还贷款，抵押物的价值不确定；借款人已破产；贷款项目已长期停建，复工无望。

上述的判断标准和特征只是归纳性的，实际贷款过程中，影响贷款偿还的特征是相当复杂的。在根据以上标准判断时，还必须结合借款人的财务状况和贷款逾期期限，综合诊断贷款分类风险。

二、商业银行贷款信用分析

（一）信用分析要素

信用分析是对债务人的道德品格、资本实力、还款能力、担保及环境条件等进行的系统分析，以确定是否给予贷款及相应的贷款条件。借款人所具有的道德水平等条件各不相同，因此商业银行普遍通行的信用分析要素主要体现为“六 C”原则和“五 W”原则，两者内容基本上是一致的。

1. “六 C”原则

“六 C”原则是美国商业银行在放款审查和对借款人进行信用分析时提出的六大要素：

（1）品德（Character）。商业银行通过征信机构了解借款人的偿债记录，特别是判断企业决策层人员的个人品质和诚信。银行不与品德有问题的人打交道，以免非理性违约情况发生。

(2) 能力 (Capacity)。通过审查借款人的财务报告和经营业绩，了解企业家的商务经验、经营才能、预测能力和思想意识，考察借款人的综合能力。一个拥有精英团队的企业，才能在竞争中立于不败之地，银行贷款遭受损失的可能性就会降低。

(3) 资本 (Capital)。借款人资本金的质量、数量和结构是企业经营的基础，也是银行贷款安全性的最后保障。

(4) 担保品 (Collateral)。是指借款人提供的作为偿还贷款的抵押物。商业银行的贷款，无论何种类别，多为抵押贷款，所以，要审查抵押物的价值和变现的难易程度。

(5) 经营状况 (Condition Business)。银行贷款时须审查借款人的经营特点、经营方式和技术状况等，并就企业经营的外部环境进行考察，以此来判断借款人的市场应变能力。

(6) 发展前景 (Continuity)。通过预测企业产品的生命周期和市场份额，考察企业的市场前景是否具有事业的连续性。如果企业有发展前途，那么，未来的预期收益就是银行贷款偿还的保证。

2. “五 W”原则

“五 W”原则主要适用于银行在具体审查每笔贷款，决定贷与不贷、贷多贷少和贷款期限时的标准。

(1) 借款人是什么人 (Who)。重点是对借款人的资格进行审查，审查借款人是否符合银行规定的贷款条件，即借款人的合法性、真实性和企业的相对独立性。银行贷款的投向是有自有资金的独立法人。

(2) 借款人为什么借款 (Why)。重点是审查借款人贷款的原因和用途。企业的借款原因主要有主观原因和客观原因两种情况。主观原因是由于企业经营管理不善造成的资金需求，客观原因是由于企业不可抗拒或无能为力的原因造成的资金需求。贷款原则要求银行以客观原因为依据发放贷款。

(3) 借款人用什么作抵押物 (What)。重点是审查借款人提供的抵押物品种是否符合银行规定的设定抵押权范畴，并审查抵押物的质量、数量和估价，以备借款人违约时能抵偿债务。

(4) 借款期限 (When)。重点审查企业的借款期限是否合理。银行依据“进货销还”的原则和企业现金流量的资金缺口来确定短期贷款的数量和期限。其中资金缺口是按企业资产负债表上的流动资产与流动负债的周转天数计算。对长期贷款的偿还期限是按贷款项目的投资回收期来测定。

(5) 借款人用什么还款 (How)。重点审查借款人的销售收入和预期收益。销售收入是企业到期贷款的还款来源，主要通过企业的损益表和现金流量表进行分析；预期收益的多少是企业长期贷款的主要还款来源，主要是通过测算企业的净现值和内部收益率来分析。

(二) 信用分析技术

1. 财务报表分析

财务报表分析主要是对资产负债表、损益表和财务状况变动表进行分析。

资产负债表是反映企业财务状况的综合性报表，银行应从资产项目与负债和权益项目两方面入手分析企业资产负债表。企业的资产项目包括流动资产、固定资产和无形资产三大类。银行应重点把握应收账款（账龄、结构、财务抵押）、存货（规模、结构、流动性）、固定资产（规模、折旧、保险及变现能力）和投资项目（规模、合法性、流动性、盈利性）分析。企业负债与权益项目分析的主要内容及目的是为了了解企业资金来源的规模、结构及资本状况，了解企业的资本来源及资本实力，借以判断企业的自身实力和银行贷款的风险。

损益表反映了企业在一定时期的经营成果，对其进行分析可以使得银行充分了解企业收入、成本、费用、税收及利润分配的状况。通过必要的动态和比较分析，使银行充分认识企业的财务管理能力和企业的盈利能力。

对企业财务状况变动表的分析，有助于银行了解企业在一定时期内营运资本的变动和企业的流动性状况。

2. 财务比率分析

财务比率分析是对企业财务状况的量化分析，通常可以用一组财务比率指标体系加以反映。

(1) 流动比率分析。是指企业以流动资产偿还流动负债的能力，它反映企业偿还日常到期债务的实力。流动比率分析是要考察企业即时偿还到期贷款和按时支付利息的能力，为此，要分析企业资产的流动性。反映企业资产流动性的指标如下：

①流动比率。是指企业流动资产与流动负债的比率。其计算公式为：

$$流动比率=\frac{流动资产}{流动负债}$$

比率越高，说明企业偿还短期债务的能力越强，债权的偿还越有保障；相反，比率越低，说明企业偿还短期债务的能力越弱，债权越不安全。一般认为，正常经营周期内的流动比率维持在2倍左右比较合适。它说明企业偿还短期债务有2倍的在短期内能变现的资产作保证。这个比例因行业有所不同，冶金、造船等重工业的平均比率为2.5倍左右，商业企业只要保持1倍的比率即可。

②速动比率。又称酸性试验比率，是速动资产与流动负债的比率。速动资产是将流动资产中变现能力差的存货扣除后的资产。其计算公式为：

$$速动比率=\frac{速动资产}{流动负债}=\frac{(流动资产-存货)}{流动负债}$$

从银行的角度看，用速动比率衡量企业的偿债能力更有效，因为速动资产是迅速可变为现金的资产。速动资产之所以又称为酸性测试比率，是因为它可检验在流动资产中有无腐败资产存在。一般认为，正常经营企业的速动比率维持在1倍左右，即1

元的短期负债至少有1元以上能迅速变现的速动资产作担保。速动比率大于1，说明债权人的权益能够得到保证；速动比率小于1，则说明债权人的权益难以得到保证。

③现金比率。是企业的现金、银行存款、有价证券、应收账款之和与流动资产的比率。其计算公式为：

$$现金比率=\frac{现金+银行存款+有价证券（国库券）+应收账款}{流动资产}\times 100\%$$

该比率用于考察借款企业即时支付流动负债的能力，现金比率越高，说明企业即时偿债能力越强。银行分析借款企业短期偿债能力时，要将流动比率、速动比率、现金比率指标结合运用、综合考察，才能得出比较准确的结论。

(2) 杠杆比率。该比率表明企业对债务的承受能力和偿还债务的保障能力，反映企业偿还长期负债的能力。长期偿债能力的强弱是反映企业财务状况安全程度的重要标志。对企业杠杆比率分析须注意企业的盈利能力，特别是未来收益。常用的比率有：

①资产负债率。是反映企业债务总额与资产总额的比率。通过这一比例，分析企业偿还到期长期债务的能力并衡量企业利用银行贷款开展经营活动的程度。其计算公式为：

$$资产负债率=\frac{负债总额}{资产总额}\times 100\%$$

资产负债率是评价企业经营风险程度的重要指标，也表明债权人所承担的风险程度。这一比率越高，表明企业的负债程度越高，企业偿还债务的负担越重，万一企业破产清算，债权人的权益就得不到保护。这一比例越低，债权人的权益保护程度越高。从债权人（银行）的角度看，资产负债率越低越好。一般认为，企业的资产负债率维持在50%左右为宜。究竟单个企业的资产负债率保持多大，要结合企业的盈利水平和同行业平均水平进行全面分析。

②负债权益比率。又称产权比率或负债净值比率。它是企业总负债与所有者权益的比率，其计算公式为：

$$负债权益比率=\frac{负债总额}{所有者权益总额}\times 100\%$$

这一比率反映企业资本金承担债务的能力。比例越高，表明企业资本金相对应的负债越多，企业的负债程度越高，偿债的负担越重。比例越低，表明债权人的资金受保护的程度高。因此对银行来讲，这一比例越低越好。

③有形净值债务率。指企业负债总额与有形净资产之间的比率。其计算公式为：

$$有形净值债务率=\frac{负债总额}{（股东权益-无形及递延资产净值）}\times 100\%$$

这一指标是负债权益比率指标的延伸。将商标权、商号权、专利权、商誉权等无形资产和已经支付需在以后计入成本的递延资产剔除来对企业进行评价，是为更谨慎、保守地反映企业在破产清算时股东权益对债权人的保障程度。对债权人来讲，这一比率越低，说明债权人权益的保障程度越高，企业经营越稳健。反之，说明债权保障程度较低，企业经营的安全性越差。

④利息保障倍数。亦称已获利息倍数，是指税前利润加利息费用之和与利息费用之间的比率。它是衡量企业偿还借款利息能力的指标。其计算公式为：

$$利息保障倍数=\frac{税前利润+利息费用}{利息费用}$$

对银行来讲，其倍数越高，说明企业的盈利足以支付利息，反之相反。从长远看，其倍数至少应大于1。

(3) 效率比率。该比率反映企业营运能力，也是银行考察企业偿债能力的重要内容。营运能力是通过企业资产周转速度等有关指标反映的资产利用的效率，它表明管理人员经营管理和运用资产的能力。营运能力与偿债能力有关，在正常经营情况下，营运能力越强，各项资产周转速度越快，表明企业用较少资金就能获得更好的经济效果。考察效率比率的重要指标有：

①存货周转率。指企业销售成本与存货之间的比率。其计算公式为：

$$年存货周转率=\frac{年销售成本}{年平均存货}$$

$$存贷周转天数=\frac{360}{存货周转率}$$

存贷周转率以次数来表示，次数越多，即变现速度越快。一定期限内存货周转率越高、周转次数越多，或周转天数越少，存货的流动性就越好，企业占用的资金就越少，企业的偿债能力越强。反之相反。存货周转率在各行业之间有所差别，但对银行和企业来讲均是越高越好。

②应收账款周转率。指一年内应收账款转化为现金的次数，或应收账款平均回收期（天数）。其计算公式为：

$$应收账款周转率（次数）=\frac{年销售净收入}{平均应收账款余额}$$

$$应收账款周转天数=\frac{平均应收账款余额}{年销售净收入}\times 360$$

$$应收账款周转天数=\frac{360}{应收账款周转率}$$

一般来讲，这一比例越高，表明企业应收账款的收回速度越快，应收账款管理效果越好，偿债能力就越强。反之相反。

③流动资产周转率。是指年销售净收入与流动资产年平均余额的比率。其计算公式为：

$$流动资产周转率（次数）=\frac{年销售净收入}{流动资产年均余额}$$

$$流动资产周转天数=\frac{流动资产年平均余额}{年销售净收入}\times 360$$

流动资产周转率以周转次数和周转天数表示，反映流动资产周转速度。其周转速度快，会减少流动资金占用额，相对节约了资金，增加了企业盈利能力。反之相反。流动资产周转次数越多、流动资产年周转天数越少，企业的偿债能力越强。

④固定资产周转率。是指一定时期的销售收入与固定资产平均净值的比率。它是衡量固定资产周转速度的指标。其计算公式为：

$$固定资产周转率（次数）=\frac{年销售收入净额}{固定资产年均净值}$$

$$固定资产周转期（天数）=\frac{固定资产年均净值}{年销售收入净额}\times 360$$

这一指标反映用销售收入收回固定资产投资所需的时间。其周转率越高、周转天数越少，说明企业固定资产的利用程度越高。固定资产周转率与流动资产周转率因不同行业而差别很大，银行应根据行业、部门和企业的历史水平对比分析。

（4）盈利能力比率。企业的盈利能力是企业偿债能力的重要方面。盈利能力分析是对借款企业赚取利润能力的分析。所有盈利比率的经济含义是比率越高，反映企业的获利能力越强。常用的盈利指标及计算公式如表 5-3 所示。

表 5-3　　常用的盈利指标

指标	公式	含义
销售毛利率	（销售收入－销售成本）/销售收入×100%	说明每百元销售收入获得的毛利润
销售净利润	净利润/销售收入×100%	说明每百元销售收入获取的净利润
营业利润率	营业利润/销售收入×100%	说明每百元销售收入获取的营业利润额
资产净利率	净利润/平均总资产×100%	说明资产获利能力
权益报酬率	净利润/平均所有者权益×100%	说明所有者权益获利能力

3. 现金流量分析

现金流量（Cash Flow）是指由于经营活动、投资活动以及融资活动而引起的企业现金收支的发生额。企业现金流量中的现金包括库存现金、银行的活期存款、其他货币资金以及 3 个月以内的债券投资。现金流量具体可分为现金流入量、现金流出量和现金净流量。现金流入（出）量是指由于企业的生产经营、投资项目实施或筹资活动而引起的现金收入（支出）的增加或现金支出（收入）的减少；现金净流量是指现金流入量与现金流出量之差。现金流量是通过现金流量表反映出来的。

（1）现金流量表的含义 。是指以现金收付实现制为基础编制的，全面反映一定时期内企业经营活动、投资活动和筹资活动中的现金流入和流出情况的动态报表。

现金流量表提供了企业在一定时期内现金流入和现金流出的信息，从现金流动的角度反映了企业在该期间内的经营、投资、筹资活动情况。现金流量表在提高财务报表信息的相关性、可比性、可解释性等方面发挥着重要作用。美国财务会计准则委员会（FASB）1987 年公布第 95 号《财务会计准则——现金流量表》，要求企业从 1988

年7月15日起，必须以现金流量表代替财务状况变动表。国际会计准则委员会于1992年发布第7号《国际会计准则——现金流量表》，取代原第7号《国际会计准则——财务状况变动表》，并从1994年1月1日起执行。我国财政部1998年3月20日发布了《企业会计准则——现金流量表》，要求企业以现金流量表代替财务状况变动表，并要求从1999年1月1日起执行。现金流量表取代财务状况变动表已成了全球性趋势。

（2）现金流量表的项目。根据资产转换循环理论，一家持续经营的企业既要保持正常的经营循环，又要保持有效的资本循环，也就是既要从事经营活动，又要进行投资活动，为了经营和投资需求还要进行融资活动。由此，形成了企业的三种现金流量，即经营活动中产生的现金流量、投资活动中产生的现金流量和融资活动中产生的现金流量。

①企业经营活动中产生的现金流量。经营活动通常是指企业生产和销售商品以及提供劳务的活动。经营活动的现金流量反映在净利润的形成过程中的全部交易事项所引起的现金流动。其现金流入量主要包括：销售商品的现金收入；应收账款的收回；应收票据的兑现、贴现、转让的现金收入；利息和股息收入的现金所得。其现金流出量主要包括：购货的现金支出；营业费用的现金支出；支付工资的现金支出；支付利息和税金的现金支出。用公式表示为：

经营活动中产生的现金净流量＝现金流入量－现金流出量

②投资活动中产生的现金流量。投资活动是指企业的固定资产投资和金融性资产投资。企业投资活动的现金流入量包括：出售厂房设备等固定资产的现金收入；出售证券的现金收入；收回对外投资的现金收入。其现金流出量包括：购置固定资产的现金支出；购买证券的现金支出。用公式表示为：

投资活动中产生的现金净流量＝现金流入量－现金流出量

③融资活动中产生的现金流量。融资活动是指企业通过一定的渠道和方式筹集生产经营活动所需资金的一项经济活动。企业融资活动中产生的现金流入量包括：取得短期或长期贷款；发行股票和债券筹资。其现金流出量包括：偿还贷款本金；支付股东股利；支付债券利息。用公式表示为：

融资活动中产生的现金净流量＝现金流入量－现金流出量

根据企业三种经济活动，由此，可得出如下现金流量模型：

企业现金净流量＝经营活动中现金净流量＋投资活动中现金净流量＋融资活动中现金净流量

（3）现金流量表的编制。按照现行的会计制度，现金流量表是企业必须编制并提供给贷款银行的财务报表。银行可直接依据企业编制的现金流量表进行分析，也可以利用企业提供的资产负债表和损益表通过调整，来计算现金流量，编制现金流量表。

现金流量表是以损益表为基础，根据资产负债表上的期初数与期末数的变动数（增减数），逐项调整为现金流量项目。

①损益表的调整。企业损益表的销售收入、销售成本、费用和利润等项目的确认

是以权责发生制为基础计算出来的，与现实的现金流量不一致。因此必须将损益表进行调整。

例如：一家企业销售产品收入 1000 万元，如果是现款销售，那么，损益表上反映为 1000 万元销售收入，同时，资产负债表现金增加 1000 万元。即：

损益表：销售收入 1000 万元

资产负债表：现金收入 1000 万元

反映为企业的现金流入量（销售所得现金）1000 万元。

如果该企业的销售产品收入 1000 万元是采用赊销方式，尚未收到货款，按权责发生制，即：

损益表：销售收入 1000 万元

资产负债表：应收账款 1000 万元

在这种情况下，虽然在损益表上有销售收入，而资产负债表上没有现金收入，此时的企业现金流入量为零。为更好地识别风险、更准确地判断企业还款能力，要将损益表调整为现金流量表，将销售收入或利润调整为现金。调整方法如表 5－4 所示。

表 5－4　　损益表的调整项目

损益表项目　→　调整至	→　现金流量表
销售收入	销售所得现金
减：销售成本	减：购货付出现金
产品销售利润	主管业务现金收入
加：其他业务利润	加：其他业务现金收入
减：管理费用	减：管理费现金支出
营业利润	营业现金收入
加：投资收益	加：投资收益现金收入
加：营业外收支净额	加：营业外现金收支净额
减：财务费用	减：财务费用现金支出
减：所得税	减：缴纳所得税
净利润	经营活动中现金净流量

②资产负债表的调整。从损益表的调整看，现金流量的计算和编制不但涉及损益表，而且还涉及资产负债表，要将资产负债表中相关项目与损益表项目逐一对应，逐项调整为现金流量表。资产负债表的调整主要是计算资产负债表项目的变动数（增减数）。资产负债表项目的变动数等于资产负债表的期末数与期初数的差额，而为了确定变动数是现金流入量还是现金流出量，可以考虑将以下两个公式联立：

资产＝负债＋所有者权益

资产＝现金资产＋非现金资产

求出导致现金资产增减变化的关系式：即

现金资产＝负债＋所有者权益－非现金资产

根据上式可以看出，对于资产负债表中各资产负债期初期末的变动数而言，凡是负债与所有者权益的增加即为现金资产的增加、凡是负债与所有者权益的减少即为现金资产的减少；而凡是非现金资产的增加即为现金资产的减少、凡是非现金资产的减少即为现金资产的增加。就是说，负债与所有者权益的数量变化与现金资产的变化是同方向的、而非现金资产的数量变化则与现金资产的变化是反方向的。

例如：某企业资产负债表内的“存货”项目，2008 年末为 100 万元，2008 年初（或报表上 2007 年末数据）为 80 万元，存货变动数为增加了 20 万元。对于资产负债表中存货的这项变化应怎样确定他对现金流量的影响呢？首先存货属于资产、而且是非现金资产，因此根据上式可知：存货的增加属于非现金资产的增加、因此会导致现金资产的减少或者说现金收入流量的减少。资产负债表项目与现金流量的一般关系如表 5－5所示：

表 5－5　企业的资产负债与现金流量的关系

现金来源（流入量）	现金运用（流出量）
非现金资产的减少 负债的增加 发行新股票 追加盈利（公积金增加） 销售现金收入 非现金（折旧和摊销）增加	非现金资产的增加 负债的减少 股票的偿付或退股 盈余（公积金）减少 购货现金支出 纳税 红利分配

三、不良贷款的处理

（一）商业银行不良贷款的类型

按照形成的具体原因不同，商业银行不良贷款主要可以划分为商业性不良贷款、政策性不良贷款和混合型不良贷款：

1. 商业性不良贷款

是指由于受商业银行自身经营管理水平低下等相关因素的影响而造成的不良贷款。这种不良资产所产生的后果一般是削弱各商业银行的财务基础，影响其未来发展。较为严重的后果是引发支付危机，使银行陷入破产清算境地而退出市场竞争。

2. 政策性不良贷款

主要是指政府过度的行政干预造成的银行不良贷款。主要包括银行按照政府意愿发放的“安定团结贷款”、向地方重复建设及政绩工程发放的贷款及向产销不对路的国有企业贷款等。这部分贷款形成的不良资产与商业性不良资产相比，具有刚性、故意性和事前可知性的特点。

3. 混合性不良贷款

主要是指由于宏观经济金融体制的内在缺陷而导致的不良贷款。这种不良贷款是任何转轨经济国家都不可避免的现象，在我国具有广泛性的特征。

（二）商业银行不良贷款的处理方法

从其清理和处置不良贷款的实践来看，主要的方式有：

1. 债转股

债转股即债权转为股权，是指金融资产管理公司经过独立评审和有关部门的批准，将所收购或委托管理的国有商业银行债权转为资产管理公司对债务企业的股权，由金融资产管理公司进行阶段性持股，并对所持股权进行经营和管理。资产管理公司通过将不良资产转变为对企业的股权，变原来的债权债务关系为投资关系，由企业的债权人转变为企业的出资人和股东，并按所持有的股份分享盈利或分摊亏损。

债转股是金融资产管理公司处置不良资产的重要方式之一。根据我国金融资产管理公司所实施的债转股的项目性质、选择机制、决策机构的不同，可将债转股划分为政策性债转股和商业性债转股：

（1）政策性债转股。是指金融资产管理公司对纳入国家债转股建议名单的企业，经过商业银行审查同意，已完成拟转股债权剥离收购，金融资产管理公司已独立完成评审工作，且评审方案已获国务院批准，并完成债转股新公司组建的债权转股权的资产处置方式。政策性债转股主要有两个目的，一是将国有商业银行对拟转股国有企业的不良债权转让给金融资产管理公司，可有效盘活国有商业银行不良资产，提高国有商业银行资产质量，增强国有商业银行核心竞争力，防范和化解金融风险；二是将拟转股国有企业债权转为金融资产管理公司对企业的股权，从而降低国有企业资产负债率，减轻企业财务负担，增加企业资本金，促进债转股企业增资减债、扭亏为盈，走出困境，同时促进企业转换经营机制，逐步建立和完善企业法人治理结构，加快建立现代企业制度。

（2）商业性债转股。是指金融资产管理公司对非国家建议名单内的企业实施债权转股权。金融资产管理公司根据资产处置要求，为实现不良资产回收价值的最大化，可以自主决定对债务企业实施商业性债权转股权。在债务人没有足够的现金流来偿还资产管理公司本息的情况下，资产管理公司通过调查与协商，对一部分具有良好发展前景的不良贷款企业或项目实施商业性债转股，在减轻企业还本付息压力的同时，对转股企业进行重组、投资、整合，推动企业提高经营管理水平，并在适当时机转让债权，最终提高资产管理公司资产的回收率。商业性债转股的采用必须以债务企业经营管理水平和偿付能力的提高为前提，否则将对资产管理公司权益保障产生负面影响。

由于这种方式无须政府出资，而企业对实行债转股的贷款不必再付息，成为直接受益者，因此受到政府和企业的欢迎。但这种方式有其自身的局限性。首先，国家对实行债转股的企业范围作了具体的规定；其次，实施债转股的企业还必须满足几个条件：产品品种适销对路，有市场竞争力；工艺装备为国际、国内先进水平；企业领导与管理水平较高；债权债务关系清楚；转换经营机制的方案符合建立现代企业制度的要求。因此，这种操作方式只适合于那些债务负担重、财务状况不好但产品有市场、企业有发展前景、已上市或有上市可能的企业。不符合上述条件的企业将被排除在外。更进一步讲，债转股只能暂时减轻银行不良债权压力，而不能从根本上解决银行资金来源和资产运用的匹配性问题。而且，我国金融资产管理公司作为一个过渡性的金融机构（我国金融资产管理公司的存续期为 10 年），实施债转股后如果企业经营能力没有经一步提高，将会影响金融资产管理公司的股权退出，导致“阶段性持股”转换为“永久性持股”，使得银行和金融资产管理公司遭受更大损失。

2. 债务重组

由于企业生产经营困难，资金周转不畅，面对巨额的到期债务，它不能通过内部资金调节来履行偿债义务，而必须借助外部力量，采取其他筹资手段，债务重组便是一条解决途径。债务重组是指金融资产管理公司对债务企业现有债务进行清理、评估、重组等行为。在目前情况下，债务重组具有多样化的特点，包括兼并、破产、收购、托管、租赁、承包等多种形式。资产管理公司通过对企业进行重整，实行债务重组，通过多种渠道将企业债务转化为投资，改善企业财务状况，最终通过优势企业兼并，或由新的投资者收购，从而达到转化不良资产的目的。但是运用债务重组方式进行不良资产处置，适合重整的企业一般只有两大类：一是关系到国计民生的大中型企业，二是对国民经济稳定有重大影响的企业。同时上述企业的主要债权人数量不多且比较集中。

3. 出售、拍卖、招标、竞价、打包

出售是清理不良资产存量的有效方法，包括个别出售、折价出售、招标出售。资产管理公司对不良贷款进行重新组合而形成不同的贷款组合，在此基础上，确定每一笔贷款组合的最低接受价格，向社会投资者再度出售或转让。但是在我国，不良贷款的购买者只能是有贷款管理权的金融机构，这就决定了贷款再出售的对象仅限于国有商业银行、股份制商业银行、非银行金融机构。另外，我国不良贷款从银行平价转售到资产管理公司的方式也大大影响到了不良资产的出售折扣率，降低了其在价格上的吸引力。

拍卖是指金融资产管理公司遵循国家有关法律，按照公开、公平、公正、诚实信用的原则，选择拍卖中介机构来处理不良资产的方式。通过拍卖方式处置的不良资产可以分为债权类资产和产权类资产：债权类资产是指金融资产管理公司收购的各种债权，包括信用债权和有担保物权的债权；产权类资产指金融资产管理公司拥有所有权的各类股权、实物和其他资产。拍卖的方式分为增价拍卖和减价拍卖。

招标处置是指金融资产管理公司通过招标公告或投标邀请书的方式，邀请不特定的或特定的法人、其他经济组织、自然人投标。以招标方式处置不良资产适合于金融资产管理公司收购的不良资产以及依法享有处置权的额度较大的资产。招标处置不良资产主要包括成立招标工作组织机构、确定招标工作方案、编制招标文件、招标及发放招标文件、投标、开标、评标、中标等八个步骤。

竞价与拍卖处置的不同点在于拍卖必须由专业的拍卖机构组织，而竞价可以由财产所有人自行组织或者由非专业拍卖机构组织；竞价与招标处置相比较，招标是综合评标，中标人不一定是最高出价人，而竞价是量化评标，买受人必须是最高应价人。但有时也会出现例外，如工商银行2005年6月19日进行的4000亿可疑类不良贷款拍卖没有采用价高者得的惯例。

资产打包处置是将一定数量的债权、股权和实物等资产进行组合，形成具有某一特性的资产包，再将该资产包通过债务重组、转让、招标、拍卖、置换、竞价等手段进行处置的方式。资产打包处置适用于单笔资产处置成本高而回收价值小、资产分布过于分散，单笔资产处置难度大、处置周期长及其他适合打包的资产。

4. 诉讼追偿

诉讼追偿是资产管理公司通过法律手段实现债权回收降低不良资产的方式，具有强制性和较强的程序性的特征。作为资产管理公司，由于其拥有的债权是不良资产，债务人偿债能力有限，因此对债务人提起诉讼的条件是债务人要有可供执行的财产，而不能简单、随意地运用诉讼手段。诉讼的方式主要包括起诉、申请支付令、申请债务人破产等。

5. 贷款资产证券化

贷款资产证券化是指银行把缺乏流动性但具有未来现金收入的各类贷款资产汇集起来，形成一个资产池，然后通过一定的技术处理，将其转变成可以在金融市场上出售和流通的证券，据以融通资金的过程。其流程可以描述成：

第一，由商业银行或独立的第三方组建特别目的机构，即一个专门为实现不良资产证券化而设立的信用级别较高的机构；

第二，以“真实销售”方式将发起人的证券化的不良资产合法转让给特别目的机构，在转让过程中通常由信用评级机构进行信用评级；

第三，特别目的机构以受让的资产作支撑，在经信用评级机构评级后，在资本市场上发行证券募集资金，并用该资金购买发起人所转让的资产；

第四，服务机构（通常由商业银行兼任），负责对不良资产进行清收、处置，然后向投资者支付本息。

1. 迄今为止，国际上还没有一套被各国普遍接受的贷款分类标准，常用的贷款分类标准有按贷款期限、贷款保障程度、贷款对象、贷款用途、贷款偿还方式及贷款现金流偿还方式等。

2. 为确保贷款的安全性，商业银行都制定了规范化的工作程序，以约束贷款行为。贷款的基本程序主要包括八个步骤：借款申请、贷款调查与项目评估、借款人信用等级评估、贷款审批、签订借款合同、发放贷款、贷后检查和贷款收回。

3. 商业银行贷款定价的原则主要指利润最大化原则、扩大市场份额原则、保证贷款安全原则和维护银行形象原则。

4. 贷款作为一种特殊的商品，其与价格的相互关系的理论基础亦为供求理论。贷款的供求与贷款价格相互关系的一般原理可以表述为：贷款供给曲线是价格的增函数，贷款需求是价格的减函数；当贷款的供给与需求一致时，这一均衡点就是贷款价格的最佳点，也是贷款的最佳数量。

5. 一般来讲，贷款价格的构成包括：贷款利率、贷款承诺费、补偿余额和隐含价格；贷款定价的影响因素主要有资金成本、贷款风险程度、贷款费用、借款人的信用及与银行的关系、银行贷款的目标收益率及贷款供求状况六个方面；贷款定价的方法主要包括成本加成定价法和价格先导模型定价法。

6. 贷款风险管理的前提是贷款风险的预警与判断；常用的识别贷款风险的方法是企业信用分析，主要包括信用分析的“六 C”原则和“五 W”原则和财务报表分析、财务比率分析和现金流量分析等信用分析技术；贷款由于商业性、政策性及混合性等原因形成不良贷款后，可通过债转股、债务重组、出售、拍卖、招标、竞价、打包、诉讼追偿及贷款资产证券化等方式进行处理。

本章习题

一、单选题

1. 具有固定偿还期限的贷款是（　　）。

A. 活期贷款　　B. 定期贷款　　C. 通知贷款　　D. 透支贷款

2. 商业银行最广泛、数量最大的资产运用方式是（　　）。

A. 信用贷款　　B. 担保贷款　　C. 票据贴现　　D. 透支贷款

3. 一般中外商业银行对（　　）均提供优惠政策。

A. 工商业贷款　　B. 农业贷款　　C. 消费者贷款　　D. 消费信贷

4. 活期贷款、定期贷款、透支贷款是按（　　）标准进行划分的。

A. 贷款期限　　B. 贷款保障程度　　C. 按贷款对象　　D. 贷款用途

5. 关于抵押物进行调查，对抵押物估价属于贷款程序中的（　　）。

A. 借款申请　　B. 贷款调查　　C. 项目评估　　D. 贷款审批

6. 在商业银行贷款总额中占有最大比重的贷款是（　　）。

A. 工商业贷款　　B. 农业贷款　　C. 消费者贷款　　D. 消费信贷

7. 具有对象多、范围广、周期长、风险大、管理复杂特点的贷款为（　　）。

A. 工商业贷款　　B. 农业信贷

C. 消费者贷款 D. 流动资金贷款

8. 商业银行必须守法、诚信、稳健经营，属于（ ）原则。

A. 利润最大化原则 B. 扩大市场份额原则

C. 保证贷款安全原则 D. 维护银行形象原则

9. 贷款供给曲线是价格的（ ）函数，贷款需求是价格的（ ）函数。

A. 增，增 B. 增，减 C. 减，增 D. 减，减

10. 贷款定价的影响因素不包括（ ）。

A. 资金成本 B. 贷款风险程度

C. 贷款费用 D. 隐含价格

11.（ ）是贷款价格的主体，也是贷款价格的主要内容。

A. 贷款利率 B. 贷款承诺费 C. 补偿余额 D. 隐含价格

12. 当借款人净现金流量减少，借款人销售收入或经营利润下降时，判断为（ ）。

A. 正常贷款 B. 次级贷款 C. 关注贷款 D. 可疑贷款

13. 当借款人的贷款项目已长期停建，复工无望时，判断为（ ）。

A. 关注贷款 B. 次级贷款 C. 可疑贷款 D. 损失贷款

14. 一个有精英团队的企业，才能在竞争中立于不败之地，这里考虑了信用分析要素中的（ ）。

A. 品德 B. 能力 C. 资本 D. 发展前景

15. “五 W”原则中对借款人的资格进行审查属于（ ）。

A . Who B. Why C. What D. When

16. 企业总负债与所有者权益的比率称为（ ）。

A. 资产负债率 B. 负债权益比率

C. 有形净值债务率 D. 利息保障倍数

17. 资产负债率是（ ）比率分析中常用的比率。

A. 流动比率分析 B. 杠杆比率

C. 效率比率 D. 盈利能力比率

18. 下列（ ）不属于考察效率比率的重要指标。

A. 存货周转率 B. 应收账款周转率

C. 流动资产周转率 D. 盈利能力比率

19. 企业经营活动中产生的现金流入量不包括（ ）。

A. 销售商品的现金收入 B. 应收账款收回

C. 股息收入现金所得 D. 收回对外投资的现金收入

20. 具有强制性和较强的程序性特征的商业银行不良贷款的处理方法是（ ）。

A. 债转股 B. 债务重组

C. 诉讼追偿 D. 贷款资产证券化

二、判断题

1. 中长期贷款利息率高、收益大，不易形成流动性风险。（ ）

2. 信用贷款只贷放给信用等级高、预期收益大的“黄金客户”。（ ）

3. 一次性偿还贷款是指借款人在贷款到期日一次性还清本金的贷款，其贷款的利息必须到期一次付清。（ ）

4. 银行必须在短期贷款到期日的7天以前、中长期贷款到期日的3个月之前，向借款人发送还本付息通知单。（ ）

5. 银行贷款业务是一项风险性业务，保证贷款的安全是银行贷款经营管理整个过程的核心内容。（ ）

6. 贷款作为一种特殊的商品，其与价格的相互关系的理论基础亦为供求理论。（ ）

7. 速动比率指企业流动资产与流动负债的比率。（ ）

8. 债务重组具有多样化的特点，包括兼并、破产、收购、托管、租赁、承包等多种形式。（ ）

9. 在我国，不良贷款的购买者可以包括个人、企业。（ ）

10. 金融资产管理公司收购的各种债权属于产权类资产。（ ）

三、多选题

1. 按贷款期限将贷款分为（ ）。

A. 活期贷款　B. 定期贷款　C. 透支贷款　D. 信用贷款

2. 按贷款用途分类将贷款分为（ ）。

A. 流动资金贷款　B. 担保贷款

C. 固定资金贷款　D. 不动产贷款

3. 流动资金贷款特点是期限较短、风险较小，主要包括（ ）。

A. 存货贷款　B. 临时贷款

C. 结算贷款　D. 一次性偿还贷款

4. 贷款项目评估的主要内容有（ ）。

A. 项目建设必要性评估　B. 项目建设条件评估

C. 对产品进行市场预测　D. 对经济效益进行评估

5. 商业银行贷款定价的原则有（ ）。

A. 利润最大化原则　B. 扩大市场份额原则

C. 保证贷款安全原则　D. 维护银行形象原则

6. 贷款价格的构成包括（ ）。

A. 贷款利率　B. 贷款承诺费　C. 补偿余额　D. 隐含价格

7. 贷款定价的影响因素有（ ）等几个方面。

A. 贷款供求状况　B. 贷款费用　C. 贷款风险程度　D. 资金成本

8. 企业的资产项目包括（ ）三大类。

A. 流动资产　　B. 固定资产　　C. 有形资产　　D. 无形资产

9. 商业银行不良贷款的类型有（　　）。

A. 商业性不良贷款　　B. 政策性不良贷款

C. 结构性不良贷款　　D. 混合性不良贷款

10. 从其清理和处置不良贷款的实践来看，主要的方式有（　　）。

A. 债转股　　B. 债务重组

C. 诉讼追偿　　D. 贷款资产证券化

四、综合题

1. 简述商业银行贷款五级分类。

2. 简述贷款的价格构成及贷款定价的影响因素。

3. 简述企业信用分析中的6C与5W原则。

4. 某企业财务报表的有关资料如下：

(1) 资产总额

流动资产合计　3 919 万元

其中：货币资金　595 万元

应收票据　46 万元

应收账款　598 万元

(2) 负债及所有者权益总计 7 868 万元

流动负债合计　1 432 万元

其中：短期借款　50 万元

应付票据　100 万元

应付账款　954 万元

长期负债合计　1 160 万元

其中：长期借款　100 万元

(3) 损益表

销售收入　12 500 万元

销售成本　7 500 万元

销售利润　5 000 万元

销售费用　1 570 万元

税前利润　3 425 万元

税金　1 520 万元

净利润　1 905 万元

请根据上述材料计算该企业的流动比率、速动比率、资产负债率、负债权益比率、销售利润率。

5. 某公司资产负债表、损益表如表 5－6 及表 5－7 所示：

表 5-6　　某公司资产负债表　　单位：元

资产	年初	年末	负债及所有者权益	年初	年末
流动资产：			流动负债：		
货币资金	2 204 512	284 426	短期借款	26 789 439	29 039 439
短期资金	33 000	24 000	应付票据		
应收票据			应付账款	16 801 897	15 144 486
应收账款	15 596 648	19 135 094	预收账款		
预付账款	738 540	1 069 775	其他应付款	12 586 098	13 811 834
其他应收款	1 852 734	2 075 227	应付工资	—	1 971 171
存货	19 031 848	14 817 424	应付福利费	1 656 976	2 058 019
其中：原材料	638 007	546 082	未缴税金	1 398 542	1 205 057
产成品	8 703 506	10 805 317	未付利润	67 218	67 218
发出商品			其他未交款	76 422	80 745
待摊费用	642 900	304 575	预提费用		
待处理流动资产损失		299 240	一年到期的长期负债		
流动资产合计	40 100 182	38 009 761	流动负债合计	59 376 592	63 377 969
长期投资：			长期负债		
长期投资	2 147 805	1 992 805	长期借款	1 256 889	1 131 676
固定资产：			长期应付款		
固定资产原值	42 281 992	39 941 292	应付债券		
减：累计折旧	(15042236)	(16 830 009)	其他长期负债		
固定资产净值	27 239 756	23 111 283	其中：住房周转金	3 088 678	3 701 065
在建工程	24 621	5 287 440	长期负债合计	4 345 567	4 832 741
固定资产合计	29 412 182	30 391 528	负债合计	63 722 159	68 210 710
无形及递延资产：			所有者权益：		
无形资产			实收资本	5 820 986	5 820 986
递延资产			资本公积		330 000
无形及递延资产合计	0	0			
其中：补充流动资本					
其他长期资产：			盈余公积	169 114	169 114
其他长期资产			其中：公益金		
递延税项：			补充流动资本		
			未分配利润	138 333	(5 791 292)

续 表

资产	年初	年末	负债及所有者权益	年初	年末
			所有者权益合计	5 790 205	190 579
资产总计	69 512 364	68 401 289	负债及所有者权益总计	69 512 364	68 401 289

表 5-7　　某公司损益表　　单位：元

项目	上年度	本年度
一、产品销售收入	38 480 385	23 783 982
减：产品销售成本	32 950 871	19 986 517
产品销售费用	1 805 360	1 514 803
产品销售税金	196 580	177 119
二、产品销售利润	3 527 574	2 105 543
加：其他业务利润	59 960	49 975
减：管理费用	6 295 901	5 705 835
财务费用	6 983 786	3 489 082
三、营业利润	(9 692 153)	(7 039 398)
加：投资收益	8 800	38 522
营业外收入	10 021 398	938 240
减：营业外支出	36 257	138 077
加：以前年度损益调整	(2 997 823)	271 088
四、利润总额	303 966	(5 929 625)
减：所得税	(203 534)	
五、净利润	100 432	(5 929 625)

请根据该公司上述报表编制其现金流量表，并对其现金流量情况进行评价。

第六章　商业银行证券投资管理

系统学习商业银行证券投资的含义、工具、分析技术及证券投资组合的构建、管理、修正与绩效测评。

学习要求

了解：商业银行证券投资含义、特点、投资工具与分析技术。

掌握：商业银行证券投资组合构建、期限管理、免疫、换值及绩效评价指数。

第一节　商业银行证券投资管理概述

一、商业银行证券投资管理的含义及特点

商业银行证券投资管理是指商业银行的证券投资组合管理，即商业银行决定投资于哪种证券、投资资金多少以及何时投资，它是对投资资金的管理过程。证券投资管理要根据投资目标和投资资金，通过投资分析和证券组合，采取不同的投资策略，达到投资收益最大化和投资风险最小化的目的。

证券投资管理的特点主要表现在以下两个方面：

一方面，投资风险与收益相匹配。投资收益是对所承担的投资风险的补偿，投资收益与投资风险呈正相关的关系。因此，证券投资组合管理强调投资的收益目标应与风险承受能力相适应。

另一方面，投资证券的分散性。证券投资组合理论认为，证券投资组合的风险随着证券组合所包含的证券数量的增加而降低，尤其是证券间关联性极低的多元化证券组合可以有效地降低非系统风险，从而使得证券组合的投资风险趋向于市场平均风险水平。

二、商业银行证券投资的工具选择

（一）货币市场工具

货币市场工具是一种短期债务工具。债务工具是一种凭证，它是使债务人按照合约定期支付固定金额直到期限结束的表示债权债务关系的凭证。货币市场工具通常指1年期以内的短期金融产品，由于其在货币市场交易，故称货币市场工具。

1. 国库券

国库券是各国法律规定的商业银行的主要投资工具。国库券是由一国中央政府发行的、以政府信誉支持的短期政府债券。国库券是政府发行的，因此，与其他同期金融工具相比较，具有风险最低、流动性最高的特点。

在证券投资业务中，国库券利率被看作无风险利率，作为测算有价证券风险程度的基本依据，其利率也是市场其他金融工具利率变动的基础。国库券的高流动性往往使其被视为准货币，并成为商业银行投资的主要工具和中央银行进行公开市场业务的工具。

2. 商业票据

商业票据是大公司为筹措资金，以贴现方式出售给投资人的短期无担保承诺凭证。商业票据是由商业本票或商业汇票衍生的一种融资、投资工具，是结算工具的市场化。

商业票据是以信用作为保证，所以，其发行人多是信用等级高的金融性或非金融性的大公司，如融资公司、跨国公司等。商业票据是出票人直接对市场发行的单名票据式的金融工具。美国的商业票据面额为整数，最低10万美元，最高200万美元；票据期限多为270天，以贴现方式发行。

商业票据市场的容量巨大、交投活跃，从而就成了商业银行重要的投资场所，商业票据也就成了重要的投资工具。

3. 银行承兑汇票

银行承兑汇票是商业银行创造的、银行承诺承担最后付款责任的承兑融资票据。银行承兑汇票产生于国际贸易，在国际贸易的货款清算过程中，进口商委托银行开出以信用证为依托的承兑汇票，出口商持未到期的汇票请求贴现，银行对承兑汇票进行贴现后，将汇票拿到市场上出售，银行承兑汇票就成了交易工具。

银行承兑汇票是一种贴现式票据，其交易价格低于面值，价格与面值的差额取决于贴现率；因有银行承兑付款担保，具有风险低、安全性高的特点，通常被商业银行作为投资工具。

4. 货币市场共同基金

货币市场共同基金是一种新型机构和投资方式。其基金发行股份，股份实际上是一种生息存款，基金股份的收益随市场行情变化，其价格的波动取决于每天基金收益率的变化。

共同基金汇集了存款人的资金，用于购买高流动性的货币市场工具，如国库券、商业票据、回购协议等。由于货币市场共同基金多投资于低风险的短期债务工具，所以，商业银行投资于货币市场共同基金是满足安全性、流动性和盈利性要求的。

货币市场共同基金是投资型中介，但具有明显的存款机构特征，所以，美国将货币市场共同基金包括在衡量货币供给的 M_2 或 M_3 中。

5. 回购协议

回购协议是证券出售时，卖方向买方承诺在未来一定时期内以事先约定的价格再买回证券的合约。逆回购协议是买进证券后在未来再卖出的合约。

回购合约的期限一般为 1～7 天，回购交易的资产一般是国库券。回购协议实际上是一种有抵押的短期借贷。回购协议市场的参加者多为金融和非金融机构，回购协议作为一种货币市场工具，对于协议的卖方是利用协议筹措资金，而对于买方则是利用协议供给资金。因此，回购协议对于交易的买方就是投资工具，商业银行可利用这种工具向协议的卖方贷出资金。

（二）资本市场工具

资本市场工具是指 1 年期以上的中长期金融工具，主要是股票、债券和投资（共同）基金等有价证券，这些有价证券是在资本市场（证券市场）发行和流通转让的，故称资本市场工具。

1. 股票

股票是股份公司发行的证明股东权利的书面法律凭证，它是股东向公司提供资金的权益合同，也是股东对公司所有权的凭证。

股票的种类繁多，按所有者权益划分，可分为普通股股票和优先股股票。

（1）普通股股票

普通股股票是最基本的股票，目前在证券交易所交易的股票均为普通股股票。普通股股票是指股东从公司获得的股利完全随公司盈利的多少而变化的股票。普通股股东在公司盈利和剩余财产的分配顺序上列在债权人和优先股股东之后，所以承担的风险也较高。

（2）优先股股票

优先股股票是指股东享有优先分配公司盈利和剩余财产权的股票。优先股股票具有股息率固定、股息派发优先、公司剩余财产分配优先和无表决权的特征。各国法律都明确规定了商业银行涉足股票市场、投资于股票的限制条款，我国目前更是严禁商业银行投资于股票。

2. 债券

各类债券是各国商业银行投资的主要工具。这里讲的债券是指 1 年期以上的债务工具。债券是发行人按照法定程序发行的并约定在一定期限还本付息的有价证券，债券反映了债权人与债务人之间的债权债务关系。债券种类很多，不同种类的债券构成了一个完整的债券体系，各种债券可依据不同标准分类，一般是根据发行主体划分，债券可以分为政府债券、公司债券和国际债券。

（1）政府债券。政府债券又称国家债券（国债）或财政债券。政府债券按期限划

分为短期债券和长期债券，短期债券即国库券，属货币市场工具。这里专指中长期国债。政府债券是由一国中央政府或地方政府发行的债券。因此，又可分为中央政府债券和地方政府债券。除了政府部门直接发行债券外，有些国家把政府担保的债券也划归政府债券体系，称政府担保债券。

（2）公司债券。公司债券在我国称为企业债券，它是指公司（企业）依照法定程序发行的约定在一定期限还本付息的有价证券。公司债券的持有人对于公司收入和财产拥有优先于普通股和优先股股东的法定求偿权。公司债券发行人的承诺和投资人的权利在债券契约中均有详尽明示。

（3）国际债券。国际债券是国际商业银行的投资工具。国际债券主要在欧洲债券市场上发行和流通，亦称欧洲债券。欧洲债券是指筹资人在本国境外市场发行的、不以发行市场所在国的货币为面值的国际债券。欧洲债券票面使用的货币一般是自由兑换的货币，主要是美元，其次还有马克、英镑、日元等，也有使用复合单位的，如欧元和特别提款权。例如，当欧洲债券以美元为货币单位时，被称为欧洲美元债券。此外，还有双币债券，即以一种货币支付利息而以另一种不同种货币偿还本金的债券。欧洲债券在法律上受到的限制较少，它不需要官方主管机构的批准，也不受货币发行国有关法令的管制和约束。目前，欧洲债券已成为在国际资本市场上筹资和投资的重要手段。

3. 证券投资基金（共同基金）

证券投资基金，美国称为共同基金，是指一种利益共享、风险共担的集合证券投资方式，即通过基金发行人，集中投资者的资金，由托管人托管、由基金管理人管理并运用资金，从事股票、债券等金融工具投资，并将投资收益按基金投资者的投资比例进行分配的一种间接投资方式。基金是一种投资方式，又是一种金融中介机构。基金具有集合投资、分散风险和专家管理的特点。基金通常划分为契约型基金、公司型基金、封闭型基金和开放型基金。

（1）契约型基金。契约型基金又称单位信托基金，是指把基金投资者、管理人、托管人作为基金当事人，通过签订基金契约的形式发行受益凭证而设立的一种基金。契约型基金是基于契约原理而组织起来的代理投资行为，是通过基金契约来规范三方当事人的行为。目前，我国上市的基金为契约型基金。

（2）公司型基金。公司型基金是按照公司法以股份公司形式组成的，其基金公司以发行股份的方式募集基金，投资者认购基金而成为该基金公司的股东。美国等西方国家的基金多为公司型基金。

（3）封闭型基金。封闭型基金是指基金的发起人在设立基金时，限定了基金单位的发行总额，筹集到额度后，基金即宣告成立，并进行封闭，不再接受新的投资。基金单位的交易采用在证券交易所上市的方式，投资者买卖基金单位都必须通过证券经纪商在证券交易所进行竞价交易。目前，我国在上海、深圳证券交易所上市交易的基金均为封闭式基金。

（4）开放型基金。开放型基金是指基金发行人在设立基金时，基金单位的总额是不固定的，可视投资者的需求而追加发行。基金投资人可按基金现期净资产扣除手续费后赎回份额或受益凭证，或随时购买基金单位。西方国家的基金多为开放型基金，从2001年起我国开始发行开放型基金。

三、商业银行证券投资管理的方法与步骤

（一）商业银行证券投资管理的方法

根据证券投资组合管理者对于市场有效性的不同判断，其采用的管理方法可以大致分为主动管理与被动管理两种类型。

主动型管理又称积极性管理，其管理者假设市场是弱式有效的，试图通过证券价格走势得到一个超过正常市场组合回报。这种管理方法的目的是鉴别出非正确定价的证券，并力求通过市场利率变化的总趋势来选择有利的组合时机。为此，主动型管理者较频繁地调整证券组合，企图通过频繁的证券期限调整获取超常收益。例如，当预测利率下降时，选择长期债券，因长期债券有较大的价格波动；当预测利率上升时，选择短期债券，因短期债券有较小的价格波动。

被动型管理又称消积性管理，其管理者假设市场是半强式有效市场，换言之，证券在市场中已公正定价，并提供与风险协调的收益。这种管理方法是为了实现某种不受利率影响的目标收益而建立的证券组合，他们坚持“买入并长期持有”的投资策略，因此称为被动型证券组合管理。但是这并不意味着他们无视投资风险而随便选择某些证券进行长期投资，恰好相反，正是由于承认存在投资风险并认为投资组合能够有效降低非系统风险，所以他们通常购买分散化程度较高的投资组合。

（二）商业银行证券投资管理的步骤

商业银行证券投资管理的基本步骤如下：

1. 确定证券投资政策

证券投资政策是指投资者为实现投资目标应遵循的基本方针和基本原则，包括确定投资目标、投资规模和投资对象三方面的内容以及应采取的策略和措施等。由于证券投资属于风险投资，而风险与收益之间呈现正相关的关系，所以投资者如果把只能赚钱不能赔钱定为投资目标，显然是不合理的。因此，合理的投资目标应包括风险和收益两项内容。投资规模是指用于证券投资的资金的数量。投资对象是指证券组合管理者准备投资的证券品种，它是根据投资目标确定的。投资政策的确定是证券投资组合管理的第一步，一方面投资政策适当与否决定着整个投资的成败，另一方面投资政策反映了证券投资组合管理者的投资风格，并最终反映在投资组合所包含的金融资产类型特征上。

2. 进行证券投资分析

证券投资分析是证券投资组合管理的第二步，是指对证券组合管理第一步所确定的金融资产类型中个别证券或证券组合的具体特征进行的考察分析。这种考察分析的目的一方面是明确这些证券的价格形成机制和影响证券价格波动的诸因素以及作用机

制，另一方面是发现那些价格偏离其价值的证券。证券投资分析作为投资过程中的不可或缺的部分，在投资管理中占有重要地位。

3. 构建证券投资组合

构建证券投资组合是证券组合管理的第三步，主要是指确定具体的证券投资品种和在各证券上的投资比例。在构建证券投资组合时，投资者需要注意个别证券的选择、投资时机的选择和多元化三个问题。个别证券的选择，即微观预测，主要是预测个别证券的价格走势及其波动情况；投资时机的选择，即宏观预测，主要是预测和比较各种不同类型证券的价格走势和波动情况（如预测普通股相对于公司债券等固定收益证券的价格波动）；多元化主要是指在一定的现实条件下，组建一个在一定收益条件下风险最小的投资组合。

4. 修正证券投资组合

证券投资组合的修正作为投资过程的第四步，实际上就是定期重温前三步，即随着时间的推移，投资者会改变投资目标，从而使当前持有的证券投资组合不再是最优组合，为此需要卖掉现有组合中的一些证券并购买一些新的证券以形成新的组合。这一决策主要取决于交易的成本和修正组合后投资业绩前景改善幅度的大小。因此，投资者应该对证券组合在某种范围内进行个别调整，使得在剔除交易成本后，在总体上能够最大限度地改善现有证券组合的风险与回报。

5. 评估证券投资组合

证券投资组合的评估即投资组合的绩效测评。它作为证券投资组合管理的最后一步，是指通过定期对投资组合进行业绩评估来评价投资的表现，其实质是形成证券投资组合管理过程中的反馈与控制机制。由于投资者在投资过程中获得收益的同时，还将承担相应的风险，因此对于证券投资组合进行业绩测评时，不能仅仅比较投资活动所获得的收益，还应该综合衡量投资收益和所承担的风险情况。

第二节　商业银行证券投资分析

商业银行证券投资分析主要包括基本分析与技术分析两种类型。

一、基本分析

基本分析又称基本面分析或大势分析。基本分析是依据经济学的基本原理，通过对证券价格基本要素（如 GDP、经济政策、公司财务等）的分析来评价证券的投资价值，判断合理的价位，提出投资方案。基本分析主要包括四个方面的内容：

（一）宏观经济分析

宏观经济分析是对会引起证券价格总体水平波动的经济因素进行分析。宏观分析可以通过一系列经济指标的计算、分析和对比来进行。经济指标分为三类：一是先行指标。这类指标对未来的经济状况提供预示性的信息，其指标的变化将先于证券价格的变化。先行指标主要有利率水平、货币供给、主要生产资料价格等。二是同步指标。这类指标是反映国民经济正在发生的情况，并不预示未来的变化，这类指标的变化基本与证券价格的变化趋于同步，主要有 GDP、社会商品零售额、失业率、个人收入等。三是滞后指标。这类指标的变化一般均滞后于证券价格的变化。主要有银行未收回贷款、库存量、服务行业的价格等。除了经济指标外，宏观经济政策对证券价格也会产生影响，宏观经济政策包括：

（1）财政政策

财政政策通过国家预算、税收、财政补贴、财政管理体制等政策手段来调控国民经济、调节各阶层的收入差距以影响证券价格。

（2）货币政策

货币政策通过法定存款准备率、再贴现政策、公开市场业务等政策工具调控货币供给量来影响证券价格。

除此之外，还有信贷政策、税收政策、利率和汇率政策、收入政策等，这些政策是通过财政政策或货币政策实施的。

（二）行业分析

行业分析属中观分析，它是对某一特定产业、行业进行的分析。行业的特定因素通常只会对某特定证券价格产生影响，形成行业板块效应。任何产业、行业或产品都有一个生命周期，随着产业革命和科学技术的发展，特别是在信息时代，新技术、新材料、新工艺的不断更新换代，新的行业和新产品不断涌现，在进行投资分析时，要对投资证券的行业现状和前景进行预测，投资于成长型证券。

（三）区域分析

由于历史、经济和地理等原因，各地区经济发展极不平衡，处于不同经济区域的产业和上市公司的发展速度和基本特点都有所不同，在进行证券投资时就必须考虑经济区域因素对投资收益的影响。

（四）公司分析

公司分析是指对上市公司的竞争地位、公司经营管理能力、公司的盈利能力等因素进行分析。公司分析的依据是上市公司定期公布的年度和中期财务报告。某一公司的经营状况、财务状况和经济效益等因素只影响该公司股价，不会波及整个证券市场。公司分析是每个投资人在进行个股选择时必须要进行的重要步骤。公司分析的内容较多，重点是要分析公司盈利和股利两个因素，即主要对公司每股收益、市盈率以及财务指标进行分析。

二、技术分析

技术分析是指直接对证券市场的市场行为进行的分析。具体讲，技术分析就是透过图表或技术指标的记录，研究市场过去及现在的行为反应，以推测未来股价的变动趋势。技术分析指标举不胜举，且技术性很强。

(一) 技术分析的理论基础

技术分析的理论是基于三个市场假设：

1. 市场行为反映一切信息

市场行为是指交易价格、成交量、涨跌股数、涨跌时间等。该假设认为：市场投资人在决定交易行为时，已经仔细考虑影响市场价格的各种因素，因而产生了特定的价格、交易量等市场行为。因此，只要研究这些市场行为就能了解目前的市场状况，而无需关心背后的影响因素。如果不承认这一假设条件，技术分析所作的任何结论都是无效的。

2. 价格呈趋势形态移动

趋势是技术分析上的一个重要概念。根据物理学上的动力法则，趋势的运行将会继续，直到有翻转的现象发生为止。这一假设认为：股价的变动是按一定规律进行的，股价有保持原来方向运动的惯性。因此，技术分析希望利用指标或图形分析，以确认目前的价格趋势及发现反转的讯号，掌握时机进行交易并获利。

3. 历史会重演

这个假设是从人的心理因素方面考虑的。证券投资无非是一种追求利润的行为，不论昨天、今天或明天，这个目的不会改变。因此，在这种心态下，人们的交易行为将趋于一定的模式，而导致历史重演。过去价格的变动，在未来可能不断发生，过去的结果是已知的，这个已知的结果应该是现在对未来作预测的参考。

(二) 技术分析的要素

技术分析中，成交价、成交量、时间和空间是基本要素。技术分析实际上是利用指标或图形对四个要素进行分析。在四要素中，价和量又是市场行为最基本的表现。技术分析就是利用过去和现在的成交价、成交量资料，以图形和指标工具来分析、预测未来的市场走势。

在某一时点上的价和量反映的是交易双方在这一时点上的市场行为，是交易双方暂时的均势点。随着时间的变化，均势会不断发生变化，这就是价量关系的变化。交易双方的市场行为反映在价量上往往呈现一种趋势规律：价升量增，价跌量减。将这种趋势规律运用到具体的分析中就会获得股价走势信息。因此，价量是技术分析的基本要素，一切技术分析方法都以价量关系为研究对象。

时间和空间在进行证券行情判断时往往也起很重要的作用。时间和空间要素表明一个已形成的趋势在短时间内不会发生根本改变，也不会永远不变，经过一段时间又会出现新的趋势。这种价格变动的时间性从空间上讲，就是指价格的波动会有低谷和高峰的极限。

(三) 技术分析方法

1. 图表分析法

图表分析法是指利用股价、成交量等市场行为产生的讯号，通过图表来反映市场的态势，并推测未来股价的变动。图表分析方法很多，著名的是K线图。

K线图是利用每一个交易日股价的开盘价、收盘价、最高价、最低价绘制成蜡烛形状的阴阳图表，对股价走势进行分析的方法。

K线图的绘制方法：首先将某日股价的最高价和最低价垂直连成一条直线，然后再找出当日的开盘价和收盘价，将两个价格连成一个长方柱体。假如收盘价较开盘价为高（即低开高收），以红色表示，或在柱体上留白，这种柱体称为阳线；如果某日收盘价较开盘价为低（即高开低收），以蓝色表示，或在柱体上涂墨色，这个柱体称为阴线。

K线图的研究重点是用若干天K线的组合情况，推测股市多空双方力量的对比，进而判断股市多空双方的优势是暂时的，还是决定性的，以预测股价走势。

2. 技术指标方法

技术指标是指利用股价、成交量或涨跌家数等市场行为产生的信息，再经特定公式所计算出的数据来反映目前市场的态势，并推测未来股价的变动方向。技术指标大致分为以下三类：

（1）价格平滑指标。由于市场价格是呈上下起伏波动的，因此，为求得实际价格趋势，必须采取平均的运算方式，将特异的价格波动消除。这类指标以移动平均线（MA）最具代表性。

（2）能量变化指标。证券市场买卖双方的力量变化将直接影响价格的变化。如买方力量强，则股价上涨；卖方力量强，则股价下跌。无论从价格、成交量或涨跌支数都可得知买卖双方力量的分配，因此，这类指标的数量最多，比较常见的有相对强弱指标（RSI）、威廉指标（WMS%）、随机指标（KD）等。

3. 动力变动指标

量是价的先行指标，要考察股价趋势能否继续持续，则需要市场动力充分，所以，此类指标以成交量作为分析指标，如能量潮（OBV）等。

根据技术图形或技术指标可以观测到一般时间股价走势的轨迹形态，以价格轨迹形态来推测股价的未来走势。

第三节　商业银行证券投资组合构建

一、证券投资组合的收益及风险度量

商业银行作为投资者投资证券组合，目的是通过多样化获得风险一定下的最大预期收益，或者使得预期收益一定情况下的风险最小。而投资者在 $t-1$ 时期是不知道 t 时期证券组合的回报的，因此投资者投资证券组合时，首先要估计它们的预期收益与风险，然后根据预期收益与风险的大小，选取最优证券投资组合。

（一）证券投资组合预期收益的度量

投资者在一定时期内的投资证券组合的收益是投资者的财富在这一时期的变化率，其公式如下：

$$r_p=\frac{W_t-W_{t-1}}{W_{t-1}} \tag{6-1}$$

其中，r_p——投资者投资的证券组合从 $t-1$ 期到 t 期的回报；

w_t——投资者投资的证券组合在 t 时期的总的市场价值；

w_{t-1}——投资者投资的证券组合在 $t-1$ 时期的总的市场价值。

假设证券组合由 n 个基本证券组成。证券组合在 t 时期的财富总额 $W_t=\sum_{i=1}^{n}X_{i,t}$ 是 t 时期包含在证券组合中的第 i 个证券的财富值。则根据公式（6-1）可以计算从 $t-1$ 期到 t 时期证券组合的预期回报 $E(R_p)$ 如下：

$$E(R_p)=\frac{E(W_t-W_{t-1})}{W_{t-1}}=\frac{E(\sum_{i=1}^{n}X_{i,t})-\sum_{i=1}^{n}X_{i,t-1}}{\sum_{i=1}^{n}X_{i,t-1}}$$

$$=\frac{\sum_{i=1}^{n}[E(X_{it})-X_{i,t-1}]}{\sum_{i=1}^{n}X_{i,t-1}}=\sum_{i=1}^{n}\frac{X_{i,t-1}}{\sum_{i=1}^{n}X_{i,t-1}}\frac{[E(X_{it})-X_{i,t-1}]}{X_{i,t-1}} \tag{6-2}$$

在公式（6-2）中，令 ω 表示财富的权重，则 $\omega_i=\frac{X_{i,t-1}}{\sum_{i=1}^{n}X_{i,t-1}}$，且 $\sum_{i=1}^{n}\omega_i=1$；令 $E(R_i)$ 表示第 i 种证券在 t 时期的预期回报，则 $E(R_i)=\frac{E(X_{it})-X_{i,t-1}}{X_{i,t-1}}$。因此公式（6-2）将变成如下形式：

$$E(R_p)=\sum_{i=1}^{n}\omega_iE(R_i) \tag{6-3}$$

例如，某投资者在 t 时期证券组合及其收益构成如表 6-1 所示：

表 6-1　某投资者 t 时期投资组合分布表

指标＼类别	A	B	C	D
收益率/%	−2	−1	1	3
权重/%	20	30	10	40

则根据公式（6－3），该证券组合的预期回报为0.60%。

（二）证券投资组合风险的度量

如果投资者以预期收益为依据进行投资，它必须考虑风险，即实际收益与预期收益率之间的偏差问题。实际收益与预期收益的偏差越大，则投资者承担的风险越高。因而，风险的大小由未来可能的实际收益与预期收益的偏离程度来反映。在数学上，这种偏离程度由收益的方差或标准差（方差的平方根）来度量。但证券组合的方差或标准差不仅和基本证券的方差或标准差有关，同时还与基本证券的相关程度有关，因此需要考虑基本证券的协方差或相关系数问题。

假设某证券组合由 n 种基本证券组成，某种证券 i 的回报为 R_i，其占投资组合的比重为 ω_i，则该证券组合的总回报为：

$$R_p = \sum_{i=1}^{n} \omega_i R_i \tag{6-4}$$

则该证券组合的方差为：

$$\begin{aligned}\sigma_p^2 &= E[R_p - E(R_p)]^2 = E[\sum_{i=1}^{n} \omega_i R_i - E(\sum_{i=1}^{n} \omega_i R_i)]^2 \\ &= E\{\sum_{i=1}^{n} \omega_i [R_i - E(R_i)]\}^2 = \sum_{i=1}^{n}\sum_{j=1}^{n} \omega_i \omega_j \sigma_{ij}\end{aligned} \tag{6-5}$$

其中 $\sigma_{ij} = E\{[R_i - E(R_i)][R_j - E(R_j)]\}$ 是证券 i 和 j 的协方差，当 $i=j$ 时即为证券 i 的方差，此时 $\sigma_{ij} = \sigma_i^2$。

协方差说明了证券组合中基本证券的相关程度，为了更清楚地说明这一点，通常把协方差用相关系数去表示，其公式如下：

$$\rho_{ij} = \frac{\sigma_{ij}}{\sigma_i \sigma_j} \tag{6-6}$$

其中，ρ_{ij}——证券 i 和 j 相关系数；

σ_{ij}——证券 i 和 j 的协方差；

σ_i——证券 i 的标准差；

σ_j——证券 j 的标准差。

当 $\rho_{ij}=1$ 时，证券 i 和 j 完全正相关；

当 $\rho_{ij}=-1$ 时，证券 i 和 j 完全负相关；

当 $\rho_{ij}=0$ 时，证券 i 和 j 不相关；

例如，某投资者的证券组合由证券 i 和 j 构成，证券 i 和 j 的期望收益、标准差以及相关系数如表 6－2 所示：

表 6-2　　某投资者证券投资组合情况表

证券名称	期望收益率	标准差	相关系数	投资比重
i	10%	6%	0.12	30%
j	5%	2%		70%

则根据公式（6-5）可知，该投资者证券投资组合的方差为 0.0327。

二、证券投资组合的可行集及有效边界

（一）证券投资组合的可行集

如果用预期收益与标准差来描述一种证券，则任何一个证券组合可以由组合的期望收益和标准差确定为坐标系中的一个点。如果投资者选定了 n 种证券组成的证券组合，此时它们的两两相关程度已经确定，但由于每种证券的投资额占投资总额的比重即权数不同，这样便会有无穷多个证券组合，所有这些证券组合构成了投资者的一个可行集。

假如某投资者的投资组合包含两种证券 i 和 j，其预期收益和标准差如表 6-3 所示：

表 6-3　　某投资者证券投资组合情况表　　（%）

证券名称	期望收益率	标准差
i	20	10
j	25	20

在不允许卖空的情况下，则在不同相关系数 ρ_{ij} 和权重（ω_i，ω_j）情况下该证券组合的预期收益和标准差的数值如表 6-4 所示：

表 6-4　　某投资者证券投资组合预期收益 E（R）及标准差数值 σ 表

ρ_{ij} / ω_i，ω_j	1	0.5	0	−0.5	−1
(1，0)	0.20，0.1	0.20，0.10	0.20，0.10	0.20，0.10	0.20，0.10
(0.8，0.2)	0.21，0.12	0.21，0.106	0.21，0.894	0.20，0.0693	0.21，0.040
(2/3，1/3)	0.217，0.133	0.217，0.115	0.21，0.0943	0.217，0.667	0.217，0
(0.5，0.5)	0.225，0.15	0.225，0.132	0.225，0.112	0.225，0.087	0.225，0.05
(1/3，2/3)	0.233，0.167	0.233，0.153	0.233，0.141	0.233，0.12	0.233，0.10
(0.2，0.8)	0.24，0.18	0.24，0.17	0.24，0.161	0.24，0.15	0.24，0.14
(0，1)	0.25，0.20	0.25，0.20	0.25，0.20	0.25，0.20	0.25，0.20

将表 6-4 中相关数值描述在预期收益为纵坐标，标准差为横坐标的图形中，如下图所示：

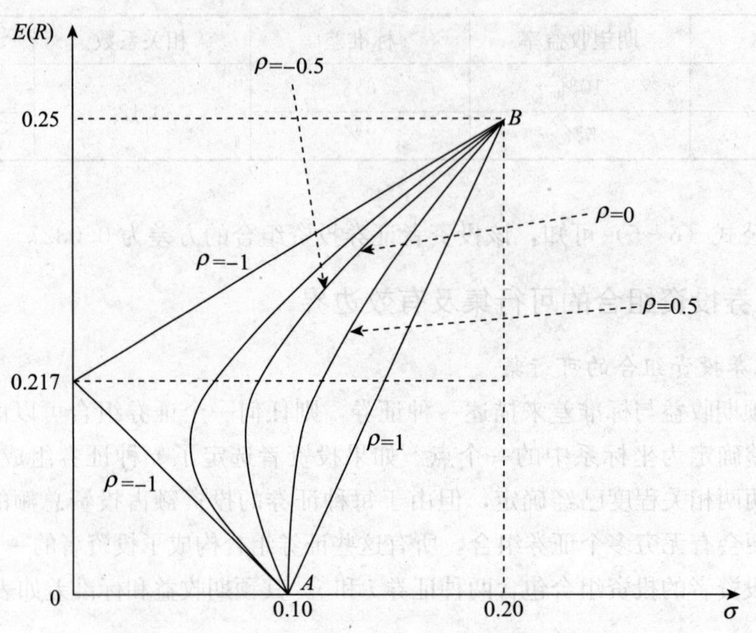

图 6-1　证券 i 和 j 构成的有效证券组合的可行集

从图 6-1 中可以看出，当两种证券完全正相关时，证券组合都在直线 AB 上；当证券 i 和 j 完全负相关时，证券组合都在折线 ACB 上，即此两种证券的组合不可能在区域 ACB 以外。所以，区域 ACB 即为该两种证券的所有组合的可行集。

另外，当投资者所选定的证券组合包含的证券种类不少于三种时，此时证券组合的可行集是所有合法证券构成的以预期收益 $E(R)$ 为纵坐标，标准差数值 σ 为横坐标所形成的坐标系中的一个域，在不允许卖空的情况下，其可行集的形状如图 6-2 所示：

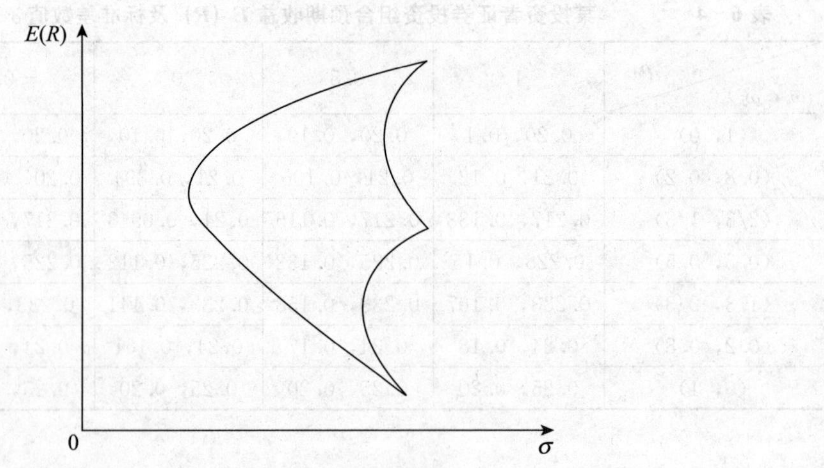

图 6-2　n ($n \geqslant 3$) 种证券构成的有效证券组合的可行集

（二）证券投资组合的有效边界

证券投资组合的可行域表示了所有可能的证券组合，它为投资者提供了一切可行的组合投资机会，但投资者不需要评估可行集中的所有证券组合，只需根据自己的偏好选择最优证券投资组合。在这里投资者的偏好具有某种共性，即对于给定的风险水平，投资者选择具有最大预期收益的证券组合；对于给定的收益，投资者选择具有最小风险的证券组合。

按照投资者的共同偏好原则，投资者在所有可行的投资组合中进行选择，总可以排除那些被所有投资者都认为差的组合，我们把排除后余下的这些组合称为有效证券组合，有效证券组合点的轨迹称为证券投资组合的有效边界。证券投资组合的有效边界如图 6－3 所示：

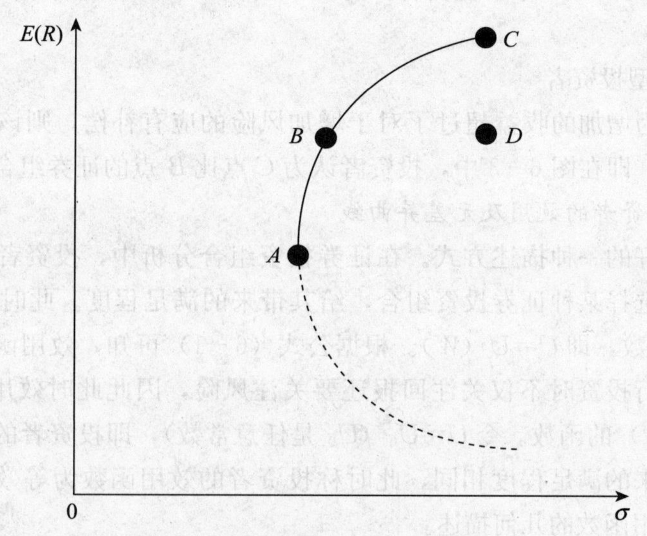

图 6－3 证券投资组合的有效边界

我们把可行集中用实线表示的边界即 AC 部分称为投资者证券投资组合的有效边界。因为对于可行集内及可行集中用虚线表示的边界部分的任意可行组合，按照投资者的共同偏好均可以在有效边界上找到一个有效组合比它好。比如，对于可行的证券组合 D 可以用证券组合 B 代替，因为在相同的预期收益水平下，B 的风险比 D 小；或者可以用证券组合 C 代替，因为在相同的风险水平下，C 的预期收益比 D 大。此外，在有效边界 AC 上，证券组合 A 的风险最小，证券组合 C 的预期收益最大。

三、证券投资者的无差异曲线分析

（一）证券投资者的偏好

确定了证券组合的有效边界以后，投资者就可以从这个有效边界中选择最适合自己的证券组合了。但是根据投资者的共同偏好原则，有些证券组合是不能够区分优劣的，如图6-3中有效边界上的B点与C点。虽然C点的证券组合比B点的证券组合风险大，但C点的证券组合相对于B点提供了更高的收益。即B、C两点满足如下条件：$\sigma_C^2>\sigma_B^2$且$E(R_C)>E(R_B)$。当风险从σ_B^2增大到σ_C^2时，期望收益得到的补偿为$E(R_C)-E(R_B)$。但该数量的风险补偿是否满足投资者的个人对于风险补偿的要求，要根据投资者的个人偏好而定。投资者的个人偏好类型如下：

1. 风险规避型投资者

若投资者认为增加的收益不足以补偿所增加的风险，则该投资者的个人偏好为风险规避型。即在图6-3中，投资者认为B点比C点的证券组合更令其满意。

2. 风险中立型投资者

若投资者认为增加的收益恰好能够补偿所增加的风险，则该投资者的个人偏好为风险中立型。即在图6-3中，投资者认为B点与C点的证券组合给其带来的满意程度相同。

3. 风险激进型投资者

若投资者认为增加的收益超过了对于增加风险的应有补偿，则该投资者的个人偏好为风险激进型。即在图6-3中，投资者认为C点比B点的证券组合更令其满意。

（二）证券投资者的效用及无差异曲线

效用是对偏好的一种描述方式。在证券投资组合分析中，投资者的效用是指投资者根据个人偏好选择某种证券投资组合，给其带来的满足程度。此时，效用函数U是财富总量W的函数，即$U=U(W)$。根据公式（6-1）可知，效用函数又是回报的函数。投资者在进行投资时不仅关注回报还要关注风险，因此此时效用函数便是风险σ与预期收益$E(R)$的函数。令$U=U_0$（U_0是任意常数），即投资者的任意证券组合选择，给投资者带来的满足程度相同，此时称投资者的效用函数为等效用函数。无差异曲线是对于等效用函数的几何描述。

所谓投资者无差异曲线是指，对于一个特定的投资者，任意给定一个证券组合，根据他的个人偏好，可以得到一系列满足程度相同（无差异）的证券组合，这些组合恰好在预期收益$E(R)$为纵坐标，标准差σ为横坐标的坐标系中形成一条曲线，我们称这条曲线为该投资者的一条无差异曲线。

在效用分析中，我们假设投资者是风险规避型的，即当他们面临有同样预期回报的两个证券组合时，他们将会选择标准差较小的一个。从这个假设中我们可以得到此时投资者的无差异曲线斜率为正。当投资者面临多个满足程度相同的证券组合时如证券组合A、B、C，其无差异曲线如图6-4所示：

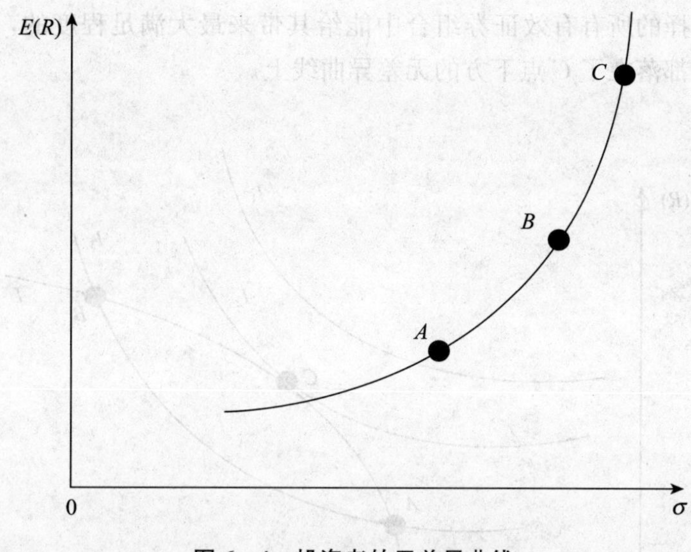

图 6-4 投资者的无差异曲线

风险规避型投资者此时的无差异曲线具有以下特点：

(1) 无差异曲线是由左至右向上弯曲的。表明投资者此时随着投资风险的增加，要求更高的投资回报。

(2) 代表投资者同一既定偏好的无差异曲线将会形成密布于整个平面，但又互不相交的无差异曲线簇。

(3) 同一条无差异曲线上的证券组合给投资者带来的满意程度相同；不同无差异曲线上的组合给投资者带来的满意程度不同；无差异曲线的位置越高，表明其上的证券组合给投资者带来的满足程度越高。

(4) 无差异曲线向上的弯曲程度大小反映了投资者承受风险的能力。无差异曲线向上弯曲的程度越小，表明投资者的风险承受能力越强；反之，越弱。

四、最优证券组合的选择

理性的投资者应该是追求效用最大化的投资者。因此最优证券组合应该是一个投资者选择一个有效的证券组合，并且使其具有最大效用。投资者共同偏好的规则可以确定哪些是有效的（投资价值相对较高）投资组合，而其特定偏好决定了其在有效投资组合中去选择满足程度最大的投资组合，即最优证券投资组合。投资者的无差异曲线位置越高，其代表的满足程度越大。因而，投资者需要在有效边界上找到一个具有如下特征的有效组合：相对于其他有效组合，该组合所在的无差异曲线位置最高。这样的有效组合便是其最优证券投资组合，它恰好是投资者的无差异曲线簇与有效边界的切点所表示的组合。

如图 6-5 所示，投资者按照其特定偏好将会选择有效边界 AB 上的 C 点所代表的证券组合作为最优证券投资组合。因为此时 C 点所代表的证券组合，是投资者依据其个人偏好，所选择的所有有效证券组合中能给其带来最大满足程度的，其他的有效边界上的证券组合都落在了 C 点下方的无差异曲线上。

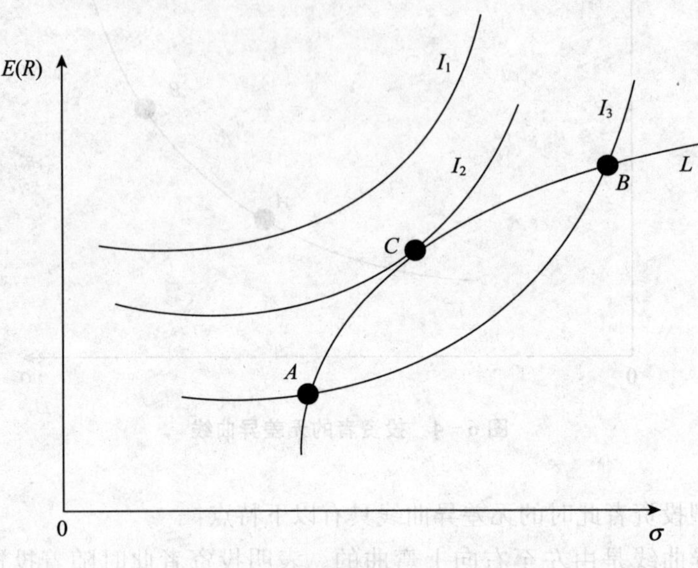

图 6-5　投资者的最优证券组合

第四节　商业银行证券投资组合的期限策略及管理

一、商业银行证券投资组合的期限策略

当商业银行的投资经理基于风险与收益等相关因素，确定了证券投资组合后，还需要考虑把所持有的证券如何在时间上进行分配。也就是说，投资经理应该考虑持有什么期限的证券。到底是应该主要购买短期证券，还是购买长期证券，或是两者的某种组合。目前，商业银行证券投资组合的期限策略主要有以下几种类型：

（一）梯形或间隔期限策略

梯形或间隔期限策略是指商业银行不应把资金全部投入到一种证券中去，而应投资到多类型的证券，从而使各种证券的非系统风险相互抵消，达到一个合理接受的风险程度下的收益。此策略的实质是分散风险，其基本思路是：把投资资金均匀地分布在不同期限的同质证券上，在由到期证券提供流动性的同时，可由高利息率的长期证券带来较高的收益率。具体讲，就是在银行可接受的全部到期日等量划分投资组合，这样银行可以在保持证券组合的实际偿还期限结构不变的情况下，获取更高的收益率。如图 6-6 所示。

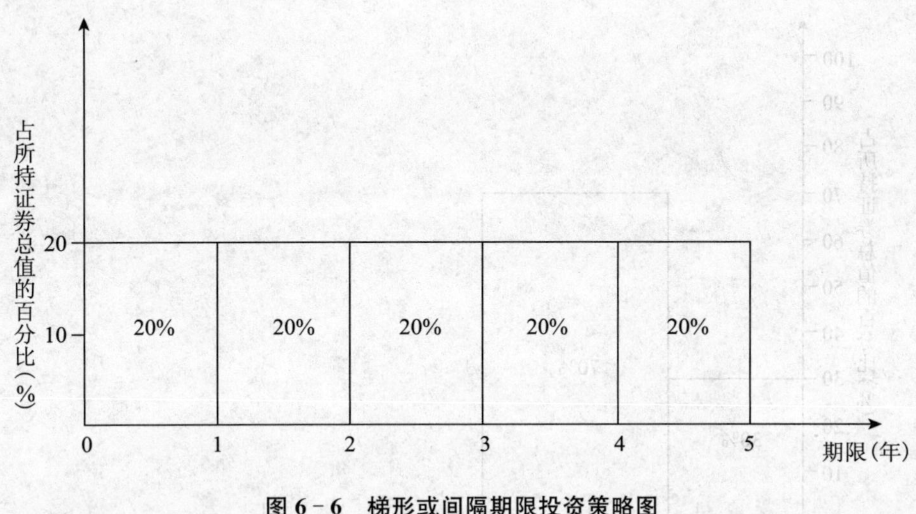

图6-6 梯形或间隔期限投资策略图

梯形投资策略的特点是银行不必对市场利率走势做出预测，从而减少了投资收益的波动；并且管理方便，无须专家管理运作。但是，这种方法明显的缺点是欠灵活、流动性差，当银行需要较高流动性需求时，只有 $1/n$ 的证券到期，当不能满足需求时，就不得不低价出售尚未到期的证券，致使银行遭受损失。

例如，假设一家银行的决策层不想投资于期限长于5年期以上的债券，为此，将投资组合的20%投资于1年期债券，20%投资于2年期的债券，以此类推，直到投资于5年期，实现滚动变现、滚动投资。

（二）前置期限策略

前置期限策略是指商业银行只购买短期证券，并把所有投资置于一个较短的时间间隔内。例如，商业银行可能会决定将其机构中贷款和现金储备不需要的资金100%投资于3年或者3年期以下的证券。这一策略强调投资组合优先作为流动性来源而不是收入来源，因此这种投资期限策略的优势在于加强了商业银行的流动性头寸，避免了因为利率上升遭受大额资本损失。其策略图如图6-7所示。

（三）后置期限策略

与前置期限策略相反的策略是后置期限策略，该策略强调把投资组合作为收入的来源而非流动性来源。采用该策略的商业银行可能决定只投资于5～10年期限范围的证券，当然为了满足流动性，商业银行可能严重依赖于从货币市场上借款以满足其流动性需求。该策略的优势在于如果利率下降可使得金融机构的证券潜在收入最大化。其策略图如图6-8所示：

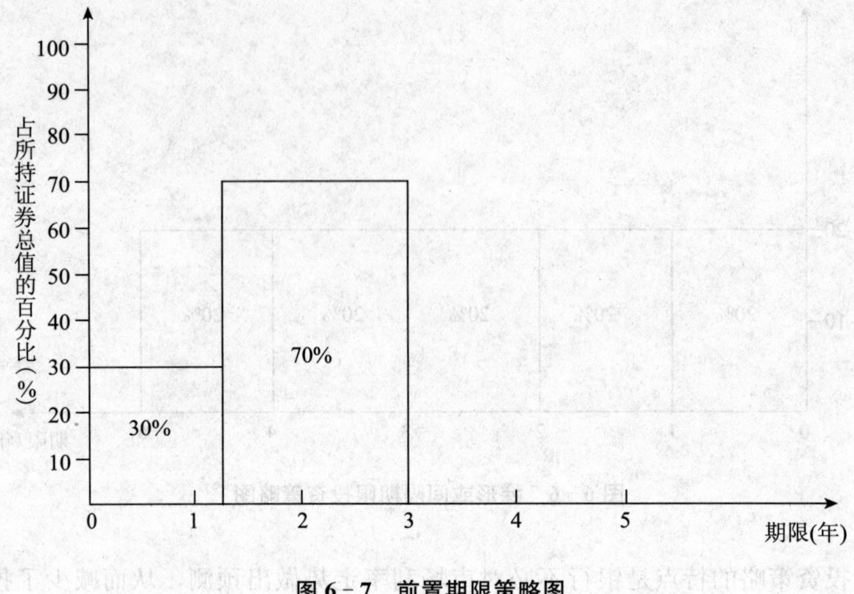

图 6-7　前置期限策略图

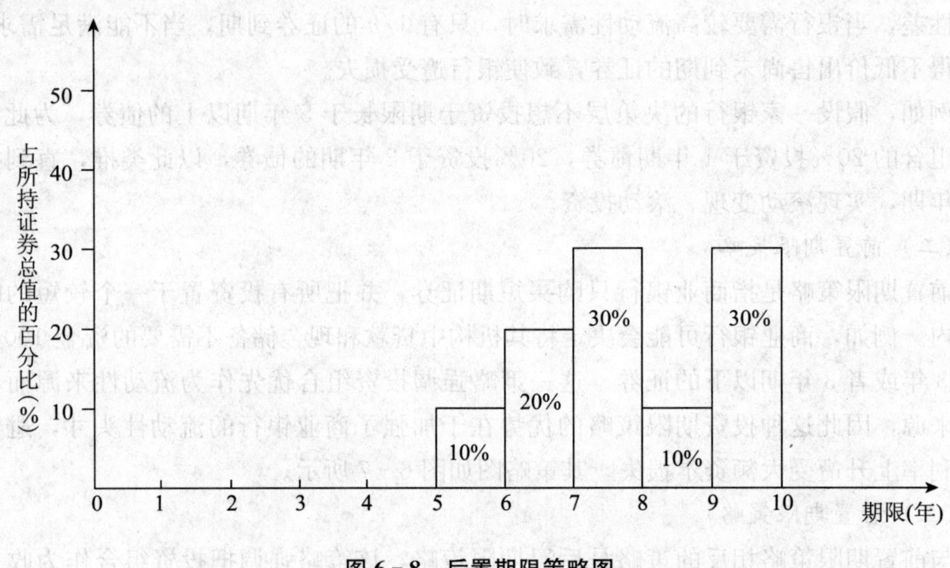

图 6-8　后置期限策略图

（四）杠铃期限策略

杠铃期限策略是将前置期限策略与后置期限策略相结合的一种方法，即商业银行把证券分为两类：一类是为获得流动性而购买短期证券，另一类是为了获得较高收益而购买长期证券，对于中期证券不予考虑。这种策略的优势在于既考虑了流动性，又考虑了盈利性。但杠铃期限策略要求所投资的短期证券在到期或变现转让后，如果没有流动性需求，即可再将这部分资金投入到短期证券；长期证券到期后，或预测长期利率上升而出售，将资金再根据利率变动情况投资于长期债券。因此，这种方法对证券的交易能力、转换能力需求较高，相应要求有经验的专业人员来具体运用。其策略图如图 6－9 所示：

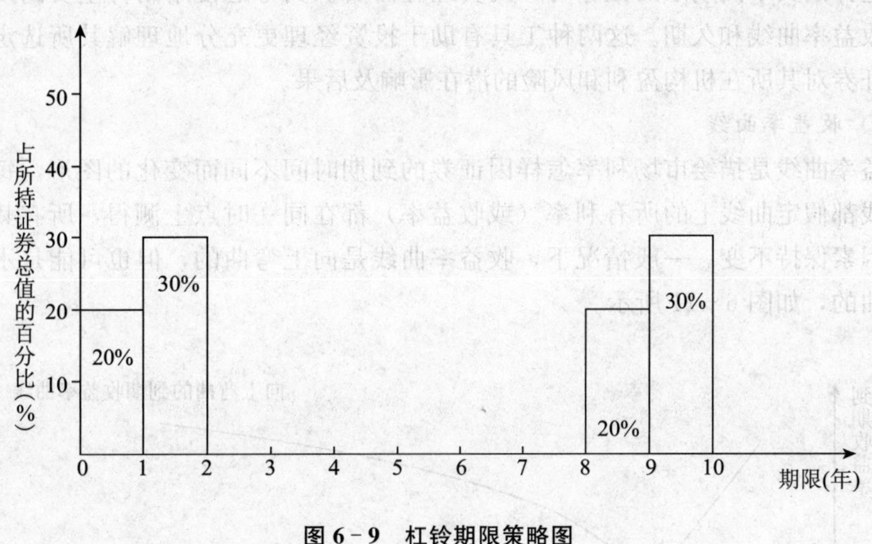

图 6－9 杠铃期限策略图

（五）利率预期策略

利率预期策略是指根据预测的利率变化不断地变动持有证券的到期日。该投资策略认为：在预期利率上升时，将资金向短期证券转移，减少长期证券；而当预期利率下降时，则向长期证券转移。这种策略提供了潜在的资本利得，但也提高了资本损失的风险。如果预测被证明是错误的，就很可能产生更大的风险。因此，运用这种策略的商业银行必须有经验丰富的专业人员来操作。其策略图如图 6－10 所示：

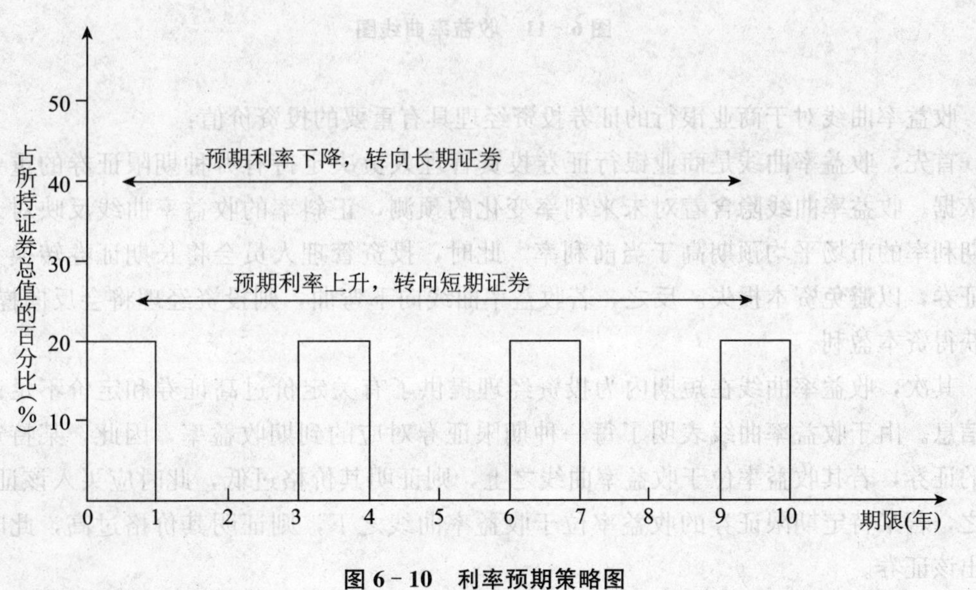

图 6－10 利率预期策略图

二、商业银行证券投资组合的期限管理工具

在选择购买不同期限的证券时，投资经理需要认真考虑使用两种主要的期限管理工具：收益率曲线和久期。这两种工具有助于投资经理更充分地理解其所选定的不同期限的证券对其所在机构盈利和风险的潜在影响及后果。

（一）收益率曲线

收益率曲线是描绘市场利率怎样因证券的到期时间不同而变化的图形。每一条收益率曲线都假定曲线上的所有利率（或收益率）都在同一时点上测得，所有其他决定利率的因素保持不变。一般情况下，收益率曲线是向上弯曲的，但也可能是水平的或向下弯曲的，如图 6－11 所示。

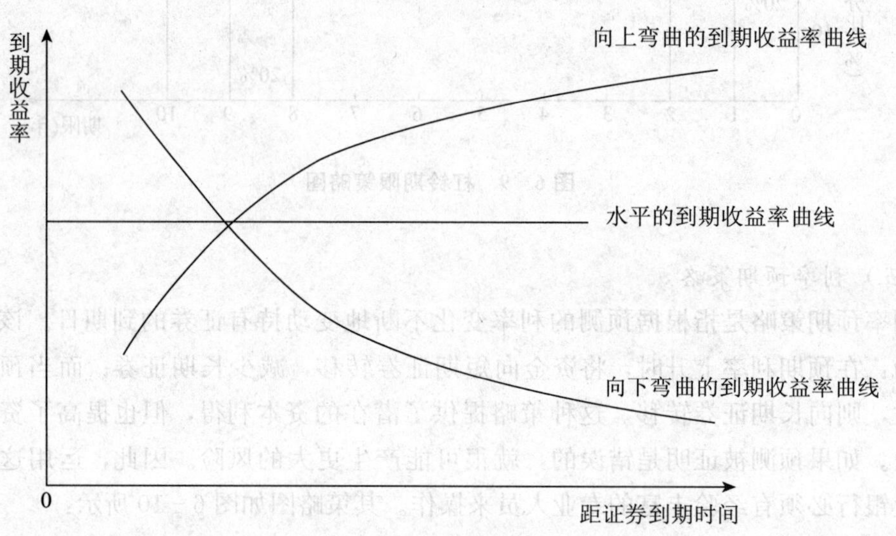

图 6－11　收益率曲线图

收益率曲线对于商业银行的证券投资经理具有重要的投资价值：

首先，收益率曲线是商业银行证券投资管理人员决定持有哪种期限证券的重要参考依据。收益率曲线隐含着对未来利率变化的预测，正斜率的收益率曲线反映对未来短期利率的市场平均预期高于当前利率。此时，投资管理人员会将长期证券转换为短期证券，以避免资本损失。反之，若收益率曲线向下弯曲，则投资经理将会反向操作，以获得资本盈利。

其次，收益率曲线在短期内为投资经理提供了有关定价过高证券和定价不足证券的信息。由于收益率曲线表明了每一种期限证券对应的到期收益率，因此，某特定期限的证券，若其收益率位于收益率曲线之上，则证明其价格过低，此时应买入该证券；反之，若某特定期限证券的收益率位于收益率曲线之下，则证明其价格过高，此时应卖出该证券。

最后，收益率曲线向商业银行的投资经理明确了在追求更大收益和承受更大风险两者之间要权衡取舍。收益率曲线的形状决定了投资经理在用长期证券替换短期证券（或者用短期证券替换长期证券）时能获得多少额外收益。例如，某向上弯曲的收益率曲上5年期债券和10年期债券的收益率相差100个基点①。这意味着，银行证券投资经理人员可以通过把5年期的债券转化为10年期的债券，来获取1%的额外收益。但是，10年期的债券通常比5年期的债券风险更大，因为10年期的债券不但流动性较差，而且更容易受利率变动的影响。因此，银行证券投资管理人员在做出证券期限转换之前，必须对其所可能面临的收益与风险做出比较分析。

（二）久期

尽管收益率曲线向商业银行的投资经理提供了有价值的信息，但它仍有如下缺陷：首先，收益率曲线充满不确定性，它的确切形状在具体时点是什么样的以及随时间变化的可能性等都是不确定的。另外，收益率曲线是以证券期限传统的粗略度量为基础建立起来的，而不考虑证券的预期收入或现金流。但是对于投资经理而言，最重要的信息通常不是某一证券多久到期，而是它将在何时产生现金流及能产生多少现金流。为此，我们需要提前引入久期问题。

久期是某个证券或证券组合现值的加权期限度量。其具体公式如下：

$$D=\sum_{i=1}^{n}\left[\frac{\frac{C_t}{(1+y)^t}}{P_0}\right]\times t \tag{6-7}$$

其中，D——证券或证券组合的久期；

C_t——t年的现金流（利息或本金）；

t——现金流发生的年数；

y——债券的年到期收益率；

P_0——债券的现值（$P_0\sum_{i=1}^{n}\frac{C_t}{(1+y)^t}$）。

而证券的久期预期价格及利率变动之间有重要的关系。其具体关系如公式（6-8）所示：

$$\frac{\Delta P}{P_0}=-D_m\times\Delta y \tag{6-8}$$

其中，ΔP——债券价格的改变量；

P_0——债券最初价格；

D_m——修正后的债券的有效期（$D_m=\frac{D}{1+y}$）；

Δy——债券到期收益的改变量。

公式（6-8）表明，如果收益增加（减少）1%，那么债券价格将下降（上升）

① 1个基点为0.0001

$D_m\%$。下面通过一个具体例子来说明上述过程。

考虑面值为100，3年期，票面利率为10%的债券，半年付一次利息。市场贴现率为12%。该证券久期的计算如表6-5所示：

表6-5 债券久期的计算

时间（第N年）	所收到的现金（元）	现值（元）	权重（%）	时间×权重
0.5	5	4.709	0.50	0.025
1.0	5	4.435	0.047	0.047
1.5	5	4.176	0.044	0.066
2.0	5	3.933	0.042	0.084
2.5	5	3.704	0.039	0.098
3.0	105	73.256	0.778	2.334
总合	130	94.213	1.000	2.654

通过表6-5的计算，可以知道该债券的久期是2.654。由于该债券的目前价格为94.213，因此可以根据公式6-8计算出该债券价格的变动量为：

$$\Delta P=-P_0\times D_m\times\Delta y=-94.213\times 2.654\times\Delta y=-250.04\Delta y$$

如果债券的到期收益率改变1%即$\Delta y=1\%$，那么上面的方程揭示了$\Delta P=-2.5$，即债券的价格将从94.213下降为89.213，这与当贴现率为13%时计算出的该债券的理论价格十分接近。但如果$\Delta y=9\%$，那么两者最终的结果相差就比较大，这是因为久期不适用于利率变化较大的情况。所以要引入凸度的概念。凸度V的计算公式为：

$$V=\frac{1}{2}\times\frac{\sum_{t=1}^{n}\frac{C_t}{(1+y)^t}\times t(t+1)}{P_0}\times\frac{1}{(1+y)^2} \tag{6-9}$$

那么，价格的变化百分数就可以近似的表示为：

$$\frac{\Delta P}{P_0}=-D_m\times\Delta y+V\times(\Delta y)^2 \tag{6-10}$$①

从公式（6-10）中可以知道，要尽量地规避利差的风险，那么就要使久期尽量的小，凸度尽量的大。由于凸度大的债券利率风险小，因此，市场上凸度高的债券收益率低，这可以理解为凸度的价格。凸度的价格取决于投资者对市场利率的预期，如果投资者预期市场利率变动不大，那么凸度的价格就低，如果投资者预期市场利率的变化比较大，那么凸度的价格就比较高。

① 令$P=f(P_0+\Delta y)$，则根据Maclaurin级数展开式的前三项即可推导出公式6-10。

第五节　商业银行证券投资组合的修正

所谓证券投资组合的修正是指，随着时间的推移，商业银行手中所持有的以往购买的资产组合往往会被投资经理看成是次优组合，此时银行要根据市场状况的变化及银行本身对未来市场发展的预测，不断交易与更换其持有的各种证券，以达到增加收益、降低风险的目的。因此，商业银行证券投资组合的修正是一个动态的过程，投资经理对于投资组合的不断调整构成了该动态管理的重要内容。本节将主要讨论消极的证券投资组合修正方法和积极的证券投资组合修正方法。

一、消极的证券投资组合修正——免疫

免疫是保护证券组合避免利率风险的一种策略，即证券投资组合的管理者选择有效期限等于负债的到期期限的证券组合，利用价格风险和再投资率风险互相抵消的特点，保证管理者不受损失。

（一）单一证券免疫

假设某商业银行的证券投资经理持有某种证券 A，面值为 1000 美元，息票率为 8%，息票再投资率也为 8%的 5 年期债券，按照复利计算，该债券持有到期的总所得为 1469.33 美元，其中 1～4 年的息票再投资所得为 389.33 美元，第 5 年的本息和为 1080 美元，具体计算过程如下：

$$80\times(1.08^4+1.08^3+1.08^2+1.08)+1080=389.33+1080=1469.33\text{（美元）}$$

此时该商业银行投资该种债券，每投资 1 美元，5 年后将会得到 1.469 美元，实现复收益率为 8%，具体计算过程如下：

$$R=\left(\frac{1469.33}{1000}\right)^{\frac{1}{5}}-1=8\%$$

若市场利率在投资初期突然从 8%下跌到 6%，按照复利计算，该债券持有到期的总所得就变为 1450.97 美元，其中 1～4 年的息票再投资所得为 370.97 美元，第 5 年的本息和为 1080 美元，具体计算过程如下：

$$80\times(1.06^4+1.06^3+1.06^2+1.06)+1080=370.97+1080=1450.97\text{（美元）}$$

此时该商业银行投资该种债券，每投资 1 美元，5 年后将会得到 1.451 美元，实现复收益率为 7.73%，具体计算过程如下：

$$R=\left(\frac{1450.97}{1000}\right)^{\frac{1}{5}}-1=7.73\%$$

若此时该商业银行持有另一个债券 B，面值为 1000 美元，息票率和再投资率为 8%，6 年期的债券，则根据公式（6－7）该债券的有效期限为 4.99 年。若该债券在第 5 年出售，当再投资率为 6%的时候，总所得为 1469.84 美元，其中 1～4 年的息票再投

资所得为 370.97 美元，第 5 年的息票所得为 80 美元，第 5 年债券的售价为 1019 美元，具体计算过程如下：

$$80\times(1.06^4+1.06^3+1.06^2+1.06)+80+\frac{1080}{1.06}=370.97+80+1019$$

$$=1469.84（美元）$$

此时该商业银行投资该种债券，每投资 1 美元，5 年后将会得到 1.469 美元，实现复收益率为 8%，具体计算过程如下：

$$R=\left(\frac{1469.84}{1000}\right)^{\frac{1}{5}}-1=8\%$$

通过上述过程可以发现对于债券 B 而言，由于再投资率由 8%下降到 6%，其息票再投资所得减少约 18.36（389.33－370.97＝18.36）美元，而资本盈余为 19（1019－1000＝19）美元，恰好补偿了损失。

通过债券 B 可以看出，如果一个债券的有效期限等于这个债券的到期期限，那么该债券是免疫的。此时，债券的利率风险分为两部分：如果利率下降，则债券的再投资收入下降，但债券的价格将会上升；如果利率上升，则债券的再投资收入增加，但债券的价格将会下降。通过免疫，债券的再投资收益与债券的价格相反变动，互相抵消以消除利率风险，即利率的变化在给定的到期期限上不影响实现的复收益率。

（二）证券投资组合免疫

免疫策略不仅可以应用于个别债券，而且可以应用于证券组合。此时，证券组合的有效期限是包含的证券的有效期限的加权平均数，其公式如下：

$$D_p=\sum_{i=1}^{N}\omega_i D_i \tag{6-11}$$

其中，D_p——N 个证券组成的证券组合的有效期限；

ω_i——证券组合中第 i 个证券所占的比例；

D_i——证券组合中第 i 个证券的有效期限。

假设有一家商业银行持有一个由两种证券组成的证券组合：一种是 5 年期的债券 A，面值为 1000 美元，息票率和再投资率均为 8%，占整个组合的比例为 63.6%，根据公式（6－7）可知其有效期为 4.312 年；另一种是 8 年期的债券 B，面值为 1000 美元，息票率和再投资率均为 8%，占整个组合的比例为 36.4%，根据公式（6－7）可知其有效期为 6.202 年。则根据公式（6－11）可知，该证券组合的有效期为 5 年。

若在投资初期，市场利率从 8%下降到 6%，5 年后出售该证券组合。在复利条件下，8 年期证券的售价所得为 383.46 美元，其计算过程如下：

$$P=\left[\frac{80}{1.06}+\frac{80}{1.06^2}+\frac{80}{1.06^3}+\frac{1000}{1.06^3}\right]\times36.4\%=1053.46\times36.4\%=383.46（美元）$$

8 年期债券在第 5 年的息票所得为 29.12 美元，计算过程如下：

$$80\times36.4\%=29.12（美元）$$

该证券组合 1～4 年的息票再投资所得为 370.96 美元，计算过程如下：

$[80\times(1.06^4+1.06^3+1.06^2+1.06)]\times 63.6\%+[80\times(1.06^4+1.06^3+1.06^2+1.06)]\times 36.4\%=370.96$（美元）

5 年期证券最后 1 年所得为 686.88 美元，计算过程如下：

$1080\times 63.6\%=686.88$（美元）

该商业银行出售该证券组合的总收益为 1470.43 美元，实现的复收益率为 8.02%，计算过程如下：

$383.60+29.12+370.96+686.88=1470.43$（美元）

$$R=\left(\frac{1470.43}{1000}\right)^{\frac{1}{5}}-1=8.02\%$$

与 5 年期债券比较，利率从 8%下降到 6%，再投资所得减少 18.4 美元而资本盈余增加 19.6 美元，两者大致抵消。因此，两者实现的复收益大致相同，该证券组合是免疫的。

二、积极的证券投资组合修正——债券换值

免疫作为一种消极的证券投资组合修正方法，一般假定到期收益曲线是水平的。但实际利率变动复杂，因此需要对证券组合进行不断地修正，这样便产生了对证券组合进行积极修正的需要。我们这里主要介绍证券的换值与投资组合的修正。

证券换值是指证券组合管理人员购买和出售同等数量的类似证券，以增加证券组合的回报。证券换值包括：替代换值、市场差额换值、获取纯收益换值和利率预期换值。

（一）替代换值

替代换值是指两种证券在等级、到期期限、息票利息付款、收兑条款以及其他方面都相同，只是在特定时间，由于市场的不均衡，两种证券的价格不同，因此到期的收益不同，这时出售低收益证券，同时购买高收益证券。当两种证券的收益趋于相同时，将得到资本盈余和较高的现时收益。

某商业银行的证券投资经理先准备出售的是 30 年期，息票率为 7%，面值 1000 美元的证券 A；购买的是 30 年期，收益率为 7.1%，价格为 987.70 美元面值为 1000 美元的证券 B。然而在购买 B 证券 1 年后，该证券价格上涨到 1000 美元，收益率下降到 7%。有预期结果的时期①为 1 年，两种证券的再投资率均为 7%，息票利息均为每半年支付利息 1 次。则该笔替代换值的具体结果如表 6－6 所示：

① 两种换值的证券价格已经调整的时期叫做有预期结果的时期。

表 6-6　　　　证券替代换值损益表

	出售证券	购买证券
每种证券初始投资（美元）	1000.00	987.70
1年的息票利息（美元）	70.00	70.00
半年息再投资所得（美元）	1.23	1.23
1年后证券的价格（美元）	1000.00	1000.00
1年后总收益（美元）	1071.23	1071.23
1年后净收益（美元）	71.23	83.53
每1元投资盈利（美元）	0.07123	0.08458
1年的复收益率（%）	7	8.29
1年替代换值赢得129基点		

资料来源：Sidney Homer and Martin L. Leibowits, Inside the Yield Book, Englewood Clitts, NJ: Prentice-Hall, 1972, sheet 29.

通过表 6-6 可以发现，10 基点的替代换值在有预期结果的时期为 1 年时实现的复收益率多出了 129 基点。

（二）市场间差额换值

市场间差额换值是利用证券市场间的收益差额的预期变化进行换值。该种换值有两种情形：第一种是若预期两个市场间的证券的收益差额不变或变小，则购买的证券到期收益高，将要出售的证券到期收益低；第二种是若预期两个市场间的证券的收益差额将扩大，则购买的证券到期收益低，将要出售的证券到期收益高。

某商业银行现持有 30 年期息票率为 7%，面值为 1000 美元的证券。同时，该商业银行面临的一种选择是 30 年期，息票率为 4%，价格为 671.8 美元，面值为 1000 美元，收益为 6.5%的证券。此时两种证券的市场收益差额为 50 基点。若证券管理人员预期差额会变宽，假设在 1 年有预期结果的时期差额将会扩大为 60 基点。1 年后两种证券再投资率均为 7%，每种证券均是每半年付利息 1 次。则证券管理人员会选择第二种市场间的差额换值。其换值的具体损益如表 6-7 所示：

表 6-7　　　　市场间差额换值损益表

	出售证券	购买证券
每种证券初始投资（美元）	1000.00	671.82
1年的息票利息（美元）	70.00	40.00
半年息再投资所得（美元）	1.23	0.70
1年后证券的价格（美元）	1000.00	685.34

续 表

	出售证券	购买证券
1年后总收益（美元）	1071.23	726.04
1年后净收益（美元）	71.23	54.22
每1元投资盈利（美元）	0.0712	0.0807
1年的复收益率（%）	7	7.914
1年市场间差额换值赢得91.4基点		

资料来源：Sidney Homer and Martin L. Leibowits, Inside the Yield Book, Englewood Clitts, NJ: Prentice-Hall, 1972, sheet 33.

通过表6-7可以发现，10基点的差额盈利在1年后将会有91.4基点的显著盈利。

（三）获得纯收益换值

获得纯收益换值是出售较低息票率或较低到期收益或两者的证券，而购买相对高的证券，目的是获得较高的回报。

这种类型的证券换值仅仅是为了寻求较高的收益率，因此不需要有预期结果的时期。该种换值，除了息票率和到期收益率外，证券的等级和到期期限均相同。获得纯收益换值的主要风险来自于未来再投资率的不确定性。因此，为确保投资的最终价值，需要设定换值可接受的最小再投资率的水平。

（四）利率预测换值

利率预测换值是根据利率预测进行换值。当预测利率上升时，出售长期证券，购买短期证券或者保存现金，以避免资本损失；当预测利率下降时，出售短期证券，购买长期证券，以获得更多的回报。

第六节 商业银行证券投资组合的绩效测评

评价证券投资组合的运行状况，是商业银行证券投资组合管理的最后一步。通过前面章节的讨论，我们已经看到，资产组合的平均收益可以作为投资组合业绩评价的直接标准，收益水平越高的组合越是优秀的组合。但是，在实际评估当中，我们必须考虑风险因素。例如，我们需要评估投资组合承受单位风险所获得的收益水平的高低。这就是评价证券投资组合业绩的风险调整法。本节将主要介绍三种来自于资本市场理论的组合业绩评价指数，以及评价过程当中应注意的问题。

一、证券投资组合绩效评价指数

（一）特雷诺（Treynor）指数

特雷诺指数是1965年由特雷诺根据证券市场线推导出来的，指证券投资组合 P 在某个时期的平均回报与系统化风险之比。其具体公式如下：

$$T_P = \frac{R_P - R_F}{\beta_P} \tag{6-12}$$

其中，T_P——特雷诺指数；

R_P——证券组合 P 的平均回报；

R_F——无风险资产的平均回报；

β_P——证券组合 P 的市场化风险。

特雷诺指数反映在图形上，实际是连接证券组合与无风险证券的直线的斜率。如图 6－12 所示。当这一斜率大于证券市场线的斜率时，证券投资组合的绩效好于市场绩效，此时组合位于证券市场线上方；反之，这一斜率小于证券市场线的斜率时，证券投资组合的绩效低于市场绩效，此时组合位于证券市场线的下方。

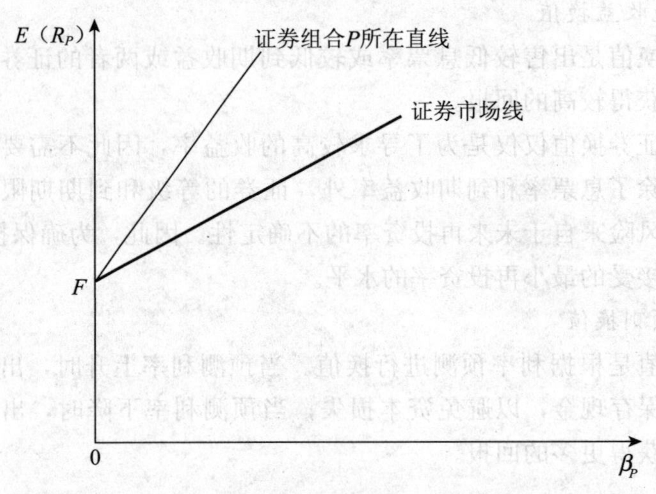

图 6－12　组织 P 收益优于市场平均收益的情形

（二）夏普（Sharpe）指数

夏普指数是 1966 年由夏普根据资本市场线推导出来的，其指数值等于证券组合的风险溢价除以标准差。其公式如下：

$$S_P = \frac{R_P - R_F}{\sigma_P} \tag{6-13}$$

其中，S_P——夏普指数；

R_P——证券组合 P 的平均回报；

R_F——无风险资产的平均回报；

σ_P——证券组合 P 的标准差。

夏普指数反映在图形上，是指连接代表风险投资和无风险投资两种不同资产构成的证券组合直线的斜率。如图 6－13 所示。将特定组合的夏普指数与市场证券组合的夏普指数比较，若特定组合的夏普指数高于市场证券组合的夏普指数，则表明该特定证券组合的管理者的管理水平高于一般市场水平，特定的证券组合将位于资本市场线的上方；反之，则表明特定证券组合的管理者的管理水平低于一般市场水平，特定组合将位于资本市场线的下方。

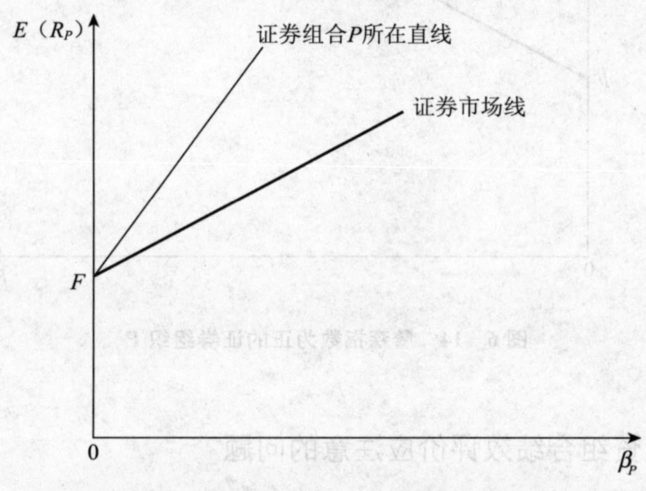

图 6-13 组织 P 收益优于市场平均收益的情形

（三）詹森（Jensen）指数

詹森指数是詹森在 1969 年提出的。该指数仍以证券市场线为基准，指数值实际上是证券组合的实际平均收益率与由证券市场线所给出的该证券组合的期望收益率之间的差。其具体公式如下：

$$J_P = R_P - \{R_F + \beta_P[R_M - R_F]\} \tag{6-14}$$

其中，J_P——詹森指数；

R_P——证券组合 P 的平均回报；

R_F——无风险资产的平均回报；

β_P——证券组合 P 的市场化风险；

R_M——市场证券组合的平均回报。

直观上看，詹森指数的数值反映了证券组合与证券市场线之间的落差。反映在图形上，如果证券组合的詹森指数为正，则其位于证券市场线的上方，证券组合的绩效优于市场；反之，如果证券组合的詹森指数为负，则其位于证券市场线的下方，证券组合的绩效劣于市场。如图 6-14 所示。

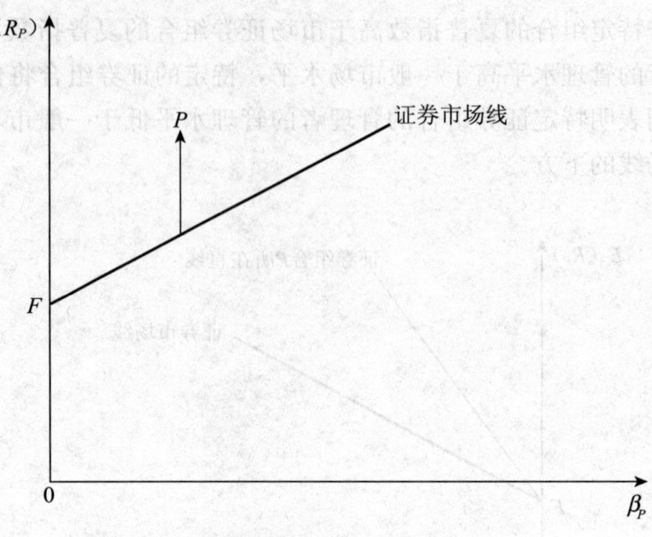

图 6－14　詹森指数为正的证券组织 P

二、证券投资组合绩效评价应注意的问题

三类指数作为评价商业银行证券投资组合绩效的指标都有其合理性，但这并不能够掩盖它们的不足之处。这种不足之处主要表现在以下几方面：

首先，这三类指数均以资本资产定价模型作为基础，而后者隐含着与现实环境相差较大的理论假设，这可能导致评价结果失真。

其次，这三类指数中都含有用于测度风险的指标，而计算这些风险指标有赖于样本的选择。这可能导致基于不同的样本选择所得到的评估结果不同，因此导致结果不具备可比性。

最后，这三类指数的计算均与市场组合发生直接或者间接关系，而现实当中用于替代市场组合的证券价格指数具有多样性。这同样可能导致基于不同市场指数的评估结果不具备可比性。

为此，实际应用中应注意评估指数在理论假设方面存在的局限性，并注意指数选择的多样性等特征。

1. 商业银行证券投资管理是指商业银行的证券投资组合管理，即商业银行决定投资于哪种证券、投资资金多少以及何时投资，它是对投资资金的管理过程。根据证券投资组合管理者对于市场有效性的不同判断，其采用的管理方法可以大致分为主动管理与被动管理两种类型。商业银行证券投资管理的基本步骤如下：确定证券投资政策；进行证券投资分析；构建证券投资组合；修正证券投资组合；评估证券投资组合。

2. 商业银行证券投资分析主要包括基本分析与技术分析两种类型：基本分析又称基本面分析或大势分析。基本分析是依据经济学的基本原理，通过对证券价格基本要素（如GDP、经济政策、公司财务等）的分析来评价证券的投资价值，判断合理的价位，提出投资方案。基本分析主要包括宏观经济分析、行业分析、区域分析、公司分析四个方面的内容；技术分析是指直接对证券市场的市场行为进行的分析。具体讲，技术分析就是透过图表或技术指标的记录，研究市场过去及现在的行为反应，以推测未来股价的变动趋势。

3. 商业银行投资证券组合，首先要估计它们的预期收益与风险，然后根据预期收益与风险的大小，选取最优证券投资组合。

4. 当商业银行的投资经理基于风险与收益等相关因素，确定了证券投资组合后，还需要考虑把所持有的证券如何在时间上进行分配。目前，商业银行证券投资组合的期限策略主要有如下几种类型：梯形或间隔期限策略、前置期限策略、后置期限策略、杠铃期限策略、利率预期策略。在选择购买不同期限的证券时，投资经理需要认真考虑使用两种主要的期限管理工具——收益率曲线和久期。当利率变化较大时，还要引入凸度的问题。

5. 商业银行证券投资组合的修正是一个动态的过程，投资经理对于投资组合的不断调整构成了该动态管理的重要内容。本书主要讨论消极的证券投资组合修正方法——免疫和积极的证券投资组合修正方法——证券换值。证券换值主要包括：替代换值、市场差额换值、获取纯收益换值和利率预期换值。

6. 评价证券投资组合的运行状况，主要应用于三种来自于资本市场理论的组合业绩评价指数：特雷诺（Treynor）指数、夏普（Sharpe）指数、詹森（Jensen）指数。三类指数作为评价商业银行证券投资组合绩效的指标有其合理性，但这并不能够掩盖它们的不足之处。因此，实际应用当中应注意评估指数在理论假设方面存在的局限性，并注意指数选择的多样性等特征。

本章习题

一、单选题

1. 商业银行的证券投资管理又称证券投资组合管理，其管理的内核是（　　），使得商业银行作为一个投资主体实现效用最大化。

A. 如何决策　　　　B. 如何配置证券组合

C. 如何实现组织目标　　　　D. 激励证券组合

2. 证券投资组合管理强调投资的收益目标应与（　　）相适应。

A. 风险承受能力　　　　B. 预期收益

C. 风险偏好　　　　D. 风险评估结果

3. 证券投资组合理论认为，证券投资组合风险随着证券组合所包含的证券数量的增加而（ ）。

A. 升高　　B. 不变　　C. 降低　　D. 波动变化

4. 货币市场工具通常指（ ）的短期金融产品，由于其在货币市场交易，故称货币市场工具。

A. 一年　　B. 两年以内

C. 两年　　D. 一年期以内

5. 商业票据是大公司为筹措资金，以（ ）方式出售给投资人的短期无担保承诺凭证。

A. 贴现　　B. 再贴现　　C. 现金　　D. 转贴现

6. 美国的商业票据面额为整数，（ ）；票据期限多为270天，以贴现方式发行。

A. 最低10万美元，最高200万美元　　B. 最低20万美元，最高150万美元

C. 最低5万美元，最高100万美元　　D. 最低15万美元，最高200万美元

7. 银行承兑汇票是种贴现式票据，其交易价格（ ）面值，价格与面值的差额取决于贴现率。

A. 高于　　B. 等于　　C. 低于　　D. 大于

8. 回购协议是证券出售时，卖方向买方承诺在未来一定时期内以（ ）的价格再把证券买回的合约。

A. 事先约定　　B. 高于出售价格

C. 低于出售价格　　D. 现期

9. 回购合约的期限一般为（ ），回购交易的资产一般是国库券。

A. 1～10天　　B. 1～7天　　C. 2～8天　　D. 2～10天

10. 基金具有集合投资、分散风险和（ ）的特点。

A. 银行从业人员管理　　B. 风险投资者管理

C. 专家管理　　D. 理财管理

11. 证券投资政策是指投资者为实现投资目标应遵循的基本方针和基本原则，包括确定投资目标、投资规模和（ ）三方面的内容以及应采取的策略和措施等。

A. 投资对象　　B. 投资方式

C. 投资风险　　D. 投资预期收益

12. 商业银行证券投资管理的方法中主动型管理又称积极性管理，其管理者假设市场是（ ）的，试图通过证券价格走势得到一个超过正常市场组合回报。

A. 弱势无效　　B. 强势有效　　C. 弱势有效　　D. 强势无效

13. 技术分析就是透过图表或（ ）的记录，研究市场过去及现在的行为反映，以推测未来股价的变动趋势。

A. 价格指标　　B. 股价变动　　C. 市场行为　　D. 技术指标

14. 技术分析中，成交价、成交量、（ ）和空间是基本要素。

A. 时间　　B. 资金量　　C. 交易量　　D. 指数

15. 技术指标是指利用股价、成交量或涨跌家数等市场行为产生的信息，再经特定公式所计算出的数据来反映（ ），并推测未来股价的变动方向。

A. 未来市场的态势　　B. 目前股价的变动

C. 目前市场的态势　　D. 未来股价的变动

16. 梯形或间隔期限策略明显的缺点是（ ），当银行需要较高流动性需求时，只有1/n的证券到期，当不能满足需求时，就不得不低价出售尚未到期的证券，致使银行遭受损失。

A. 变通能力差　　B. 欠灵活、流动性差

C. 具有流动性　　D. 灵活性强

17. 由于收益率曲线表明了每一种期限证券对应的到期收益率，因此，某特定期限的证券，若其收益率位于收益率曲线之上，则证明其价格过低，此时应（ ）该证券。

A. 卖出　　B. 买入　　C. 持有　　D. 抛售

18. 免疫作为一种消极的证券投资组合修正方法，一般假定到期收益曲线是( )的。

A. 垂直　　B. 向右下倾斜

C. 向左下倾斜　　D. 水平

19. 如果投资者以预期收益为依据进行投资，它必须考虑（ ），即实际收益与预期收益率之间的偏差问题。

A. 现金量　　B. 风险　　C. 回报率　　D. 收益率

20. 投资者共同偏好的规则可以确定哪些是有效的（投资价值相对较高）投资组合，而其特定偏好决定了其在有效投资组合中去选择满足程度最大的投资组合，即（ ）。

A. 最优证券投资组合　　B. 有价证券组合

C. 证券投资组合　　D. 有效投资组合

二、判断题

1. 共同基金汇集了存款人的资金，用于购买低流动性的货币市场工具，如国库券、商业票据、回购协议等。（ ）

2. 回购协议实际上是一种有抵押的长期借贷。（ ）

3. 开放型基金是指基金发行人在设立基金时，基金单位的总额是不固定的，可视投资者的需求而追加发行。（ ）

4. 按照投资者的共同偏好原则，投资者在所有可行的投资组合中进行选择，总可以排除那些被所有投资者都认为差的组合，我们把排除后余下的这些组合称为有效证券组合，有效证券组合点的轨迹称为证券投资组合的有效边界。（ ）

5. 风险规避型投资者此时的无差异曲线具有无差异曲线是由左至右向下弯曲的特点。表明投资者此时随着投资风险的增加，要求更高的投资回报。（ ）

6. 利率预期策略认为：在预期利率将上升时，将资金向长期证券转移，减少长期

证券；而当预期利率下降时，则向短期证券转移。（ ）

7. 收益率曲线的形状决定了投资经理在用长期证券替换短期证券（或者用短期证券替换长期证券）时能获得多少额外收益。（ ）

8. 免疫是保护证券组合避免利率风险的一种策略，即证券投资组合的管理者选择有效期限等于他们负债的到期期限的证券组合，利用价格风险和再投资率风险互相抵消的特点，保证管理者不受损失。（ ）

9. 市场间差额换值是利用证券市场的不同部门间的收益差额的预期变化进行换值。（ ）

10. 特雷诺指数反映在图形上，实际是连接证券组合与无风险证券的直线的斜率。（ ）

三、多选题

1. 证券投资管理的特点主要表现在以下哪些方面（ ）。

A. 投资风险与收益相匹配　　B. 投资风险高

C. 投资证券的分散性　　D. 投资证券的收益较高

2. 国库券因是政府发行的，因此，与其他同期金融工具相比较，具有（ ）的特点。

A. 无风险　　B. 风险最低　　C. 流动性最高　　D. 流动性差

3. 银行承兑汇票具有（ ）的特点，通常被商业银行作为投资工具。

A. 风险低　　B. 安全性高　　C. 风险高　　D. 安全性低

4. 资本市场工具是指一年期以上的中长期金融工具，主要是（ ）等有价证券，这些有价证券是在资本市场（证券市场）发行和流通转让的，故称资本市场工具。

A. 股票　　B. 债券　　C. 投资基金　　D. 期货

5. 优先股股票具有（ ）的特征。

A. 股息率固定　　B. 股息派发优先

C. 公司剩余财产分配优先　　D. 无表决权

6. 市场行为是指（ ）等。

A. 交易价格　　B. 成交量　　C. 涨跌股数　　D. 涨跌时间

7. 技术指标大致分为以下哪几类（ ）。

A. 价格平滑指标　　B. 能量变化指标

C. 动力变动指标　　D. 价格变动指标

8. 投资者的个人偏好类型有（ ）。

A. 风险规避型投资者　　B. 风险中立型投资者

C. 风险偏好型投资者　　D. 风险激进型投资者

9. 证券换值包括（ ）。

A. 替代换值　　B. 市场差额换值

C. 获取纯收益换值　　D. 利率预期换值

10. 直观上看，詹森指数的数值反映了（ ）之间的落差。

A. 证券组合　　B. 证券市场线

C. 证券买入价　　D. 证券卖出价

四、综合题

1. 简述商业银行证券投资的工具。

2. 简述证券投资者风险偏好的类型及其无差异曲线的区分。

3. 为什么当预测市场利率下降时，应把短期债券换成长期债券；当预测市场利率上升时，应把长期债券换成短期债券？

4. 如果你打算投资于A股票，请依据下表估计的A的可能的收益率的概率分布，计算该股票的期望收益率和标准差。

表 6-8　A股票的可能收益率的概率分布　(%)

可能的收益率	概率
−10	10
0	15
10	25
20	30
30	20

5. 假设现有一投资咨询公司为某顾客提供了五种资产配置方案，五种方案的预计总收益及标准差如下表所示，当无风险利率为4.5%时，请计算每个方案的夏普指数，并从中选出最优方案。

表 6-9　选出最优方案

	方案1	方案2	方案3	方案4	方案5
预计收益（%）	9.9	11.0	8.8	14.4	10.3
标准差（%）	9.4	12.4	8.5	18.1	10.1

6. 某家商业银行的投资经理总结了如下的微观与宏观预测资料：

表 6-10　微观预测

资产	期望收益（%）	β
股票A	25	1.3
股票B	17	1.8

续 表

资产	期望收益（%）	β
股票C	18	0.7
股票D	15	1.0

表6-11　　　　宏观预测

	期望收益（%）	标准差（%）
国库券	8	0
市场证券组合	16	23

根据上述资料，请计算该银行投资经理每种股票的詹森指数。

7. 面值1000美元，息票率8%的10年期债券的到期收益为8%。如果预期未来的收益将为9%，请计算该债券的价格。

第七章　商业银行流动性及现金资产管理

学习目标

系统学习商业银行流动性管理与现金资产管理的基本原理，如流动性的供求与预测、现金资产管理的目的、原则、策略等。

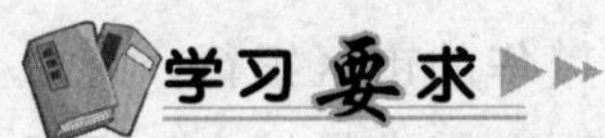

了解：商业银行流动性供求及其影响因素、现金资产构成及管理目的与原则。

掌握：商业银行流动性预测的方法与现金资产管理策略。

第一节　商业银行流动性管理

一、商业银行流动性供给与需求

（一）商业银行流动性供求的来源

商业银行流动性管理的核心是能够协调好流动性供求，因为过多的流动性供给会降低银行的盈利能力，而当流动性不足时银行又会出现支付危机。为此应当首先了解银行流动性供给与需求的来源。

商业银行流动性需求通常来自以下几个方面：客户从其存款中提取现金；商业银行为了留住老客户，同意对已到期贷款展期；对已承诺的贷款履行承诺；商业银行为了争取新客户，满足新客户的贷款需求；偿还其他商业银行的借款；向中央银行缴存存款准备金；支付营业费用及税金；向股东派发现金股利等。

为了满足流动性需求，商业银行可从一些渠道获取流动性供给。流动性供给的具体渠道是：库存现金；存放于中央银行的超额准备金；短期证券；证券回购协议；从中央银行借入资金；向其他商业银行拆借资金；发行大额可转让定期存单；国外借款；其他形式的负债等。

（二）商业银行流动性供求的影响因素

在商业银行的业务活动中，有很多影响流动性供求的因素，银行在安排流动性供求时必须加以考虑。

1. 存户的多少

存户的多少，对于银行保存的库存现金数额影响很大。存户的存款有存有取，时间有先有后，当天一部分存取款可以互相抵消，只有抵消不了的支取差额才动用银行的库存现金准备。因此，银行可以根据季节性变化和客户的类型，预测可能的存取款数额，当存款增加时，准备金可少些，反之准备金应当多些；存户多的银行准备金可少些，反之准备金应当多些。

2. 存款种类

世界大多数国家对不同期限的存款规定不同的存款准备金比率。一般而言，存期越长，存款准备金比率越低。活期存款支取频繁，流动性大，银行保留的存款准备金比率高于定期存款。此外，对利率弹性大的存款，也应保留较多的支付准备金。

3. 季节性因素

季节性因素对坐落在不同地区的银行流动性的影响很大。繁华的市区银行，存户多为商业企业和城市居民，在节假日、旅游旺季和秋收季节对现金需求量较大，银行应保留较多的现金准备；坐落在偏远地区的乡村银行，秋收季节正是增加存款的旺季，而在农作物种植和生长期，客户对现金的需求量较大，银行应当根据季节性资金需求的特点，保留相应的准备金。

4. 社会政治经济状况

如果社会经济稳定、政治局势安定，人们有多余的资金愿意存入银行，不易发生挤兑存款的现象，银行可保留较少的准备金；相反，如果经济衰退，政治危机四伏，或爆发战争，人心不稳，极易发生挤兑存款风潮，银行保留的准备金也应增加。

5. 商业银行的管理理念

商业银行的流动性供求状况在一定程度上受其管理理念的影响。激进的银行家会广泛使用筹资手段，而保守的银行家则很少使用拆借手段，基本依靠自由资产变现。

二、商业银行流动性预测

流动性预测是商业银行预测内部流动性供给和流动性需求来源，估算可能出现的流动性余缺，进而平衡流动性供求的管理手段。常用的流动性预测方法主要有资金来源与运用法、资金结构法、概率分析法和流动性指标法。

（一）资金来源与运用法

资金来源与运用法是指银行通过预测资金来源与运用数量来预测流动性需要量，进而组织资金来源，满足流动性需要的一种方法。

银行的流动性是由资金来源和资金运用决定的，并随着资金来源与运用的变化而变化。在银行业务活动中，任何存款的增加和贷款的减少都会增加银行的流动性，任何存款的减少和贷款的增加都会减少银行的流动性。如果资金来源与运用不匹配，便会出现流动性来源与运用的差额，即流动性缺口。当流动性来源大于流动性运用时，

如存款增加、贷款减少，为正缺口。这时银行必须将多余的资金投资于收益性资产。反之，当流动性运用大于流动性来源时，如贷款增加、存款减少，为负缺口。这时银行必须以尽可能低的成本尽快筹措流动性资金弥补缺口。因此，预测存贷款数量的变化，便构成了流动性预测方法的主要内容。

（二）资金结构法

资金结构法是指对于银行负债按照其稳定性加以分类，根据各自的流动性需求大小预测应保留的流动性准备，对合格贷款的增长保留十足流动性准备的预测方法。资金结构法的预测步骤如下：

1. 负债的流动性需求预测

资金结构法将负债按照预计提取的可能性大小分为三类：第一类是游资负债，是指那些利率敏感性强或者在最近将要被提取的存款，包括同业拆借的短期资金。第二类是易损资金，是指那些在近期内有可能被大比例提取的存款，提取比例一般占存款比例的25%～30%，包括最大额存款和非存款负债。第三类是稳定负债。这是那些最不可能被提取、稳定性最强的存款，即核心存款。然后分别确定各类负债的流动性需求。

2. 新增贷款的流动性需求预测

大多数银行认为，银行必须随时准备发放高质量的贷款来满足客户融资的需求，并为其保留十足的流动性准备。即使流动性短缺，也要依靠借款来满足找上门来的优质贷款需求。这是银行的客户关系准则。这样做的好处在于，贷款不仅可以带来利息收入，而且可以带来新的存款；一旦贷款发放，银行就可以有步骤地向客户提供其他金融服务，并与客户建立多方面的联系，从而为银行带来额外的服务费收入。根据这种经营思想，银行总是估算出优质贷款的最大值，并为此持有十足的流动性准备。

3. 计算流动性总需求

流动性总需求是在上述负债流动性与新增贷款流动性需求预测的基础上将二者进行加总得到的。

假设某银行游资负债、易损资金、核心存款的数额分别为19亿元、54亿元和112亿元，其流动性准备提取比例分别为80%、25%和5%，三者法定准备的比例均为3%。该行上年的贷款总额为137亿元，其贷款年均增加速度为8%，目前该行贷款数额是132亿元。则该行本年度根据资金结构法计算的流动性需求为49.2亿元。其具体计算如下：

$0.8\times(19-0.03\times19)+0.25\times(54-0.03\times54)+0.05\times(112-0.03\times112)+1.08\times137-132=49.2$（亿元）

（三）概率分析法

将数学中概率论的有关方法应用于商业银行流动性管理当中，分析其流动性状况，这种方法称为概率分析法。在实际当中，流动性需求出现最坏和最好两种状况的可能性较低，而介于两者中间的可能性较大。如果存款出乎预测大幅度下降，甚至降到历史最低点，或者合格贷款需求大幅度上升至历史最高点，便会出现最坏的流动性状况；相反，银行存款也会出现超出预测的大幅度增长，达到历史最高纪录，或者贷款需求可能由于经济不景气等原因超出预测大幅度降低，银行出现大量流动性盈余，这是最好的流动性状况。其具体计算公式如下：

$$流动性需求 = \sum_{i=1}^{n} 出现第\ i\ 种情况的可能性 \times 在第\ i\ 种情况下的流动性缺口$$

假设某银行的流动性状况如表 7-1 所示：

表 7-1　　某银行可能的流动性状况表　　单位：亿元

可能的流动性状况	预期平均存款	预期平均贷款	流动性缺口	发生的概率/%
最好的状况	130	150	-20	25%
最坏的状况	170	110	60	15%
最一般的状况	150	140	10	60%

则根据上述概率分析法公式，该银行预期的流动性需求为 10 亿元，其具体计算如下：

流动性需求=25%×（-20）+15%×60+60%×10=10（亿元）

（四）流动性指标法

在流动性管理上，我们可以通过一些财务指标衡量商业银行的流动性。一般而言衡量银行流动性状况的指标有两类，即资产流动性指标和负债流动性指标。

1. 资产流动性指标

（1）现金比率。是指商业银行的现金和应收款与总资产的比率。用公式表示为：

$$现金比率=\frac{现金和应收款}{总资产}\times 100\%$$

现金是指银行的超额准备金，包括在中央银行的超额法定准备金和在同业代理行的超额存款。现金和应收款是用来满足日常提现和结算需要的。该指标越高，意味着银行可动用的付现资产比率越高，在满足立即付现需求过程中越处于有利地位。

（2）流动性证券比率。是指银行持有的 1 年期以内的政府债券（包括政府机构债券）与总资产的比率。用公式表示为：

$$流动性证券比率=\frac{政府证券}{总资产}\times 100\%$$

1 年期以内的政府债券是信誉高、期限短、流动性强的资产，可以在任何时候以最小的成本出售。该比率越高，表明银行资产的流动性越强，当银行出现流动性缺口时，可随时将其出售以补足流动性缺口。

（3）净联邦头寸比率。是指联邦资金出售和联邦资金购入净额与资产总额之间的比率。用公式表示为：

$$净联邦头寸比率=\frac{联邦资金出售-联邦资金购入}{总资产}\times 100\%$$

联邦资金是美国商业银行在中央银行准备金账户上的资金。商业银行必须根据基础负债额和法定比率向中央银行缴存存款准备金。基础负债的变化，使商业银行的存款准备金也会出现盈余或赤字。准备金账户的盈余是没有利息收入的，银行管理者必须将其运用出去以获取利息；如果存款准备金赤字超过中央银行规定的比率，商业银行又要受到利息惩罚。出售和购买联邦资金是商业银行调节现金头寸的重要渠道。该比率越高，表明银行资金的流动性越强。

（4）能力比率。是指净贷款和租赁与总资产的比率。用公式表示为：

$$能力比率=\frac{净贷款与租赁}{总资产}\times 100\%$$

净贷款和租赁是银行获取盈利的主要资产，贷款和租赁资产是银行持有的流动性低的资产，该比率越高，表明银行资产的流动性越差，它是流动性的反向指标。

（5）抵押证券比率。是指银行持有的抵押证券与证券总额的比率。用公式表示为：

$$抵押证券比率=\frac{抵押证券}{证券总额}\times 100\%$$

抵押证券是银行借款时用作抵押品的证券。如在回购协议借款和向中央银行借款时，往往需要以证券作抵押。抵押证券在债务偿还以前是不能出售的。因此，美国所有作为抵押的证券都是从流动资产中剔除的。该比率越高，说明能够满足银行流动性需求的证券比率小，银行证券资产的流动性越差。

2. 负债流动性指标

（1）游资比率。是指银行的货币市场资产与货币市场负债的比率。用公式表示为：

$$游资比率=\frac{货币市场资产}{货币市场负债}\times 100\%$$

其中货币市场资产指银行流动性极强的短期资产，包括现金、短期政府债券资产、中央银行超额准备金拆出（即美国的联邦资金贷款）及逆回购协议。货币市场负债是银行流动性极强的负债，包括大额存单、中央银行超额准备金头寸的拆入（即美国的联邦资金借款）及回购协议借款。该比率反映银行平衡货币市场资金头寸的能力。

（2）短期资产比率。是指银行的短期投资与敏感性负债的比率。用公式表示为：

$$短期资产比率=\frac{短期投资}{敏感性负债}\times 100\%$$

其中短期资产是短期内能够迅速变现的资产，包括在其他银行的短期存款、中央银行超额准备金的拆出和银行持有的短期证券。敏感性负债是对利率变化反映性极强的负债，包括大额存款、外国官方存款、联邦资金购入、回购协议中的证券出售、政府的即期票据和其他票据。这些负债对于市场利率变化的反映极强，很容易从银行中流出。这一比率越高，则银行的流动性越强。

（3）经纪人存款比率。是指经纪人存款与存款总额的比率。用公式表示为：

$$经纪人存款比率=\frac{经纪人存款}{存款总额}\times 100\%$$

其中经纪人存款是指由证券经纪人代客户存入银行的资金，其特点是数额大、期限短，并以获取高利息收入为目的，因此对利率变化的敏感性很强。这类存款比率越高，银行流动性危机的可能性越大。

(4) 核心存款比率。是指核心存款与总资产的比率。用公式表示为：

$$核心存款比率=\frac{核心存款}{总资产}\times 100\%$$

核心存款是银行存款中最稳定的部分，其特点在于利率敏感性不强，且不随经济条件和周期性因素的变化而变化。由于核心存款到期前被提取的可能性很小，该比率越高表明银行流动性压力越小。

(5) 存款结构比率。是指活期存款与定期存款的比率。用公式表示为：

$$存款结构比率=\frac{活期存款}{定期存款}\times 100\%$$

这一比率用来衡量银行资金基础的稳定性。活期存款的稳定性差，该比率上升，意味着银行存款的稳定性减弱，流动性需求增加。在运用上述流动性指标时应当注意，这些指标受季节性和周期性因素影响很大。在经济繁荣时期，由于贷款需求增加，流动性指标往往是下降的，在经济衰退时期，流动性指标又会上升。因此整个行业的流动性指标不稳定。一家银行在运用流动性指标时，必须与同类银行（包括同类规模、同类地位、同一运作环境）进行比较，把握流动性变化的原因。

第二节　商业银行现金资产管理

一、现金资产构成

现金资产是银行持有的库存现金以及与现金等同的可随时用于支付的银行资产。它由库存现金、存放中央银行款项、存放同业款项以及托收中的现金构成。

（一）库存现金

库存现金是指商业银行存放在金库及柜台上的款项，由钞票和辅币构成。商业银行的库存现金来源于广大客户的现金存入以及从中央银行发行库支取的现金，主要用于应付客户提取现金和商业银行自身的日常零星开支。因此，任何一家营业性的银行机构，为了保证对客户的支付，都必须保存一定数量的现金。但银行保留的库存现金头寸必须适度，不能过多，因为库存现金是一种非盈利性资产，保存库存现金还需要花费银行的管理成本，如守库人员的个人经费和公用经费、押运员的个人经费和公用经费、钞币运送费等。

（二）在中央银行存款

在中央银行存款是指商业银行存放在中央银行的资金，包括法定准备金和超额准备金。在中央银行制度下，各商业银行吸收的一般存款应按照中央银行的规定向央行缴存法定存款准备金。我国在1998年以前规定各银行必须在中国人民银行开设两个账户：准备金账户和备付金账户。准备金账户是用来存放法定准备金的，而备付金账户是用来集中清算和联行往来支付的。1998年，中国人民银行对存款准备金制度进行了重大改革，两账户合二为一。超额准备金一般是指商业银行在中央银行的存款扣除法定存款准备金后剩余的部分，是商业银行用于日常支付和债权债务清算的资金。当法定存款准备率调高时，超额准备金减少，商业银行的信贷扩张能力下降。商业银行持有的法定准备金与超额准备金，是按照央行的要求和保证支付的需要，其盈利性较低。

（三）存放同业存款

存放同业款项主要是存放代理行和相关银行的存款。商业银行有着繁多的汇兑、结算、托收和代理业务，所以商业银行要在其他银行存放一定的款项。例如要从中国工商银行汇一笔款项到新加坡，中国工商银行就得在新加坡有代理行，并且中国工商银行应该在新加坡的代理行存放一定金额的款项，当汇单到达新加坡以后，收款人可以凭单在新加坡代理行支取。由于大银行在国际国内要办理大量的汇兑、托收、结算等业务，所以往往存在数百上千家代理行，并且代理行和被代理行之间通常会存在互相存款的现象。

（四）托收中的现金

托收中的现金是指商业银行在办理结算业务的过程中形成的资金占用，如本行开户单位的委托收款，在对方商业银行划回款项之前，对于本行而言是一笔在途资金，属于应收款性质，主要包括尚未结算的存放在中央银行或者代理行的各种票据，托收后即成为存放同业款项和存放中央银行款项。

二、现金资产管理的目标与原则

（一）现金资产管理的目标

1. 满足日常交易提取现金的需要

商业银行的库存现金主要是为存户日常提取现金准备的。在现代社会中，电子计算机广泛运用于银行业务处理，快捷方便的转账结算和信用卡大大节省了现金流通。但是小额零星交易仍使用现金支付。银行必须保留足够的现金以保证客户日常交易提取现金的需要。

2. 满足中央银行存款准备制度的要求

世界绝大多数国家都实行存款准备制度，中央银行法律规定商业银行和存款机构必须按照法定准备率向中央银行交存存款准备金，目的是保持银行体系的支付能力，降低商业银行的风险，并借以控制和调节商业银行乃至整个社会的货币供应量。为此，商业银行必须在中央银行的账户上保留一部分活期存款，以满足存款准备制度的要求。

3. 保证存户所开支票的兑付

商业银行是支付的中介，全社会交易活动的货币收付都通过商业银行进行。为保证客户所开支票兑付、到期定期存款和证券的支付，保证电汇和其他业务往来引起的存款流出，银行必须保留足够的备付金存款以满足流动性需求。

（二）现金资产管理的原则

1. 存量适度原则

存量适度原则是指在一定时期内银行必须将现金资产保持在一个适度规模上。这里的适度规模是指银行以最低的机会成本满足经营活动对流动性的需求所需要的现金资产的规模。因为现金资产是银行的非盈利资产，如果存量过大，势必造成银行资产的浪费，加大机会成本，降低资产收益率；如果存量过小，又会加大银行的流动性风险，影响银行信誉甚至危及银行安全。只有坚持存量适度原则，才符合银行经营方针的要求。

2. 适时调剂流量的原则

适时调剂流量的原则是指银行必须根据业务活动中资金流量的变化，及时调节现金资产的规模。在银行经营活动中，资金的流入、流出总是不间断地进行。在一定时期内，若资金流入大于资金流出，会增加现金资产存量；反之，资金流出大于资金流入，又会减少现金资产存量。现金资产管理必须根据银行资金流出流入的变化及时调整现金资产流量。当资金流入量大于流出量时，就要通过增加贷款或投资资产的数量，减少现金资产存量；反之，当资金流出量大于资金流入量导致现金资产存量减少时，银行就要通过增加存款、借入款或将资产变现，以保证业务经营活动对现金资产的需要。

3. 安全防范原则

安全防范原则是指银行防止库存现金被盗、被抢，或清点、包装的差错及自然灾害等原因造成的风险。银行的现金资产以多种形态存在，除库存现金外，其他形态的现金资产都是通过银行账户的资金转移完成收付的，只有库存的现钞、硬币以实物形态存在，不可避免地会发生危险。因此，银行对库存现金要严加管理，健全安全防范制度，严格业务操作规程，保证库存现金的安全。

三、现金资产管理策略

（一）库存现金管理

银行库存现金是商业银行一项非盈利性资产。库存现金占用过多会减少贷款的发放和证券的投资，从而降低资金的使用效益，削弱整个银行的盈利能力，并且给资金安全带来巨大的保管费用和一定的风险。因此，保持合理的库存现金比率对于提高资产使用效率和防范现金资产风险有着十分重要的意义。商业银行库存现金的管理主要包括现金的投放与回笼、现金的需求与调运及金库管理等方面。

1. 现金的投放与回笼

商业银行现金的投放与回笼流程如图 7-1 所示：

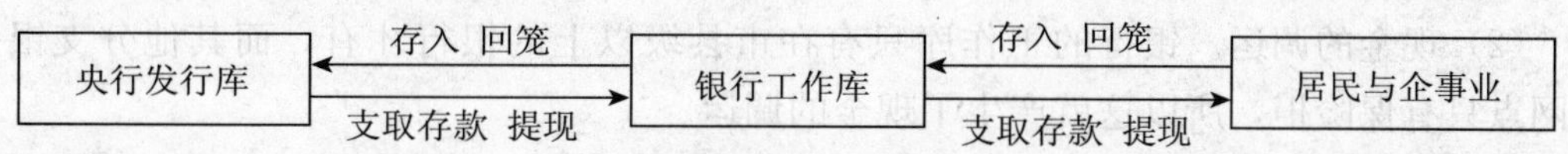

图 7-1 现金的投放与回笼

中央银行的发行库是现金的发行库，商业银行通过央行的发行库提取现金。如果商业银行在央行有存款，这提现的过程就是商业银行现金资产增加和在央行的存款减少；如果商业银行在央行没有存款，就通过央行的贴现贷款，融回现金。银行从央行的发行库提取现金后，放入银行工作库，如果居民和企事业单位在银行有存款，他们可以通过银行柜台提取现金；企业还可以向银行贷款，贷款后就形成了活期存款，有时贷款客户也可以用支取现金的方式使用贷款。

同样，居民和企事业单位有了现金后，就会将一部分现金存入商业银行，这就有了现金的回笼。银行拿到现金后，把现金存入银行工作库，并通过在央行的准备金和存款项目，重新把现金存入中央银行的发行库，形成了现金的回笼。在与央行往来中，商业银行提取现金就会减少准备金存款，削弱银行的放款能力。在与客户往来中，商业银行吸收现金存款，虽然增加了库存现金这一非生息资产，但也同时增加了需要支付利息的存款负债，因此，商业银行库存现金不可过多，以免造成资金浪费。

2. 现金需求与调运

（1）现金需求。是指银行要保持多少现金数量以满足客户的提现要求。库存现金和柜台现金的数量过多，将导致收益受损，同时也不安全；过少，将不能应付客户存款的提取，影响银行的信誉。所以银行要确定一个合理的库存现金需求规模，同时要注意安全性。

影响现金需求量波动的主要因素有：

①现金收支规律。银行的现金收支在数量上和时间上都有一定的规律性。例如，对公出纳业务，一般是上午大量支出现金，下午大量收入现金。在一个季度当中，由于季节性因素的影响，有的季节银行收入多、支出少，有的季节支出多、收入少。例如，春节期间，企业结算支付职工年终工资和奖金，居民过年购置年货需要取出存款，银行现金支出多、收入少。所以银行可以根据历年的现金收支状况，认真寻找其变化规律，为现金头寸的预测提供依据。

②居民企业的现金收支模式。对于银行的大客户，他们的存款和取款方式关系着银行库存现金的需求，所以银行要对大客户的经营模式和资金运用模式有所了解，以便客户的提取和现金的调运。银行通常规定大额现金的提取必须提前几天通知，以便银行有所准备。

③营业网点的多少。银行业务的每一个营业网点，都需要有一定的铺底现金。这样银行营业网点越多，对库存现金的需求量也就越多。因此，从一般情况来说，银行营业网点的数量与库存现金的需求量是成正比的。

（2）现金的调运。银行的工作库只有在市县级以上的银行才有，而其他分支银行的网点只有保险柜，所以这就产生了现金的调运。

银行库存现金调运的规定是：市区银行每天调运一次，县级银行或者离县级银行工作库很近的银行也是每天调运一次。如果与市县级银行工作库距离较远且交通运输条件较差的银行，则需要每几天调运一次。为了安全起见，库存现金的调运时间和路线也是不断变动的。

对于现金的调运，银行也有严密的保卫制度。我国银行的现金调运主要是通过与银行签订协议的专门保安公司进行押运，实行“专人专车、武装押运”。专门车辆，不得绕行和搭乘任何无关人员；专人押运，至少三人以上；专用防护设备（石灰包、狼牙棒、电警棍以及必要时当地派出所民警所携抢支）；武装押运；领取收购现金后，严禁在市区逗留和中途办理其他事项，防止被抢、被盗案件的发生。

3. 银行金库的管理

从经营的角度讲，银行的库存现金显然是最为安全的资产。但事实上，库存现金也有其特有的风险。这种风险主要来自于被偷、被抢和自然灾害的损失，也来自于业务人员清点、包装中的差错，还可能来自于银行内部不法分子的贪污、挪用。因此，银行必须严格加强对金库的管理。

（1）金库必须做到“四防”（防火、防盗、防抢、防爆），同时严密监控，既防外盗，也防内盗。要真正将“大门有人看，院内有人转，重点部门有人守，出了事有人管”的规定落在实处，严防各类案件发生。

（2）要有严格的规章管理制度进行管理。例如，“河北邯郸农行金库 5100 万被盗”案，两个嫌疑人就是该行的金库保管员。他们利用职务之便，轻易从金库中盗取叠起来高 51 米、重两吨的现金，其所盗数量之大，令人震惊。案件发生的主要原因就是制度形同虚设，有制度不执行。

（3）银行内部必须实行多重监管，账实分离，并及时清账、查库，上级主管部门也要不定期查账清库，确保账实一致。

（二）存款准备金管理

存款准备金是商业银行现金资产的主要构成部分。存款准备金包括两个部分：一部分是按照中央银行规定的比例上缴的法定存款准备金；另一部分是准备金账户中超过了法定准备金的超额准备金。因此，存款准备金的管理包括满足中央银行法定存款准备金的要求和超额准备金的适度规模控制两个方面。

1. 法定存款准备金的管理

法定存款准备金＝法定存款准备金率×存款余额

其中存款余额是一个动态指标，一般是通过选定某个期限进行平均加总来计算的。

在西方国家的商业银行，计算法定存款准备金需求量的方法有两种：一种是同步准备金计算法，主要适用于交易性账户存款的准备金计算；另一种是滞后准备金计算法，主要适用于非交易性账户存款的准备金计算。

(1) 同步准备金计算法。是指以本期的存款余额为基础计算本期的存款准备金需求量的方法。通常的做法是：确定两周为一个计算期，如从 11 月 6 日（星期二）到 11 月 19 日（星期一）为一个计算期，计算在这 14 天中银行交易账户存款的日平均余额。准备金的保持期与计算期必须有时间差，因为统计计算需要时间，一般是错后两天，所以准备金的保持期从 11 月 8 日（星期四）开始，到 11 月 21 日（星期三）结束。在这 14 天中的准备金的平均余额以 11 月 6 日到 19 日的平均余额为基础计算。在保持期中银行持有的法定准备金余额要求等于相应的计算期计算得出的法定准备金余额。用公式可以表示为：

法定准备金必要量 = $\sum$(各项存款计算期平均余额－相应豁免额)×各项相应的法定准备金率

其中豁免额是指美国联邦储备银行因为小银行存款额度小，为简化程序而给小银行提供的在其存款账户上的豁免额。

同步准备金计算法如图 7－2 所示：

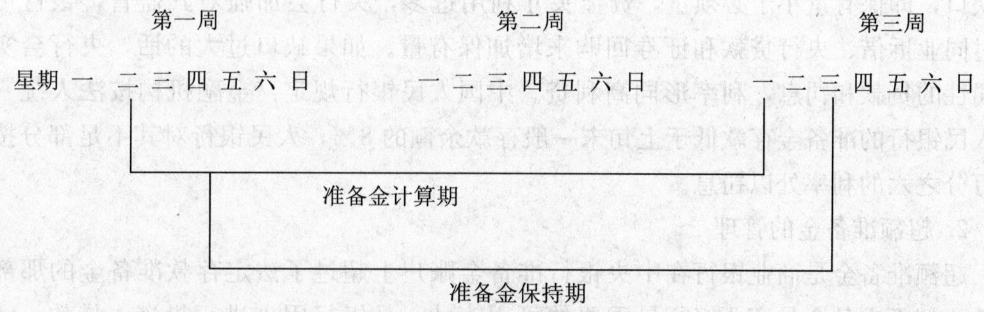

图 7－2 同步准备金计算法

(2) 滞后准备金计算法。是根据前期存款负债的余额确定本期准备金需求量的方法。它是在同步准备金计算法的基础上滞后两周，保持期是两周再加两天，一共是 16 天。例如：中国人民银行 11 月 10 日公布提高法定准备金比率，11 月 26 日起施行，就是采用滞后准备金计算法，滞后 16 天，16 天的缓冲期。

按照这种方法，银行应根据两周前的存款负债余额，来确定目前应当持有的准备金数量。这样银行可根据两周前的 7 天作为基期，以基期的实际存款余额为基础，计算准备金持有周应持有的准备金的平均数。

如某银行在 11 月 8 日（星期四）到 14 日（星期三）期间的非交易性存款平均余额为 50000 万元，按照 13.5％的存款准备金率，该行在 11 月 22 日（星期四）到 11 月 28

日（星期三）这一周中应保持的准备金平均余额为50000万元×13.5%=6750万元。

滞后准备金计算法如图7-3所示。

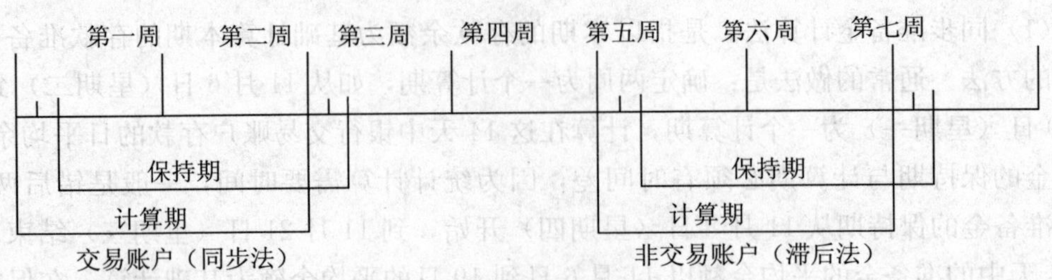

图7-3　滞后准备金计算法

按照滞后准备金计算法计算出来的准备金需要量与按照同步准备金计算法计算出来的准备金需要量的合计，就是银行在一定时期需要缴纳的全部存款准备金。如果银行前两周交易账户准备金不足，那后两周的非交易性账户就要增加准备金量，因为存款是同质的，只要保证两账户总准备金余额与必须量相等即可。

同时，保有量应该与必须量保持一致。如果两者不一致，保有量高于必须量，会导致资金运用不充分，则应及时从中央银行调减准备金，增加银行的可用头寸。如果是缺口，即保有量小于必须量，资金头寸利用过多，央行会加强对其监管，银行可以通过同业拆借、央行贷款和证券回购来增加保有量。如果缺口过大的话，央行会实行惩罚性的贷款和罚息，利率形同高利贷。中国人民银行规定：金融机构按法人统一存入人民银行的准备金存款低于上旬末一般存款余额的8%，人民银行对其不足部分按每日万分之六的利率处以罚息。

2. 超额准备金的管理

超额准备金是商业银行在中央银行准备金账户上超过了法定存款准备金的那部分存款。超额准备金是商业银行最重要的可用头寸，是银行用来进行投资、贷款、清偿债务和提取业务周转金的准备资产。商业银行在中央银行的超额准备金虽然也能获得一定的利息收入，但与其他盈利资产如贷款和投资等相比，属于微利资产。因此，银行在超额准备金账户保留的存款不宜过多。银行超额准备金管理的重点，就是要在准确测算超额准备金需求量的前提下，适当控制准备金规模。

（三）存放同业款项管理

银行由于自身资源、地域的限制，有时购买其他银行的服务可能比直接投资划算得多，因此，银行有时需要跟其他银行建立代理行关系。通过代理行，银行可以以较低的成本获得自身无力经营或经营成本过高的业务。一般银行与代理行之间签有协议，为了获得这些金融服务，银行需要在代理行开立账户并保持一定金额，以便交易金额的划拨以及手续费的支付。这部分同业存款可以随时提取，与存在中央银行的超额准备金的性质一样，因此，也被视为银行的现金资产。

由于同业存款仅能获得活期存款利息，相对于其他投资途径的收益率要低，所以，同业存款也应当保持一个适度的量。同业存款过多，会使银行付出一定的机会成本，而同业存款过少，又会影响银行委托他行代理业务的开展，甚至影响本行在同业之间的信誉。因此，银行在同业存款的管理中，需要准确地预测同业存款的需要量。这个需要量大致保持在汇兑结算支付准备金的必要范围。

（四）托收中的现金管理

当银行收到顾客存入的支票时，银行无法立即动用这部分款项，因为支票需要通过银行间的支付系统进行收付结算，这个过程大约需要1～4天。这个托收中的款项又称为浮存现金。它为银行在未来几日内带来了预期现金流入，是供应银行流动性的一条渠道。托收中的现金不需要银行支付利息，是低廉的资金来源，因此，加快银行间的结算可以使该类资金尽早成为银行的现金资产存量，从而银行可以早日动用这类款项，将其转化为收益性资产。过去银行是用信汇和电报进行结算，现在银行采用的是电子结算，加快了结算速度和回购速度，既方便又快捷。

本章小结

1. 商业银行流动性管理的核心是能够协调好流动性供求。商业银行流动性需求通常来自客户提取现金等行为，而流动性供给的渠道包括同业拆借等。银行在安排流动性供求时考虑存户的多少、存款种类、季节性因素、社会政治经济状况及商业银行的管理理念等方面。

2. 商业银行流动性预测是商业银行预测内部流动性供给和流动性需求来源，估算可能出现的流动性余缺，进而平衡流动性供求的管理手段。常用的流动性预测的方法主要有资金来源与运用法、资金结构法、概率分析法和流动性指标法。

3. 商业银行现金资产是银行持有的库存现金以及与现金等同的可随时用于支付的银行资产。它由库存现金、存放中央银行款项、存放同业款项以及托收中的现金构成。

4. 现金资产管理的目标主要包括满足日常交易提取现金的需要、满足中央银行存款准备制度的要求及保证存户所开支票的兑付。现金资产管理的原则主要由存量适度原则、适时调剂流量的原则和安全防范原则构成。

5. 商业银行现金管理主要应从现金的构成入手，分别加以管理。商业银行库存现金的管理主要包括现金的投放与回笼、现金的需求与调运及金库管理等方面；存款准备金的管理包括满足中央银行法定存款准备金的要求和超额准备金的适度规模控制两个方面，其中计算法定存款准备金需求量的方法有同步准备金计算法和滞后准备金计算法两种；银行在同业存款的管理中，应准确地预测同业存款的需要量，这个需要量大致保持在汇兑结算支付准备金的必要范围；银行电子结算的普及，加快了结算速度和回购速度，使得托收中的现金管理既方便又快捷。

本章习题

一、单选题

1. 商业银行流动性管理的核心是（　　），因为过多的流动性供给会降低银行的盈利能力，而当流动性不足时银行又会出现支付危机。

A. 能够协调好流动性供求　　B. 能够使资金流动

C. 能够使银行运营　　D. 现金支付流动性良好

2. 银行可以根据季节性变化和客户的类型，预测可能的存取款数额，当存款（　　）时，准备金可少些，反之准备金应当多些。

A. 降低　　B. 减少　　C. 增加　　D. 不变

3. 资金来源与运用法是指银行通过预测资金来源与（　　）来预测流动性需要量，进而组织资金来源，满足流动性需要的一种方法。

A. 支出数量　　B. 运用数量　　C. 需求数量　　D. 流动量

4. 资金结构法是指对于银行负债按照其稳定性加以分类，根据各自的（　　）预测应保留的流动性准备，对合格贷款的增长保留十足流动性准备的预测方法。

A. 存款准备金多少　　B. 资金需求量

C. 预留资金　　D. 流动性需求大小

5. 流动性证券比率是指银行持有的（　　）的政府债券（包括政府机构债券）与总资产的比率。

A. 2 年期以内　　B. 1 年期以内　　C. 5 年期以内　　D. 半年以内

6. 现金比率是指商业银行的现金和（　　）与总资产的比率。

A. 应付款　　B. 应存款　　C. 应缴款　　D. 应收款

7. 现金是指银行的超额准备金，包括在中央银行的超额法定准备金和在（　　）。

A. 其他银行的超额存款　　B. 中央银行的超额存款

C. 同业代理行的超额存款　　D. 同业代理银行的法定准备金

8. 净联邦头寸比率是指联邦资金出售和（　　）净额与资产总额之间的比率。

A. 联邦资金购入　　B. 联邦资金卖出

C. 联邦资金总额　　D. 联邦资产定额

9. 能力比率是指（　　）与总资产的比率。

A. 净贷款　　B. 租赁

C. 净贷款和租赁　　D. 贷款额和租赁

10. 经纪人存款是指由证券经纪人代客户存入银行的资金，其特点是（　　）、期限短，并以获取高利息收入为目的，因此对利率变化的敏感性很强。

A. 数额大　　B. 数额小

C. 灵活　　D. 数额不确定

11. 核心存款是银行存款中最稳定的部分，其特点在于利率敏感性（　），且不随经济条件和周期性因素的变化而变化。

A. 很强　B. 很稳定　C. 很灵敏　D. 不强

12. 活期存款的稳定性差，存款结构比率上升，意味着银行存款的稳定性减弱，流动性需求（　）。

A. 减少　B. 增加　C. 降低　D. 很弱

13. 库存现金是指商业银行存放在金库及柜台上的款项，由钞票和（　）构成。

A. 硬币　B. 金币　C. 支票　D. 辅币

14. 当法定存款准备率调高时，超额准备金减少，商业银行的信贷扩张能力（　）。

A. 上升　B. 提高　C. 下降　D. 退缩

15. 银行库存现金是商业银行一项（　）资产。

A. 非盈利性　B. 盈利性　C. 固定　D. 指标性

16. 银行库存现金的调运的规定是：市区银行每天调运（　），县级银行或者离县级银行工作库很近的也是每天调运一次。

A. 两次　B. 三次　C. 四次　D. 一次

17. 金库必须做到“四防”，即防火、防盗、防抢、（　），同时严密监控，既防外盗，也防内盗。

A. 防水　B. 防卫　C. 防爆　D. 防暴

18. 滞后准备金计算法是在同步准备金计算法的基础上滞后（　）。

A. 两周　B. 三周　C. 一周　D. 四周

19. 银行由于自身资源、地域的限制，有时购买其他银行的服务可能比直接投资划算得多，因此，银行有时需要跟其他银行建立（　）关系。

A. 同业银行　B. 代理行　C. 良好　D. 下属

20. 当银行收到顾客存入的支票时，银行无法立即动用这部分款项，因为支票需要通过银行间的支付系统进行收付结算，这个过程大约需要（　）天。

A. 2～5　B. 3～6　C. 1～4　D. 1～5

二、判断题

1. 银行的流动性是由资金来源和资金运用决定的，并随资金来源与运用的变化而变化。（　）

2. 短期资产比率是指银行的短期投资与敏感性负债的比率。（　）

3. 由于核心存款到期前被提取的可能性很小，该比率越高表明银行流动性压力越大。（　）

4. 经纪人存款比率是指经纪人存款与存款总额的比率。（　）

5. 在经济繁荣时期，由于贷款需求增加，流动性指标往往是下降的，在经济衰退时期，流动性指标又会上升。（　）

6. 存放同业款项主要是存放代理行和相关银行的存款。（　）

7. 如果商业银行在央行有存款，这提现的过程就是商业银行现金资产增加，而在央行的存款减少；如果商业银行在央行没有存款，就通过央行的贴现贷款，融回现金。（ ）

8. 银行库存现金的需求是指银行要保持多少现金数量以满足客户的提现要求。（ ）

9. 同步准备金计算法是指以本期的存款余额为基础计算本期的存款准备金需求量的方法。（ ）

10. 超额准备金是商业银行在中央银行准备金账户上超过了法定存款准备金的那部分。（ ）

三、多选题

1. 常用的流动性预测的方法主要有（ ）。

A. 资金来源与运用法　B. 资金结构法

C. 概率分析法　D. 流动性指标法

2. 资金结构法将负债按照预计提取的可能性大小分为（ ）。

A. 游资负债　B. 易损资金　C. 稳定负债　D. 其他负债

3. 1 年期以内的政府债券是（ ）的资产，可以在任何时候以最小的成本出售。

A. 期限长　B. 信誉高　C. 期限短　D. 流动性强

4. 一般而言衡量银行流动性状况的指标有两类，即（ ）。

A. 资产流动性指标　B. 负债流动性指标

C. 损益资金　D. 游资负债

5. 抵押证券比率是指银行持有的（ ）与（ ）的比率。

A. 抵押证券与应收款　B. 抵押证券

C. 证券总额　D. 资产总值

6. 货币市场资产指银行流动性极强的短期资产，包括（ ）。

A. 现金

B. 短期政府债券资产

C. 中央银行超额准备金拆出（即美国的联邦资金贷款）

D. 逆回购协议

7. 短期资产是短期内能够迅速变现的资产，包括在其他银行的（ ）。

A. 短期存款　B. 中央银行超额准备金的拆出

C. 银行持有的短期证券　D. 期货

8. 现金资产由（ ）构成。

A. 库存现金　B. 存放中央银行款项

C. 存放同业款项　D. 托收中的现金

9. 现金资产管理的原则有（ ）。

A. 存量适度原则　B. 适时调剂流量的原则

C. 安全防范原则　　D. 及时调整原则

10. 影响现金需求量波动的主要因素有（　　）。

A. 现金收支规律　　B. 居民企业的现金收支模式

C. 营业网点的多少　　D. 利率的高低

四、综合题

1. 商业银行流动性需求通常来自哪几个方面？

2. 流动性供给的具体渠道是什么？

3. 简述商业银行流动性供求的影响因素。

4. 假设某银行游资负债、易损资金、核心存款的数额分别为 20 亿元、50 亿元和 110 亿元，其流动性准备提取比例分别为 80%、25%和 5%，三者法定准备的比例均为 3%。该行上年的贷款总额为 135 亿元，其贷款年均增加速度为 8%，目前该行贷款数额是 130 亿元。则该行本年度根据资金结构法计算的流动性需求为多少。

第八章　商业银行中间业务管理

学习目标

系统学习商业银行中间业务的概念、种类、与表外业务的区别与联系及中间业务成本管理的步骤与方法。

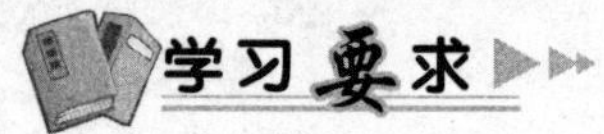

了解：商业银行中间业务的概念、种类、中间业务成本的构成。

掌握：商业银行中间业务成本管理的步骤与方法。

第一节　商业银行中间业务概述

一、中间业务的概念

（一）中间业务的概念

商业银行中间业务是指银行不运用或少运用自己的资金，而充分利用其在机构、技术、信息、信誉及资金等方面的优势，为客户提供各种金融服务并从中收取手续费的业务。国外商业银行一般将此类业务称之为收费业务。顾名思义，商业银行中间业务，包含两层次含义：第一层含义是指商业银行经营各项业务或提供金融服务时，均以中间代理人或服务者的身份出现，为客户提供全方位的金融中介服务；第二层含义是指商业银行的中间业务从形式上看是独立于商业银行资产业务和负债业务之外的业务，实质上是与商业银行的资产业务和负债业务相伴而生并长期依存的。商业银行中间业务从概念上分为狭义的中间业务和广义的中间业务。

商业银行的中间业务，从是否间接形成资产负债业务或者承担风险大小的不同，可以分为狭义的中间业务和广义的中间业务，两者既有密切联系又有严格区分。关于狭义的中间业务，中国人民银行在 2001 年 7 月 4 日颁布的《商业银行中间业务暂行规定》中做出了明确的定义，即“不构成商业银行表内资产、表内负债，形成银行非利息收入的业务”，也称作无风险业务。由此可知，狭义的中间业务是通过提供各类金融服务来收取手续费，属于纯粹的收费性质的业务，由于在任何情况下都不会转化成表内的资产与负债，因此，它的风险也很小。

广义的中间业务，是指传统的中间业务加上表外业务。担保类、承诺类等表外业务收入来源主要是担保费、承诺费，而不是利息，在这点上它与传统中间业务性质相同，所以有人将它与传统中间业务并称为中间业务。这就是广义的中间业务。

（二）中间业务与表外业务

表外业务是指商业银行从事的按通行的会计准则不列入资产负债表内，不影响其资产负债总额，但能影响银行当期损益并改变银行资产报酬率的经营活动。表外业务也有狭义和广义之分。

狭义的表外业务指那些未列入资产负债表，但同表内资产业务和负债业务关系密切，并在一定条件下会转化为表内资产业务和负债业务的经营活动。通常把这些经营活动称为或有资产和或有负债业务，它们是有风险的经营活动。

广义的表外业务是指商业银行从事的所有不在资产负债表内反映的业务，即除了包括狭义的表外业务外，还包括结算、代理、咨询等无风险的经营活动。按照巴塞尔委员会提出的要求，广义的表外业务可分为两大类：

一是或有债权/债务业务，即狭义的表外业务，它们包括：贷款承诺；担保；金融衍生工具，如互换、期货、期权、远期合约；投资银行业务，包括代理证券、证券包销和分销、黄金交易等。

二是金融服务类业务，包括：信托与咨询服务；支付与结算；代理人服务；与贷款有关的服务，如贷款组织、贷款审批、辛迪加贷款代理等；进出口服务，如代理行服务、贸易报单、出口保险业务等。

由此可见，广义的表外业务和广义的中间业务含义是相同的。

二、中间业务的种类

中国人民银行在《关于落实〈商业银行中间业务暂行规定〉有关问题的通知》(2002）中，将国内商业银行中间业务分为九类：

（一）支付结算类中间业务

支付结算类业务是指由商业银行为客户办理因债权债务关系引起的与货币支付、资金划拨有关的收费业务。

1. 结算工具

结算业务借助的主要结算工具包括银行汇票、商业汇票、银行本票和支票。

(1）银行汇票是出票银行签发的、由其在见票时按照实际结算金额无条件支付给收款人或者持票人的票据。

(2）商业汇票是出票人签发的、委托付款人在指定日期无条件支付确定的金额给收款人或持票人的票据。商业汇票分银行承兑汇票和商业承兑汇票。

(3）银行本票是银行签发的、承诺自己在见票时无条件支付确定的金额给收款人或者持票人的票据。

(4) 支票是出票人签发的、委托办理支票存款业务的银行在见票时无条件支付确定的金额给收款人或持票人的票据。

2. 结算方式

结算方式主要包括在同城与异地之间进行汇款、托收和信用证等业务。

(1) 汇款业务，是由付款人委托银行将款项汇给外地某收款人的一种结算业务。汇款结算分为电汇、信汇和票汇三种形式。

(2) 托收业务，是指债权人或售货人为向外地债务人或购货人收取款项而向其开出汇票，并委托银行代为收取的一种结算方式。

(3) 信用证业务，是由银行根据申请人的要求和指示，向收益人开立的载有一定金额，在一定期限内凭规定的单据在指定地点付款的书面保证文件。

3. 其他支付结算业务

其他支付结算业务包括利用现代支付系统实现的资金划拨、清算，利用银行内外部网络实现的转账等业务。

(二) 银行卡业务

银行卡是由经授权的金融机构（主要指商业银行）向社会发行的具有消费信用、转账结算、存取现金等全部或部分功能的信用支付工具。银行卡业务的分类方式一般包括以下几类：

1. 清偿方式

依据清偿方式，银行卡业务可分为贷记卡业务、准贷记卡业务和借记卡业务。借记卡可进一步分为转账卡、专用卡和储值卡。

2. 结算的币种

依据结算的币种不同，银行卡可分为人民币卡业务和外币卡业务。

3. 使用对象

按使用对象不同，银行卡可以分为单位卡和个人卡。

4. 载体材料

按载体材料的不同，银行卡可以分为磁性卡和智能卡（IC卡）。

5. 使用对象的信誉等级

按使用对象的信誉等级不同，银行卡可分为金卡和普通卡。

6. 流通范围

按流通范围，银行卡还可分为国际卡和地区卡。

7. 其他分类方式

按其他分类方式，包括商业银行与盈利性机构/非盈利性机构合作发行联名卡/认同卡。

(三) 代理类中间业务

代理类中间业务指商业银行接受客户委托、代为办理客户指定的经济事务、提供金融服务并收取一定费用的业务，包括代理政策性银行业务、代理中国人民银行业务、代理商业银行业务、代收代付业务、代理证券业务、代理保险业务、代理其他银行银行卡收单业务等。

1. 代理政策性银行业务

代理政策性银行业务，指商业银行接受政策性银行委托，代为办理政策性银行因服务功能和网点设置等方面的限制而无法办理的业务，包括代理贷款项目管理等。

2. 代理中国人民银行业务

代理中国人民银行业务，指根据政策、法规应由中央银行承担，但由于机构设置、专业优势等方面的原因，由中央银行指定或委托商业银行承担的业务，主要包括财政性存款代理业务、国库代理业务、发行库代理业务、金银代理业务。

3. 代理商业银行业务

代理商业银行业务，指商业银行之间相互代理的业务，例如为委托行办理支票托收等业务。

4. 代收代付业务

代收代付业务，是商业银行利用自身的结算便利，接受客户的委托代为办理指定款项的收付事宜的业务，例如代理各项公用事业收费、代理行政事业性收费和财政性收费、代发工资、代扣住房按揭消费贷款还款等。

5. 代理证券业务

代理证券业务，是指银行接受委托办理的代理发行、兑付、买卖各类有价证券的业务，还包括接受委托代办债券还本付息、代发股票红利、代理证券资金清算等业务。此处有价证券主要包括国债、公司债券、金融债券、股票等。

6. 代理保险业务

代理保险业务，是指商业银行接受保险公司委托代其办理保险业务的业务。商业银行代理保险业务，可以受托代个人或法人投保各险种的保险事宜，也可以作为保险公司的代表，与保险公司签订代理协议，代理保险公司承接有关的保险业务。代理保险业务一般包括代售保单业务和代付保险金业务。

7. 其他代理业务

其他代理业务，包括代理财政的委托业务、代理其他银行银行卡收单业务等。

(四) 担保类中间业务

担保类中间业务指商业银行为客户债务清偿能力提供担保，承担客户违约风险的业务。主要包括银行承兑汇票、备用信用证、各类保函等。

1. 银行承兑汇票

银行承兑汇票，是由收款人或付款人（或承兑申请人）签发，并由承兑申请人向开户银行申请，经银行审查同意承兑的商业汇票。

2. 备用信用证

备用信用证，是开证行应借款人要求，以放款人作为信用证的收益人而开具的一种特殊信用证，以保证在借款人破产或不能及时履行义务的情况下，由开证行向收益人及时支付本利。

3. 各类保函业务

各类保函业务，包括投标保函、承包保函、还款担保履约保函、借款保函等。

（五）承诺类中间业务

承诺类中间业务是指商业银行在未来某一日期按照事前约定的条件向客户提供约定信用的业务，主要指贷款承诺，包括可撤销承诺和不可撤销承诺两种。

1. 可撤销承诺

可撤销承诺附有客户在取得贷款前必须履行的特定条款，在银行承诺期内，客户如没有履行条款，则银行可撤销该项承诺。可撤销承诺包括透支额度等。

2. 不可撤销承诺

不可撤销承诺是银行不经客户允许不得随意取消的贷款承诺，具有法律约束力，包括备用信用额度、回购协议、票据发行便利等。

（六）交易类中间业务

交易类中间业务指商业银行为满足客户保值或自身风险管理等方面的需要，利用各种金融工具进行的资金交易活动，主要包括金融衍生业务。

1. 远期合约

远期合约，是指交易双方约定在未来某个特定时间以约定价格买卖约定数量的资产，包括利率远期合约和远期外汇合约。

2. 金融期货

金融期货，是指以金融工具或金融指标为标的的期货合约。

3. 互换

互换，是指交易双方基于自己的比较利益，对各自的现金流量进行交换，一般分为利率互换和货币互换。

4. 期权

期权，是指期权的买方支付给卖方一笔权利金，获得一种权利，可于期权的存续期内或到期日当天，以执行价格与期权卖方进行约定数量的特定标的的交易。按交易标的分，期权可分为股票指数期权、外汇期权、利率期权、期货期权、债券期权等。

（七）基金托管业务

基金托管业务是指有托管资格的商业银行接受基金管理公司委托，安全保管所托管的基金的全部资产，为所托管的基金办理基金资金清算款项划拨、会计核算、基金估值、监督管理人投资运作。包括封闭式证券投资基金托管业务、开放式证券投资基金托管业务和其他基金的托管业务。

（八）咨询顾问类业务

咨询顾问类业务指商业银行依靠自身在信息、人才、信誉等方面的优势，收集和整理有关信息，并通过对这些信息以及银行和客户资金运动的记录和分析，并形成系统的资料和方案，提供给客户，以满足其业务经营管理或发展的需要的服务活动。

1. 企业信息咨询业务

企业信息咨询业务，包括项目评估、企业信用等级评估、验证企业注册资金、资信证明、企业管理咨询等。

2. 资产管理顾问业务

资产管理顾问业务，指为机构投资者或个人投资者提供全面的资产管理服务，包括投资组合建议、投资分析、税务服务、信息提供、风险控制等。

3. 财务顾问业务

财务顾问业务，包括大型建设项目财务顾问业务和企业并购顾问业务。大型建设项目财务顾问业务指商业银行为大型建设项目的融资结构、融资安排提出专业性方案。企业并购顾问业务指商业银行为企业的兼并和收购双方提供的财务顾问业务，银行不仅参与企业兼并与收购的过程，而且作为企业的持续发展顾问，参与公司结构调整、资本充实和重新核定、破产和困境公司的重组等策划和操作过程。

4. 现金管理业务

现金管理业务，指商业银行协助企业，科学合理地管理现金账户头寸及活期存款余额，以达到提高资金流动性和使用效益的目的。

（九）其他类中间业务

包括保管箱业务以及其他不能归入以上八类的业务。

第二节 商业银行中间业务成本管理

一、中间业务成本构成

由于商业银行中间业务的种类繁多，成本构成也极其复杂。根据中间业务成本的性质，大体上分为职员工资、经营管理费用、固定资产支出、营业性损失、非营业性支出、机会成本和社会成本等。

（一）职员工资

这是商业银行中间业务总成本中的重要组成部分。根据中间业务的技术含量不同体现不同的工资水平。

（二）经营管理费用

这是商业银行进行中间业务日常经营管理必须支付的各项费用成本，包括办公用品费用、房租费、差旅费、公杂费、宣传费、会议费等。

（三）与固定资产有关的费用

它包括与开展中间业务有关的固定资产发生的折旧费用、大修费用、日常修理与维护费用与设备租赁费用等。

（四）营业性损失

这是指商业银行在中间业务经营过程中，由于工作失误、管理不善所造成的损失。它包括：投资损失，即商业银行进行债券等证券投资时，由于市场价格的波动或者证券发行人破产倒闭等原因造成的损失；结算赔款损失，指商业银行在办理结算业务过程中，由于误审单证、错误转账、延误结算时间等工作失误对客户利益造成了损害，客户索赔而导致的损失；出纳损失，指由于会计出纳工作的失误，而造成商业银行账面资金与实际资金不符的短款损失。

（五）非营业性支出

主要有自然损失和人为损失两种。自然损失，指地震、火山爆发、台风、雷击等自然灾害给商业银行中间业务带来的损失；人为损失，指由于抢劫银行、银行内部人员贪污、诈骗、蓄意放火、偷窃等而造成的损失。

（六）机会成本

商业银行为经营中间业务而失去选择其他经营发展机会而带来的成本，它不是有形的实际成本，而是由于选择所带来的无形成本。

（七）社会成本

它是指整个社会为了维护商业银行中间业务正常运行而付出的代价，包括商业银行中间业务经营不善、经营管理混乱等给国民经济和社会发展等所造成的损失。

二、中间业务成本管理步骤

中间业务的成本管理，是指在开展中间业务过程中，商业银行对因中间业务活动而产生的各项支出进行精确的核算和科学的管理，使商业银行中间业务活动体现经营成本最低和收益最大的效益最大化原则。中间业务成本管理主要包括以下步骤：

（一）制订成本计划

制订成本计划是进行中间业务经济核算、成本分析、评估经营成果的基础。成本计划的编制也要建立在收集并整理资料、成本预测、拟订各部门成本控制目标的基础上，然后会计部门审核全行的中间业务指标，并进行综合平衡。其中成本预测环节最为重要。

成本预测是设定成本控制目标和编制成本计划的基础。一般情况下，成本预测也要分成几个步骤：首先，要考虑银行在计划期内中间业务经营的总目标与成本控制目标；其次，要根据资料占有情况与预测的目的，确定最佳的预测模型，如选用最小二乘法、量本利分析法、高低点法等数学模型，定量地预测银行中间业务的成本水平，或者制定合理的逻辑推理程序，进行定性预测；最后，还应当对预测结果进行认真分析，评价其合理性与准确性，考虑各种新因素产生的概率，对预测结果进行修正。

（二）成本核算

成本核算一般可以分为平均成本核算、分部成本核算与分类成本核算，但由于银行经营规模大、范围广，各部门的客观经济条件与业务能力存在巨大区别，因而不能用成本支出总额来评判银行成本的高低，只能用平均成本进行核算，用商业银行单位业务量来反映其中间业务成本状况。

（三）成本控制

成本控制是商业银行中间业务经营过程中，对影响经营成本的各种因素进行管理，从而降低成本，提高经营效率，完成预定的成本计划。所以，成本计划与成本控制有密切的联系，成本控制不能仅仅着眼于将实际成本控制在计划成本之内，而应当以最小成本获取最大收益的原则为根本出发点，实现成本支出的最优化。

三、中间业务成本管理方法

成本管理的方法主要从成本分析、成本控制、成本核算三个方面来加以说明。

（一）中间业务成本分析方法

1. 对比分析法

对比分析法，是指通过两个可以比较的成本指标的对比，反映商业银行目前成本状况与成本变动状况的一种方法。一般的对比分析有：实际成本与计划成本对比、本期实际成本与上期实际成本对比、本期实际成本与下期计划成本对比、本期实际成本与历史最优成本水平的对比、本银行成本与其他银行成本的对比等。

2. 比率分析法

比率分析法，是指是用单个成本项目与总成本相比较，以反映总成本中该项成本的比重，或者将某项业务的成本与该项业务的收益、业务量等进行对比，以考察平均成本，或者将某项业务的收益和利润水平等进行对比，以考察单位成本的收益或利润等。

当然上述两种方法也可以结合起来一起使用，以便真实客观地反映商业银行的成本变动情况。

（二）中间业务成本控制方法

1. 定额成本控制法

定额成本控制法，是指商业银行中间业务经营活动中所发生的各种成本及各职能部门所承担的各项成本设置一定的标准额度，并按该定额进行成本控制的方法。

在进行定额成本控制时，关键是商业银行要根据自身经营目标和经营条件以及客观情况的变化，在与各职能部门充分讨论的基础上，确定各项成本的支出标准，并严格按照各部门的费用定额进行开支。

2. 指标成本控制法

指标成本控制法，是指商业银行根据主客观情况，确立一定的中间业务成本指标，并通过该指标控制成本的方法。具体的中间业务成本控制指标有：

（1）成本降低指标。是指银行管理层和会计部门对全行或某一部门规定的一定时期的中间业务成本降低率，要求下一时期的成本水平应当比上一时期的成本水平至少下降的幅度。

（2）损失率指标。是指对商业银行中间业务经营过程中可能发生的损失进行控制的指标，又可以分为：

$$证券投资损失率=\frac{证券投资损失额}{证券投资平均额}\times 100\%$$

$$结算赔款损失率=\frac{结算赔款额}{处理会计结算总额}\times 100\%$$

$$出纳短款损失率=\frac{出纳短款额}{(现金收入额+现金支出额)}\times 100\%$$

（3）平均成本指标。是要求银行总体或各职能部门的单位业务量的成本必须低于某一水平，以实现成本控制。这是因为商业银行的中间业务成本水平与其业务量紧密相关，因此不可能撇开商业银行的中间业务量水平而孤立地评价其成本状况，只能采用平均成本指标。

3. 相对成本控制法

相对成本控制法，又称量本利分析法、盈亏平衡分析法、保本分析法等，指将成本、业务收入额、利润三者结合起来进行综合分析，通过计算盈亏平衡点来控制中间业务成本的方法。这种方法将中间业务的总成本分为不变成本和可变成本。不变成本是指固定资产折旧费、房租费用等不随银行业务量、业务收入的变动而变动的成本；可变成本则是指随银行业务量、业务收入的增减而按比例增减的成本。设不变成本为 F，可变成本为 V，银行业务收入为 R，可变成本与业务收入的占比比例为 α，则中间业务的总成本 C 可以表示为：

$$C = F + V = F + \alpha R$$

利润 P 为：

$$P = R - C = R - (F + \alpha R) = (1 - \alpha)R - F$$

在上述公式中，只要知道商业银行在任何时期的 P、R、F 就可以求出 α，当 $P=0$ 时，即盈亏平衡时，商业银行的收入额应为：

$$R_0 = F/(1 - \alpha)$$

R_0 即为盈亏平衡点或称保本点，其意义在于，如果商业银行的中间业务量超过该点的水平，则有盈利，否则，则是亏损。如图 8-1 所示。

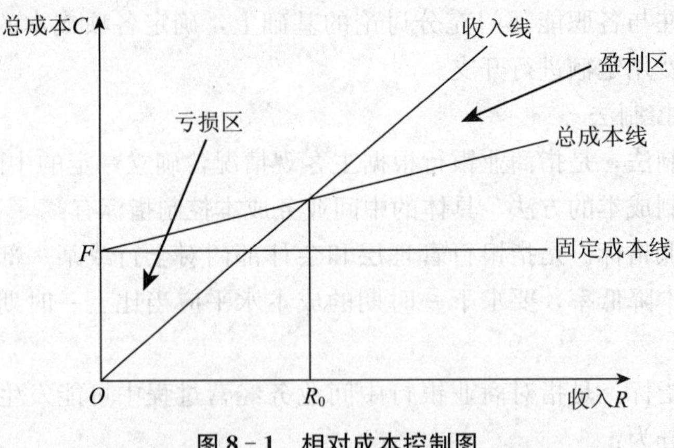

图 8-1　相对成本控制图

4. 弹性成本控制法

弹性成本控制法，是指商业银行在中间业务量水平难以确定的情况下，按照可以预定的不同经营水平分别确定相应的成本控制目标，从而灵活地根据业务水平的变化实现成本控制的方法。在这种方法中，商业银行中间业务的成本不能简单地分为不变成本和可变成本。因此，在运用弹性成本控制法时，首先选择最科学的业务量的计量标准；其次，考虑业务量变化的范围，在不同业务量水平下，各成本与业务量的关系；再次，编制弹性预算，即按照可预见的不同经营水平下的业务量，与其相对应的预计成本水平比列在一个预算表内，或者设计某些公式，确定在一定业务量范围内预计成本的计算方法，从而获得不同业务水平下的弹性成本预算；最后，利用弹性成本预算方法，设置中间业务成本控制目标，实施中间业务成本监控。

（三）中间业务成本核算方法

1. 平均成本核算

由于中间业务不占用或较少占用资金，因此采用收入成本率来核算中间业务的平均成本较为合理。中间业务收入成本率公式为：

$$中间业务收入成本率=\frac{中间业务总成本}{中间业务收入总额}\times 100\%$$

一般要求商业银行中间业务收入成本率应该小于 1，否则，说明中间业务收不抵支。

2. 分部成本核算

商业银行的许多中间业务都是由不同部门分工合作进行的，因此，针对各部门的分部成本核算、分部成本分析与分部成本控制就显得十分重要。当然，商业银行在进行中间业务分部成本核算时，需要考虑各部门的直接费用与间接费用。

直接费用是指发生在某一特定部门，应当完全由该部门承担的费用；间接费用指与几个部门有关，应当由这几个部门共同承担的费用。因此，在进行成本核算时，应当首先区分直接费用和间接费用，再将间接费用在有关部门间进行分摊。

3. 作业成本核算法

作业成本法是 20 世纪 80 年代末由美国芝加哥大学学者罗宾·库珀（Robin Cooper）和哈佛大学教授罗伯特·卡普兰（Robert S. Kaplan）等人首倡的。由于其学术上的创新性与管理实践上的可行性，此后的十余年间在美国的公司和企业中得到了普及，在其他各国也得到了较为普遍的应用。其自身也在这一推广过程中得到了不断的充实和完善。作业成本管理是以提高客户价值和增加企业利润为目的，基于作业成本法的一种全流程过程的新型集中化管理方法。它通过作业成本计量，将成本核算深入到作业层次，对企业所有作业活动追踪并动态反映，开展成本链分析，指导企业有效执行作业，并与企业战略规划、预算、绩效管理报告等其他管理要素共同构成一个完整的企业管理体系。

作业成本法在费用发生时将银行所有的费用按照成本动因的不同追溯到相应的作

业中，再按成本对象所消耗的作业情况将作业分配到成本对象。这种成本归集方法一方面大大拓展了成本核算的范围，使客户和服务作为成本归集对象成为可能。另一方面，也克服了传统成本核算系统下间接费用责任不清的缺陷，使许多不可控的间接费用在作业成本系统中变得可控，使产品的收入与所付出的成本相匹配。

本章小结

1. 商业银行中间业务是指银行不运用或少运用自己的资金，而充分利用其在机构、技术、信息、信誉及资金等方面的优势，为客户提供各种金融服务并从中收取手续费的业务。国外商业银行一般将此类业务称之为收费业务。商业银行的中间业务，从是否间接形成资产负债业务或者承担风险大小的不同，可以分为狭义的中间业务和广义的中间业务。广义的中间业务和广义的表外业务含义是相同的。

2. 中国人民银行在《关于落实〈商业银行中间业务暂行规定〉有关问题的通知》（2002）中，将国内商业银行中间业务分为九类：支付结算类中间业务；银行卡业务；代理类中间业务；担保类中间业务；承诺类中间业务；交易类中间业务；基金托管业务；咨询顾问类业务；其他类中间业务。

3. 根据中间业务成本的性质，中间业务成本构成大体上分为职员工资、经营管理费用、固定资产支出、营业性损失、非营业性支出、机会成本和社会成本等。

4. 中间业务成本管理，是指在开展中间业务过程中，商业银行对因中间业务活动而产生的各项支出进行精确的核算和科学的管理，使商业银行中间业务活动体现经营成本最低和收益最大的效益最大化原则。中间业务成本管理主要包括如下步骤：制定成本计划；成本核算；成本控制。成本管理的方法主要从成本分析、成本控制、成本核算三个方面来加以说明。

本章习题

一、单选题

1. 下列属于金融类业务的有（　　）。

A. 贷款承诺　　B. 期货　　C. 支付与结算　　D. 证券包销

2. 银行汇票是（　　）签发的、由其在见票时按照实际结算金额无条件支付给收款人或者持票人的票据。

A. 出票银行　　B. 期货　　C. 支付与结算　　D. 证券包销

3. 银行汇票是出票银行签发的、由其在（　　）按照实际结算金额无条件支付给收款人或者持票人的票据。

A. 见票时　　B. 指定日期　　C. 见票后　　D. 票据到期前

4. 商业汇票是（　　）签发的、委托付款人在指定日期无条件支付确定的金额给收款人或持票人的票据。

A. 银行　　B. 出票人　　C. 债权人　　D. 债务人

5. 商业汇票是出票人签发的、委托付款人在（　　）无条件支付确定的金额给收款人或持票人的票据。

A. 见票时　　B. 指定日期　　C. 见票后　　D. 票据到期前

6. 银行本票是银行签发的、承诺自己在（　　）无条件支付确定的金额给收款人或者持票人的票据。

A. 见票时　　B. 指定日期　　C. 见票后　　D. 票据到期前

7. 支票是（　　）签发的、委托办理支票存款业务的银行在见票时无条件支付确定的金额给收款人或持票人的票据。

A. 银行　　B. 出票人　　C. 债权人　　D. 债务人

8. 下列形式不属于汇款结算的有（　　）。

A. 电汇　　B. 信汇　　C. 票汇　　D. 托收

9. 依据（　　），银行卡业务可分为贷记卡业务、准贷记卡业务和借记卡业务。借记卡可进一步分为转账卡、专用卡和储值卡。

A. 使用对象　　B. 载体材料　　C. 清偿方式　　D. 流通范围

10. 代理政策性银行业务，指商业银行接受政策性银行委托，代为办理政策性银行因服务功能和网点设置等方面的限制而无法办理的业务，包括（　　）。

A. 财政性存款代理业务　　B. 代理贷款项目管理

C. 发行库代理业务　　D. 国库代理业务

11. 下列不属于有价证券的有（　　）。

A. 国债　　B. 公司债券　　C. 股票　　D. 期货

12. 资产管理顾问业务，指为机构投资者或个人投资者提供全面的资产管理服务，不包括（　　）。

A. 投资组合建议　　B. 投资分析

C. 税务服务　　D. 企业信用等级评估

13. 商业银行采用（　　）成本核算方法。

A. 平均成本核算　　B. 分部成本核算

C. 分类成本核算　　D. 成本预测

14. （　　）是商业银行中间业务经营过程中，对影响经营成本的各种因素进行管理，从而降低成本，提高经营效率，完成预定的成本计划。

A. 成本核算　　B. 制订成本计划

C. 成本控制　　D. 成本预测

15. 将某项业务的成本与该项业务的收益、业务量等进行对比，以考察平均成本的分析方法是（　　）。

A. 对比分析法　　B. 比率分析法

C. 定额成本控制法　　　　　　　　　　D. 指标成本控制法

16. 其中不是相对成本控制法方法的有（　　）。

A. 量本利分析法　　　　　　　　　　B. 比率分析法

C. 盈亏平衡分析法　　　　　　　　　D. 保本分析法

17.（　　）是指随银行业务量、业务收入的增减而按比例增减的成本。

A. 可变成本　　B. 不变成本　　C. 相对成本　　D. 平均成本

18. 一般要求商业银行中间业务收入的成本率应该（　　），否则，则说明中间业务收不抵支。

A. 小于 1　　B. 大于 1　　C. 大于零　　D. 等于 1

19. 商业银行在进行中间业务（　　）时，需要考虑各部门的直接费用与间接费用。

A. 平均成本核算　　　　　　　　　　B. 作业成本核算

C. 分部成本控制　　　　　　　　　　D. 分部成本核算

20. 作业成本法是（　　）由美国芝加哥大学学者罗宾·库珀（Robin Cooper）和哈佛大学教授罗伯特·卡普兰（Robert S. Kaplan）等人首倡的。

A. 19 世纪 80 年代末　　　　　　　　B. 20 世纪 70 年代末

C. 20 世纪 80 年代末　　　　　　　　D. 19 世纪 70 年代末

二、判断题

1. 商业银行中间业务是指银行不运用或少运用自己的资金，而充分利用其在机构、技术、信息、信誉及资金等方面的优势，为客户提供各种金融服务并从中收取手续费的业务。（　　）

2. 担保类、承诺类等表外业务收入来源主要是利息。（　　）

3. 信用证是由经授权的金融机构（主要指商业银行）向社会发行的具有消费信用、转账结算、存取现金等全部或部分功能的信用支付工具。（　　）

4. 可撤销承诺附有客户在取得贷款前必须履行的特定条款，在银行承诺期内，客户如没有履行条款，则银行必须撤销该项承诺。（　　）

5. 保管箱业务属于现金管理业务。（　　）

6. 商业银行为经营中间业务而失去选择其他经营发展机会而带来的成本，它不是有形的实际成本，而是由于选择所带来的无形成本。（　　）

7. 盈亏平衡点或称保本点，其意义在于，如果商业银行的中间业务量超过该点的水平，则有亏损。（　　）

8. 在弹性成本控制法中，商业银行的中间业务的成本可以被简单地分为不变成本和可变成本。（　　）

9. 间接费用是指发生在某一特定部门，应当完全由该部门承担的费用；而直接费用则指与几个部门有关，应当由这几个部门共同承担的费用。（　　）

10. 作业成本法在费用发生之时按成本对象所消耗的作业情况将作业分配到成本对

象，再将银行所有的资源费用按照成本动因的不同追溯到相应的作业中。（ ）

三、多选题

1. 狭义的表外业务包括下列哪些（ ）。

A. 支付与结算　　B. 担保

C. 进出口服务　　D. 投资银行业务

2. 下列属于结算工具的有（ ）。

A. 银行汇票　　B. 商业汇票　　C. 银行本票　　D. 支票

3. 下列属于结算方式的有（ ）。

A. 同城与异地之间汇款　　B. 托收

C. 信用证　　D. 支票

4. 中央银行指定或委托商业银行承担的业务，主要包括（ ）。

A. 财政性存款代理业务　　B. 国库代理业务

C. 发行库代理业务　　D. 金银代理业务

5. 按交易标的分，期权可分为（ ）。

A. 股票指数期权　　B. 外汇期权　　C. 利率期权　　D. 期货期权

6. 制订成本计划是进行（ ）的基础。

A. 中间业务经济核算　　B. 成本分析

C. 评估经营成果　　D. 成本预测

7. 成本核算一般可以分为（ ）。

A. 平均成本核算　　B. 分部成本核算

C. 分类成本核算　　D. 成本控制

8. 属于对比分析的方法有（ ）。

A. 实际成本与计划成本对比　　B. 本期实际成本与上期实际成本对比

C. 本期实际成本与下期计划成本对比　　D. 本期实际成本与历史最优成本水平的对比

9. 相对成本控制法是指将（ ）结合起来进行综合分析。

A. 成本　　B. 业务量　　C. 业务收入额　　D. 收入

10. 不变成本是指规定（ ）等不随银行业务量、业务收入的变动而变动的成本。

A. 资产折旧费　　B. 管理费用　　C. 广告费用　　D. 房租费用

四、综合题

1. 简述商业银行中间业务的概念。

2. 比较商业银行中间业务与表外业务。

3. 简述中间业务成本构成。

4. 简述作业成本核算法。

第九章　商业银行并购管理

学习目标

系统学习商业银行并购的定义、动机、方式与流程，以及商业银行并购的定价方法与并购后的效应分析。

了解：商业银行并购的定义、动机、方式与流程。

掌握：商业银行并购的定价方法如账面价值法、调整账面价值法、市场价值法、每股收益法、市盈率法和并购效应分析所采用的成本收益分析与每股收益变动分析。

第一节　商业银行并购的定义与动机

一、商业银行并购的定义

商业银行并购是指一个法人通过使用现金或股权的方式，全部或部分获得另外一个或多个法人的经营控制权或决策权的活动，其中取得经营控制权或决策权的法人被称为并购行，被并购的法人被称为目标银行。

商业银行并购是兼并（Merger）与收购（Acquisition）的总称。兼并是指两家或两家以上的独立银行合并成为一家银行。通常由一家占优势的银行吸收其他一家或多家银行，从而使得并购行获得目标银行的全部资产、债权与债务，目标银行的法人实体不复存在；或者两家或两家以上的独立银行通过合并同时消失，成立一家新银行，由新银行接管原有银行的全部资产、债权与债务，原有目标银行的法人实体不复存在。收购是指收购行用现金、债权或股票购买目标银行的部分或全部资产或股权，以获得目标银行的控制权。若采用收购资产的方式，则收购行仅为一般资产的买方，无需承担目标银行的债务；若采用股权收购，收购行成为目标银行的股东，必须承担目标银行的债权与债务。同时由于目标银行的股权可以部分转让，所以目标银行仍可以以法人实体存在，即收购并不导致银行数量的变化。在实际应用中，除特殊情况（如税收、法律、会计规定等）需单独考虑兼并与收购以外，一般情况下将兼并与收购合在一起使用，统称为并购。

二、商业银行并购的动机

商业银行并购既是经济全球化发展到一定阶段的产物，也是商业银行追求利润最大化的必然结果。

（一）宏观动机

1. 经济全球化与区域化

随着经济全球化与区域化进程的加快，跨国、跨区域公司迅猛发展，与之伴随的是公司规模的扩张和经营地域的扩大。商业银行为了适应这一趋势，以便在全球范围内有效利用金融资源，便不断扩大规模，从而确保在激烈的竞争环境中处于有利的地位。

2. 金融自由化与金融管制的放松

金融自由化的发展趋势，迫使各国纷纷放松了对金融行业的管制，以提高其在全球市场上的竞争力。例如，随着欧盟单一市场的出现，欧洲银行间的合并对美国金融业者形成极大的压力。为了提高美国银行的竞争力，美国金融行业监管当局不得不放松监管。1994 年美国颁布了《里格—尼尔州际银行与分行效率法》，银行控股公司并购其他银行或银行控股公司的地理限制不复存在，使得美国银行跨州设立分行的限制松绑，从而促成了 1995 年美国银行业并购的热潮。1999 年美国国会又通过了《美国金融服务现代化法案》，废除了 1933 年制定的《格拉斯—斯蒂格尔法》，美国的银行业并购非银行金融机构掀起高潮，实现业务多元化，大大提高了美国银行在国际金融市场上的竞争优势。

3. 现代信息技术的迅猛发展

现代信息技术在金融领域的广泛应用，是推动商业银行并购的重要因素。现代信息技术在银行业务中的广泛运用，打破了银行业务的地域限制，为银行业降低成本扩大地域范围提供了技术支持。但信息技术的应用需要大量的资本投入和业务量来降低成本，通过银行间的并购来扩大规模，构建大型银行，是实现银行业务电子化和网络化的前提条件。

（二）微观动机

1. 商业银行追求潜在利润

近年来商业银行的兼并高潮反映了股东期望通过兼并来提高潜在利润的欲望。并购行的收益将随着市场的充分发掘和新服务的开发而上升。同时，由于并购行的先进管理，并购后的银行管理效率将会得到提高。无论是通过扩大收益还是降低成本，并购都能够提高银行的潜在利润。

2. 商业银行追求安全

由于并购活动能够扩大商业银行的规模和提高银行的信誉，使银行能够在已有的市场基础上开辟新的市场，从而使并购后的银行可以通过业务种类的多样化获得新的现金流和降低风险。例如，主营批发业务的银行兼并主营零售业务的银行，使并购后的银行能够提供更广泛的服务项目，获取多样化的收益来源，从而增强了抵抗经济波动和业内激烈竞争的能力。

3. 商业银行追求税收利益

商业银行并购的税收利益主要指通过并购使商业银行达到合理避税的目的。主要表现在四个方面：第一，并购双方通过收入的互相抵补可以减少税基；第二，通过并购中的债务融资，减少银行盈利的纳税额；第三，并购导致目标银行股价上升，从而使得并购行的一部分所得税能够以较低的资本利得税代替；第四，新兴市场的并购及其低税率，给并购方带来一定的税收减免优惠。

4. 商业银行追求市场定位利益

所谓市场定位利益是指并购行通过并购，以目标银行作为其在新兴市场上的经营基础，从而达到进一步扩张的目的。例如汇丰银行 2004 年入股交通银行、美洲银行 2005 年入股中国建设银行、苏格兰皇家银行 2005 年入股中国银行等并购行为，其目的是在中国蓬勃发展的金融市场上完善自我的市场定位。

5. 政府追求金融稳定的动机

伴随着金融市场竞争的不断加剧，商业银行的经营风险也随之加大，银行间并购是化解银行危机、维持金融稳定的重要手段。通过并购，一方面可以保留稀缺的保险储备，保护危机银行存款人的利益；另一方面并购行仍能获得其无形的商誉价值和传统业务的经营优势。例如，1993 年美国纽约化学银行仅用了不到 3.5 亿美元的投资，收购了德克萨斯第一城市银行，从而获得了将近 70 亿美元的资产和 50 亿美元的存款。

第二节 商业银行并购方式与流程

一、商业银行并购的方式

（一）合并

合并是指两家独立的商业银行同时放弃各自的法人地位而实行股权联合，从而组建成一个新的法人实体的经济行为。在国际银行业的并购中，不乏使用这种方式获得成功的范例。如 1986 年按照资产规模排名第一的日本第一劝业银行便是由日本第一银行和劝业银行在 1971 年 10 月合并成立的。2003 年第一劝业银行、日本兴业银行与富士银行再次合并成为瑞穗控股金融集团。

（二）现金购买式并购

凡不涉及发行新股的收购都可以视为现金购买式并购，这是由并购方出资购买目标银行的资产。并购方通过对被并购银行的所有债权债务进行清理并清产核资，协商作价，以现金为购买条件，支付产权转让费，将目标银行的整个产权买下，从而实现银行产权的合理转移。现金购买式并购实际上包括用现金购买资产和用现金购买股票两种方式。

现金购买是一种单纯的收购行为，它是由收购者支付一定数量的现金，从而取得目标银行的所有权，一旦目标银行的股东得到了对所拥有股份的现金支付，就失去了任何选举权和所有权，这就是现金收购的一个突出特点。

（三）股权式并购

股权式并购即投资者增加发行本银行的股票，以新发行的股票替换目标银行的股票。股权式并购包括两种形式：用股票购买资产和用股票交换股票。具体包括收购全部股权的并购、控制大部分股权的并购和控制少部分股权的并购三种方式。

股权式并购区别于现金购买式并购的主要特点是，它不需要支付大量的现金，因而不会影响收购银行的现金状况。同时，并购完成后，目标银行的股东不会失去其所有权，而成为并购银行的新股东。也就是说，并购完成后，目标银行被纳入到并购银行，并购银行扩大了规模。并购后的银行所有者由并购银行的股东和原目标银行的股东共同组成，但并购银行的原股东，应在经营控制权方面占主动地位。

（四）混合证券式并购

混合证券式并购是指并购银行对目标银行或被收购银行提出收购要约，其出价形式不仅有现金、股票，还有认股权证、可转换债券等多种形式。商业银行在并购目标银行时采取混合证券的方式，既可以避免支付更多的现金，又可以防止控股权的转移。

（五）杠杆并购

杠杆并购是指并购行主要通过举债来获得目标银行的产权，而债务的偿还主要依赖于目标银行未来的现金流。这种并购方式与目标银行未来收益有关，而与目标银行本身的资产多少没有关系，因此只要目标银行能承担如此规模的债务，就不会产生清偿风险。这种并购方式使小银行收购大银行成为可能。

二、商业银行并购的流程

商业银行并购交易金额大，涉及面广，是一项复杂工程。因此，并购银行科学设计并购程序是确保并购成功的重要保证。并购流程主要包括三个步骤：

（一）并购银行自我评估

任何一家希望通过并购谋求发展的银行，在进行实质性并购之前，都必须进行自我评估，包括评估自身的财务状况、过去的业绩记录、服务市场的优劣势和战略目标等。自我评估能够帮助管理人员和股东认清自身的长处和不足，有助于通过并购扬长避短。在此基础上，并购银行组建并购领导小组，制定并购战略，开展并购活动。

（二）评估市场环境和目标银行

并购银行在自我评估的基础上，要对可能进入的目标市场和被兼并的目标银行进行详细的分析。

1. 评估市场环境

并购银行计划进入的典型市场应具有以下特征：第一，收入与销售额过去一直以高出平均水平的速度稳定增长；第二，人口年龄在平均水平以上，且专业人员占较大比重；第三，市场通货膨胀水平低，币值稳定；第四，该市场不存在阻碍机构扩张或新服务发展的金融监管环境等因素。

2. 搜寻、筛选和确定目标银行

并购银行应通过各种渠道获取目标银行的信息。包括目标银行的背景、财务信息以及服务优势等。通过分析、筛选确定目标银行。

3. 对目标银行进行定价

并购银行在全面分析市场环境、目标银行风险水平、兼并方式、预期资金成本的基础上，对目标银行的未来收益进行评估，折现定价，制定出合理的并购价格。

4. 支付款项，完成并购

并购银行选择适当的融资策略与支付方式，完成并购活动。

(三) 整合管理

并购的实质是企业文化的融合过程。企业文化具有稳定性和自我抵御性特征。因此，并购银行在并购结束后应采用适当的方法做好整合管理，确保并购的完满成功。在并购银行的整合管理阶段，首先，应建立一个由并购双方组成的管理团队。由该团队负责领导、管理和继续评估并购的质量，以确保并购行与目标行有效的组织融合。其次，在高层管理人员、执行经理和银行普通职工之间建立一整套汇报和联络系统。以该系统为平台，促进银行内部的双向沟通，达到全员参与并购的目的。最后，建立银行与客户之间沟通渠道。并购行应在银行与客户之间建立沟通渠道，促进客户对于并购活动的理解，争取客户的信任。

第三节　商业银行并购的定价方法

在银行并购交易中，能否确定一个为双方所接受的并购价格，是并购能否成功的关键。本节以股票互换并购方式为例，介绍几种常用的并购定价方法。

一、账面价值法

账面价值法是指在确定并购价值时，以银行的账面价值为依据。每股的账面价值等于银行资产负债表中的股东权益除以发行的股份数。交易中目标银行的股票溢价可以由下面的公式计算：

$$P=\frac{B_1E_r-B_2}{B_2}$$

其中，P——股票溢价；

B_1——并购行每股股票的账面价值；

B_2——目标银行每股股票的账面价值；

E_r——并购行与目标银行的股票交换率；

B_1E_r——并购银行支付给目标银行股票的价格即目标银行的每股市价。

假设目标银行每股账面价值为5元，而并购银行每股账面价值为10元，则股票交换率为0.5，即每2股目标银行的股票可以转换成1股并购银行的股票。按账面价值计算，目标银行股票没有任何溢价。若并购双方协商的股票交换率为1.25，则目标银行的股票溢价为150%。

给定股票溢价，则股票交换率可由以下公式计算：

$$E_r = \frac{B_2(1+P)}{B_1}$$

在上例中，如果确定的溢价为50%，则股票交换率为：

$$E_r = \frac{5\times(1+50\%)}{10} = 0.75$$

其经济含义为：每4股目标银行的股票可以转换成3股并购银行的股票。

在实际操作中，银行常常根据市场上类似交易的平均溢价来计算并购价或股票交换率。

账面价值法的主要优点是简单明了，数值固定。但是其缺点在于账面价值可能与银行的实际价值相偏离，如问题贷款的低估、表外业务的存在等因素都有可能使得账面价值与实际价值差距过大。因此，应对账面价值进行调整。

二、调整账面价值法

鉴于账面价值不能完全反映一家银行的真正价值，并购银行往往采用调整账面价值法对目标银行账面价值进行调整。调整后银行溢价公式如下：

$$P = \frac{B_1E_r - AB_2}{AB_2}$$

其中，A——调整系数；

AB_2——调整后的目标银行的账面价值。

在股票溢价给定的前提下，则股票交换率为：

$$E_r = \frac{AB_2(1+P)}{B_1}$$

三、市场价值法

市场价值法假定，在一个充分有效的市场上，银行股票的市场价格代表了该股票的投资价值。因此，在对上市银行进行并购定价时，应当使用股票的市场价格代替其账面价值。市场价值法下银行溢价公式如下：

$$P = \frac{MP_1E_r - MP_2}{MP_2}$$

其中，MP_1——并购银行股票市价；

MP_2——目标银行的股票市价；

如股票的溢价水平 P 给定，则股票的交换率为：

$$E_r = \frac{MP_2(1+P)}{MP_1}$$

这种方法假定股票的市场价值真正反映了银行的实际价值。但是，由于多种原因，股票的市价并非一家银行的真正价值。因此，这种方法更加适用于那些股票交易活跃的大银行。

四、每股收益法

在评估目标银行的价值时，许多投资者关注的是股票的相对收入即每股收益，而不是资产负债表中的资本价值。此时，目标银行的溢价可以用下式计算：

$$P = \frac{EPS_1 E_r - EPS_2}{EPS_2}$$

其中，EPS_1——并购银行股票的每股收益；

EPS_2——目标银行股票的每股收益。

则股票交换比率为：

$$E_r = \frac{EPS_2(1+P)}{EPS_1}$$

这种方法虽然考虑到每股收益对于并购价格的影响，但是没有考虑到每股收益的变化。目前的每股收益既不能代表并购前的每股收益，也不能代表未来银行的每股收益。因此，为了弥补这种方法的不足，实际应用当中，通常采用加权平均法来分别计算并购银行与目标银行的每股收益。

五、市盈率法

市盈率即股票价格与每股收益的比率，反映了银行收益的市场价值。根据市盈率法，并购溢价为：

$$P = \frac{(P/E)_1 E_r - (P/E)_2}{(P/E)_2}$$

其中，$(P/E)_1$——并购银行股票的市盈率；

$(P/E)_2$——目标银行股票的市盈率。

则股票的交换比率为：

$$E_r = \frac{(P/E)_2(1+P)}{(P/E)_1}$$

这种方法假设股票是在一个非常完善有效地市场上交易，否则市盈率并不能可靠地反映银行的价值。

第四节 商业银行并购经济效益分析

本节主要介绍两种典型的用于分析商业银行并购的经济效益的方法，即成本收益分析法和每股收益变动分析法。

一、成本收益分析法

假设存在两家银行甲与乙，其中甲是并购行，乙是目标银行。则两家银行并购后的收益如下式所示：

$$B = V_{丙} - V_{甲} - V_{乙} \tag{9-1}$$

其中，B——合并后的收益；

$V_{丙}$——两家银行合并后的现值；

$V_{甲}$——合并前银行甲的现值；

$V_{乙}$——合并前银行乙的现值。

合并成本即并购行所支付的价值超过目标银行价值部分，也就是目标行的合并溢价。其计算方法如下式所示：

$$C = P_{乙} - V_{乙} \tag{9-2}$$

其中，C——合并成本；

$P_{乙}$——并购行甲支付给目标行乙的价值。

于是银行甲因为并购银行乙所得到的净收益为：

$$NPV = B - C = V_{丙} - V_{甲} - P_{乙} \tag{9-3}$$

若并购的净收益大于 0，则应开展并购行动。

在并购交易中，银行甲支付给银行乙的价值可能是现金，也可能是采取股票互换的方式。所以在计算并购净收益时，不同的支付方式将会导致净收益的不同。

（一）现金并购净收益

仍以银行甲为并购行，银行乙为目标行，并假设银行甲与乙的股票价格遵循红利不变增长模型。且由于采用现金并购，则并购后银行的股份数与并购前银行甲的股份数一致。银行甲与银行乙及并购完成后的银行（用银行丙表示）的基本数据如下表所示：

表 9-1　银行甲、银行乙和银行丙的基本资料

	银行甲	银行乙	银行丙
预测的红利 D	2.00 元	1.5 元	3.00 元
资本化率 k	12%	10%	12%

续 表

	银行甲	银行乙	银行丙
股息增长率 g	8%	5%	9%
股票的价格 PV	50 元	30 元	100 元
股份数 N	1000	1000	1000
市场价值 V	50000 元	30000 元	100000 元

注：$PV = D/k - g$，$V = PV \times N$。

根据公式（9-3），由上表中的数据可知银行甲并购银行乙后的净收益为：

$$NPV = B - C = V_{丙} - V_{甲} - P_{乙} = 100000 - 50000 - P_{乙} = 50000 - P_{乙}$$

由此可知为了确保并购的净收益为正，则最高的并购价格为 50000 元。再根据公式（9-2），计算出最高的并购成本即并购溢价为 20000 元。若通过两家银行的谈判，银行甲与乙愿意平均分享并购溢价，则银行甲所支付的最高并购价格为 40000 元，其最高并购成本即并购溢价为 10000 元。

（二）股票并购净收益

若两银行之间采用股票互换的方式进行并购，则并购后目标银行的股东将会拥有并购行的股票，从而分享两银行并购后的收益。因此，并购行所支付的价值必须视合并后的银行股票的价值而定，且要考虑目标行的股东在并购后银行中所占有的股份比例。在采用股票互换时的并购成本如下式所示：

$$C = \alpha V_{丙} - V_{乙} \tag{9-4}$$

其中 α 为银行乙的股东在并购后的银行中所占有的股份比例。

仍以表 9-1 中的数据为例，并假设银行甲与银行乙之间的股票互换比例为 0.8，即每 4 股银行甲的股票可以交换到 5 股银行乙的股票。因此，1000 股银行乙的股票可获得 800 股银行甲的股票，并购后银行的股票总数将达到 1800 股，银行乙的股东在并购后的银行中所占有的股份比例为 44%。根据公式（9-4），银行甲并购银行乙的并购成本为：

$$C = \alpha V_{12} - V_{2} = 44\% \times 180000 - 30000 = 49200(股)$$

与现金交易相比较，由于目标银行的股东分享了并购后的收益，股票并购的并购成本增加了 39200 元。很明显，若并购后的收益越高，该种方式并购的成本越高。

二、每股收益变动分析法

每股收益变动法，是指的商定的价格，根据并购后每股收益的变化，判断并购价格是否合理，并购方案是否可行。其判断过程如下例所示。

假定银行甲正在考虑并购银行乙，银行甲打算以 3：1 的股票交换率并购银行乙，即每 3 股银行甲的股票可以换成 1 股银行乙的股票。假定并购前的时点为 2010 年 12 月

31 日，该时点两家银行的基本资料如下表所示：

表 9-2　　并购前银行甲与银行乙的基本资料

	银行甲	银行乙
净收益（元）	160000000	14000000
股份数	32000000	4000000
每股收益（元）	5.00	3.50
总资产（元）	22200000000	1500000000

假定每家银行的净收益增长率均为 10%，总资产保持不变，则并购一年后即 2011 年 12 月 31 日，银行的基本资料如下表所示：

表 9-3　　并购后银行甲与银行乙及银行丙的基本资料

	银行甲	银行乙	银行丙
净收益（元）	176000000	15400000	191400000
股份数	32000000	12000000	44000000
每股收益（元）	5.50	1.283	4.35

通过上表可以发现，如果没有并购，银行甲的每股收益在 2011 年将达到 5.50 元。并购发生以后，汇总的总收入在 2011 年达到 191.4 百万元，但股票总数却达到了 44000000 股，每股收益下降为 4.35 元。银行甲每股收益的下降率达到了 20.91%，其计算方法如下式所示：

$$\frac{5.50-4.35}{5.50}\times 100\%=20.91\%$$

每股收益之所以出现如此大的下降，主要是因为银行乙在并购后第一年的每股收益仅为 1.283 元，远远低于银行甲的 5.50 元。

若没有这次并购，银行甲的净收入按照年增长率 10% 增长，按照复利计算，5 年后银行甲的每股收益将达到 8.05 元。计算方法如下：

$$\frac{160000000\times(1+10\%)^5}{32000000}=8.05\text{（元）}$$

银行甲要在 5 年内解决并购后每股收益下降的问题，必须设法使银行乙在 5 年内达到与银行甲同样的每股收益水平，即满足如下等式的要求：

$$\frac{14000000\times(1+x)^5}{12000000}=8.05\text{（元）}$$

这意味着银行乙每年的净收益增长率要达到 47.15%。即使考虑到并购以后，银行甲与银行乙的优势互补、规模经济、收益多元化等多种因素，要达到如此高的年收益增长率，也几乎是不可能的。因此，除非存在其他战略的考虑，否则单纯从经济效益角度考虑，银行甲不应该进行这笔并购交易。

本章小结

1. 商业银行并购是兼并与收购的总称。银行并购的动机主要包括宏观动机和微观动机。宏观动机的具体表现为：经济全球化与区域化、金融自由化与金融管制放松、现代技术迅猛发展；微观动机具体表现为：商业银行追求潜在利润、安全、税收利益、市场定位利益，商业银行管理层追求管理效率最大化以及政府追求金融稳定的动机。

2. 商业银行并购的方式主要有五种：合并、现金购买式并购、股权式并购、混合证券式并购和杠杆并购。

3. 商业银行并购的流程主要包括三个阶段：并购银行自我评估、并购银行评估市场环境与目标银行、并购银行进行并购后的整合管理。

4. 在并购过程中，合理定价是问题的关键。商业银行常用的并购定价方法包括：账面价值法、调整账面价值法、市场价值法、每股收益法和市盈率法。

5. 并购银行应在一定期间内达到预期的并购收益，常用的分析方法包括成本收益分析法和每股收益变动分析法。根据并购方支付价值方式的不同，成本收益分析法又可以进一步分为现金并购分析和股票并购分析。

本章习题

一、单选题

1. 取得经营控制权或决策权的法人被称为（　　）。

A. 并购行　　B. 目标银行　　C. 收购行　　D. 兼并行

2. （　　）年美国国会通过《美国金融服务现代化法案》。

A. 1998　　B. 1997　　C. 1999　　D. 2000

3. （　　）在金融领域的广泛应用，是推动商业银行并购的重要因素。

A. 并购　　B. 金融管制　　C. 金融自由化　　D. 现代信息技术

4. （　　）是指并购行通过并购活动，以目标银行作为其在新兴市场上的经营基础，从而达到进一步扩张的目的。

A. 市场定位利益　　B. 税收利益　　C. 债务融资　　D. 金融稳定

5. （　　）2005年入股中国银行。

A. 汇丰银行　　B. 美洲银行　　C. 渣打银行　　D. 苏格兰皇家银行

6. （　　）是指两家独立的商业银行同时放弃各自的法人地位而实行股权联合，从而组建成一个新的法人实体的经济行为。

A. 现金购买资产式并购　　B. 合并

C. 股权式并购　　　　　　　　　　D. 现金购买股票式并购

7. 现金购买式并购实际上包括用（　　）和用现金购买股票两种方式。

A. 现金购买债券　B. 现金购买厂房　C. 现金购买设备　D. 现金购买资产

8. 下列哪一项不属于股权式并购方式（　　）。

A. 收购全部股权的并购　　　　　　B. 控制大部分股权的并购

C. 控制少部分股权的并购　　　　　D. 认股权证

9. 商业银行在并购目标银行时采取（　　）的方式，既可以避免支付更多的现金，又可以防止控股权的转移。

A. 混合证券式并购　　　　　　　　B. 股权式并购

C. 现金购买式并购　　　　　　　　D. 杠杆并购

10.（　　）是指并购行主要通过借债来获得目标银行的产权，而债务的偿还主要依赖于目标银行未来的现金流。

A. 混合证券式并购　　　　　　　　B. 股权式并购

C. 现金购买式并购　　　　　　　　D. 杠杆并购

11. 企业文化具有（　　）和自我抵御性特征。

A. 稳定性　　　B. 可操作性　　C. 多样性　　　D. 客观性

12. 在银行并购交易中，能否确定一个为双方所接受的（　　），是并购能否成功的关键。

A. 并购价格　　B. 并购方式　　C. 并购流程　　D. 并购时间

13.（　　）是指在确定并购价值时，以银行的账面价值为依据。

A. 账面价值法　B. 市场价值法　C. 市盈率法　　D. 每股收益法

14.（　　）的主要优点是简单明了，数值固定。

A. 账面价值法　B. 市场价值法　C. 市盈率法　　D. 每股收益法

15.（　　）适用于那些股票交易活跃的大银行。

A. 账面价值法　B. 市场价值法　C. 市盈率法　　D. 每股收益法

16.（　　）方法考虑到每股收益对于并购价格的影响，但是没有考虑到每股收益的变化。

A. 账面价值法　B. 市场价值法　C. 市盈率法　　D. 每股收益法

17. 为了弥补每股收益法的不足，实际应用当中，通常采用（　　）来分别计算并购银行与目标银行的每股收益。

A. 账面价值法　B. 市场价值法　C. 市盈率法　　D. 加权平均法

18.（　　）即股票价格与每股收益的比率，反映了银行收益的市场价值。

A. 账面价值　　B. 市场价值　　C. 市盈率　　　D. 每股收益

19. 下列不属于用于分析商业银行并购的经济效益的方法的有（　　）。

A. 现金并购净收益　　　　　　　　B. 股票并购净收益

C. 每股收益变动分析法　　　　　　D. 调整账面价值法

20.（　　）是指根据商定的价格，根据并购后每股收益的变化，判断并购价格是否合理，并购方案是否可行。

A. 现金并购净收益　　B. 股票并购净收益

C. 每股收益变动分析法　　D. 调整账面价值法

二、判断题

1. 收购是指两家或两家以上的独立银行合并成为一家银行。（　　）

2. 兼并是指收购行用现金、债权或股票购买目标银行的部分或全部资产或股权，以获得目标银行的控制权。（　　）

3. 若采用收购资产的方式，则收购行仅为一般资产的买方，无需承担目标银行的债务。（　　）

4. 若采用股权收购，收购行成为目标银行的股东，不必承担目标银行的债权与债务。（　　）

5. 通过并购，一方面可以保留稀缺的保险储备，保护危机银行存款人的利益；另一方面并购行仍能获得其无形的商誉价值和传统的业务经营优势。（　　）

6. 现金购买是一种单纯的收购行为，它是由收购者支付一定数量的现金，从而取得目标银行的所有权，一旦目标银行的股权股东得到了对所拥有股份的现金支付，就失去了任何选举权和所有权。（　　）

7. 股权式并购即投资者增加发行目标银行的股票，以新发行的股票替换本银行的股票。（　　）

8. 杠杆并购方式与目标银行未来收益有关，而与目标银行本身的资产多少没有关系，因此只要目标银行能承担如此规模的债务，就不会产生清偿风险。（　　）

9. 并购的实质是企业文化的融合过程。（　　）

10. 在并购交易中，银行甲支付给银行乙的价值必须是现金，也可能是采取股票互换的方式。（　　）

三、多选题

1. 商业银行并购的宏观动机包括下列哪些（　　）。

A. 经济全球化与区域化　　B. 金融自由化与金融管制的放松

C. 现代信息技术的迅猛发展　　D. 商业银行追求潜在利润

2. 商业银行并购的微观动机包括下列哪些（　　）。

A. 商业银行追求潜在利润　　B. 商业银行追求安全

C. 商业银行追求税收利益　　D. 商业银行追求市场定位利益

3. 商业银行并购的税收利益表现在（　　）方面。

A. 并购双方可以减少税基

B. 减少银行盈利的纳税额

C. 并购行的一部分所得税能够以较低的资本利得税代替

D. 可以因为新兴市场的低税率而给并购方带来一定的税收减免优惠

4. 商业银行并购的方式有（　　）。

A. 合并　　B. 现金购买式并购

C. 股权式并购　　D. 混合证券式并购

5. 股权式并购区别于现金购买式并购的主要特点是（　　）。

A. 不需要支付大量的现金

B. 不会影响收购银行的现金状况

C. 目标银行的股东不会因此失去其所有权

D. 并购银行扩大了规模

6. 下列属于混合证券式并购的出价形式有（　　）。

A. 现金　　B. 股票　　C. 认股权证　　D. 可转换债券

7. 商业银行并购的流程有（　　）。

A. 并购银行自我评估　　B. 评估市场环境和目标银行

C. 整合管理　　D. 选择并购银行

8. 并购银行自我评估包括评估自身的（　　）。

A. 财务状况　　B. 过去的业绩记录

C. 服务市场的优劣势　　D. 战略目标

9. 下列属于并购定价方法的有（　　）。

A. 账面价值法　　B. 调整账面价值法

C. 市场价值法　　D. 每股收益法

10. 按并购方支付价值方式的不同，成本收益分析法又可以进一步分为（　　）。

A. 现金并购分析　　B. 混合证券式

C. 现金购买式　　D. 股票并购分析

四、综合题

1. 如何理解并购的含义？

2. 商业银行并购的动机有哪些？

3. 杠杆式并购方式与其他并购方式相比较有哪些特点？

4. 调整账面价值法相对于账面价值法需考虑哪些调整因素？

5. 假设A银行当前股价为每股20美元，B银行当前的股价为每股16美元，A银行同意并购B银行。如果A银行每股收益为5美元，A银行普通股流通股数为100000股；B银行每股收益仍为5美元，B银行普通股流通股数为50000股。如果B银行同意以16美元价格出售现有股票。请分别计算：

（1）A、B两家银行的市盈率。

（2）A、B两家银行股票交换比率。

（3）并购后，在收益保持不变前提下，股东的每股收益是多少？

（4）应用账面价值法计算股票溢价是多少？

（5）运用每股收益变动分析法，分析该笔并购是否可行？

第十章　商业银行资产负债综合管理

学习目标

系统学习商业银行资产负债综合管理中所蕴含的全面管理思想，明确其实质在于对银行资产负债表中各种账户包括各种资产、负债以及资本的水平、变化和相互之间的组合进行计划、支配和控制。

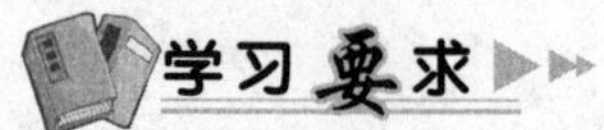

了解：商业银行资产管理理论与方法、负债管理理论与方法。

掌握：商业银行资产负债综合管理的理论与方法。

第一节　商业银行资产负债管理理论

一、资产管理理论

资产管理理论产生于商业银行建立初期，完善和成熟于20世纪40年代。这是以银行资产的流动性为侧重点的一种管理理论。资产管理理论经历了三个阶段：商业性贷款理论、转移理论、预期收入理论。

（一）商业性贷款理论

商业性贷款理论又称生产性贷款理论或真实票据理论。这一理论是从当时西方商业银行的资金来源主要是吸收活期存款，银行经营宗旨首先要应付客户兑现这一客观现实出发，为此，必须保持银行资产的高流动性，这样才不会因流动性不足给银行带来经营风险。为保持资产的流动性，这一理论认为：必须把资产投放到短期的与商品和物资周转相适应的自偿性贷款中去。因此按照该理论，银行贷款具有自控性、自偿性和担保性的特点。

商业性贷款理论产生于商业银行的初期，当时企业的资金需求因其规模比较小，主要依靠自有资本经营，只有出现临时性资金不足时才向银行借款，这就决定了贷款的短期周转性。当时银行的资金来源主要是活期存款，这种高流动性的负债，要求有

高流动性的资产相配合。在金融市场很不完善、融资渠道和资产负债业务单一的历史背景下，银行在经营实践中找到了保持资产流动的理论依据，即商业性贷款理论，从而避免了银行在经营中因流动性不足或安全性不够而带来的风险，并在此基础上满足了银行盈利性的要求。商业性贷款理论的产生使商业银行的管理走上了理性化的道路，正因如此，这一理论对各国商业银行在过去、现在都产生着深刻的影响。但这一理论指导下的贷款量是依据企业需要自动伸缩的，这可能会造成经济增长，贷款量膨胀，刺激物价上涨，反之会收缩贷款量，又会刺激物价下滑，导致经济衰退，从而加剧了经济波动。

（二）转移理论

转移理论认为商业银行在保持资产流动性和安全性的同时，有提高盈利性的需要。为此，可以把部分资产转移投放到极容易在二级市场上出售的高流动性证券上，即以证券形式保存其资产作为二级准备，这样可以在满足存款支付时，把证券迅速而无损地转让出去，兑换成现金。

这一理论的产生与西方国家证券市场的完善与发展有密切关系。特别是 20 世纪 30 年代经济大危机后，西方各国政府开始大量发行短期国债，这就为银行提供了新的流动性资产，而证券二级市场的活跃又为银行提供了可选择又能变现的交易环境。同时，经济大危机又使企业对贷款量的需求减少，客观地导致了银行以短期证券代替商业性贷款的必要性和必然性。

（三）预期收入理论

预期收入理论认为银行资产的运用应以未来的收益为保证。如果未来收益没有保证，即使是运用于短期商业性贷款和可转让证券，也会造成经营风险；如果未来收益有保证，可以进行长期贷款和投资。

预期收入理论产生于第二次世界大战以后，当时西方国家的经济已逐渐从战争中复苏起来，开始了高速发展。经济的发展带动了对资金需求的多样化，而且需求量也大幅度上升，不仅需要增加短期资金，而且又产生了以固定资产投资和设备更新为主的长期性资金需求。因经济的发展带来了工资水平的提高，人们为了提高生活质量，逐渐接受了负债观念。当时的客观环境为银行打破按传统的贷款方法，即按用途和期限贷款提供了经济背景，也为银行开拓新业务领域奠定了经济基础。因此，该理论使商业银行的业务得以扩展，并且加强了银行在整体经济中的地位。

二、负债管理理论

负债管理理论盛行于 20 世纪五六十年代的西方商业银行。它是以主动负债为经营重点来保持银行资金流动性的一种经营管理理论。该理论认为，银行资金的流动性不仅可以通过强化和调整资产获得，而且还可以通过灵活地调剂负债达到目的。也就是说，银行为保持资金的流动性不必要准备大量的高流动性资产，可以通过发展主动型负债方式，扩大从借贷市场上借款的渠道和途径，也能够满足多样化的资产需求，以举债方式同样也能保持其资产的流动性。

商业银行资金配置策略从资产管理转向负债管理，有其环境背景的改变。随着经济的发展，商业银行的竞争日趋激烈。同时，众多新型的非银行金融机构和各种基金以高于银行的利息拉走了大量存款，这就使得银行一方面感到资金紧张，无法满足客户的要求；另一方面又受到流动性的压力，不能放手进行经营，从而造成了银行利润下降。追求高利润的内在动力和竞争的外在压力，使银行必然要寻求一种更能满足商业银行本质属性的理论来指导经营，负债理论的产生在很大程度上缓解了流动性与盈利性的矛盾。

该理论的出现使银行找到了保持流动性的新方法，即银行的流动性不仅可以通过调整资产来保证，还可以通过调整负债来保证，变单一的资产调整为资产负债双向同时调整。这样，就没有必要在资产业务上保持大量的高流动性资产，而要最大限度地把资产投入到高盈利的贷款中去。同时银行不再只依靠吸收存款这种被动型的经营，而是根据资产的需求来组织负债，即进行主动型负债。为此，西方商业银行开拓了多种负债管理方法，如贴现窗口、同业拆借、回购协议等。这就为扩大资产规模创造了条件。

三、资产负债综合管理理论

资产负债综合管理理论，产生于 20 世纪 70 年代末 80 年代初。它总结了资产管理和负债管理的优缺点，是为达到流动性、安全性和盈利性的管理目标和三者的均衡发展而创建的一种现代商业银行经营管理理论。

该理论认为资产管理理论过于注重流动性和安全性，而忽视了盈利性；负债理论比较好地解决了“三性”之间的矛盾，但过多的负债经营又会给银行带来更大的经营风险。因此，必须对资产和负债进行综合管理，通过对资产与负债结构的调整，达到总量平衡、结构合理、“三性”协调发展。

因此，该理论在整体上强调以下三个方面：第一，资产与负债对称，即资产规模与负债规模、资产结构与负债结构、资产与负债的偿还期相互对称和统一平衡，保持一定的对称关系。这里讲的对称是一种原则和方向上的对称，而不是要求银行资产与负债逐笔对应；第二，目标替代，即商业银行的经营目标表现在流动性、安全性和盈利性三个方面，三者之和即为银行经营的最终效用或总效用，银行可以在经营中根据主客观环境的变化来平衡三者的关系，使总效用不变；第三，资产分散化，即由于商业银行主要是依靠负债经营，因此为保证银行的清偿力，防范资产运用的各种风险，银行无论是从总体上安排资产结构，还是具体确定贷款投向和投量，都要遵循资产分散化原理。

第二节 商业银行资产负债管理方法

一、资产管理方法

资产管理方法的理论依据是资产管理理论，主要有以下三种：

（一）资金汇集法

资金汇集法是指不管资金是活期存款、定期存款、借入资金还是自有资本，都应将所有的资金汇合到一个资金池中，然后根据银行流动性与盈利性目标的要求，按照一级准备金、二级准备金、贷款、中长期投资、固定资产的顺序，分层次地投放资金。这种方法对资金的来源、期限结构不太关注，但在资金运用上注重优先安排流动性准备金，从而大致保持资产负债对称。如图 10－1 所示。

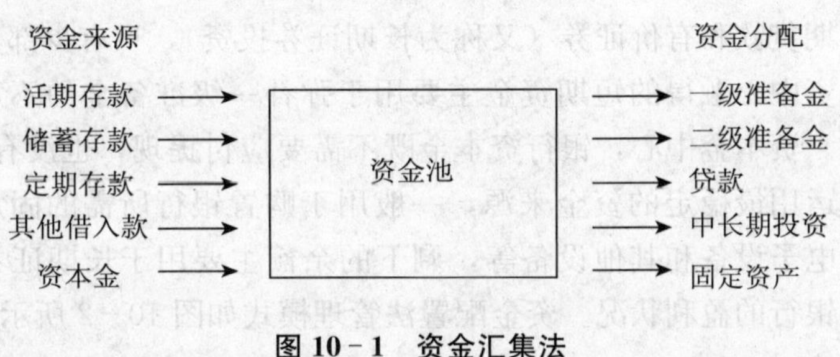

图 10－1 资金汇集法

图 10－1 右边项目的排列表示了银行资金分配的优先顺序：一级准备金，是第一优先资产，包括库存现金、在中央银行存款和在途资金，这些资产主要用于满足存款提现与正常贷款的需求，它是银行满足流动性要求的第一项资金来源；二级准备金，由短期证券和短期贷款组成。这类资产的特点是流动性强、盈利小，可随时变现而无损失。二级准备金规模的大小，取决于存款波动性，波动性大时，二级准备金就应大些，相反则可小些；放款，银行有了一级和二级准备金后，基本保证了银行流动性的需要，可将余额自由地进行贷款，放款利息收入是银行盈利的主要来源，放款在银行资产中所占的比重最大；中长期证券投资主要是为了争取更多的利润，流动性是次要的。

资金汇集法通过资金的集中及统一分配，把资金来源与运用联系起来进行管理，而且为银行分配资金提供了资产多样化准则。但这种方法还没有全面考虑资金来源与运用的内在联系，它所反映的资产负债关系是粗糙的，它只强调资金分配的先后顺序，缺乏一套具体的计算资金投放规模与结构比例的方法，尚未认识到资产结构与负债结构对称的重要性。这种方法在使用时还得依靠银行管理者的经验去分析和判断，有时会带来很大的主观盲目性。

（二）资金配置法

资金汇集法似乎过多地强调了流动性，没有区别资金来源（如活期、定期、储蓄等存款种类和资本金）的不同的流动性。而资金配置法在选择资产种类时，首先考虑的是负债结构的特点，因为银行在一定时期内所需要的资产流动性是与其负债的性质相关联的，资产的流动性应满足负债流动性的要求。为了使负债与资产的对称关系更加明确，资金配置法将不同来源的负债依照不同的稳定状态分别进行管理，西方银行家为此而建立了若干个所谓“流动性—盈利性中心”，主要有活期存款中心、定期与储蓄存款中心、融资中心和资本金中心。在具体管理过程中，这些“中心”的资金分配是独立进行的。各个“中心”负债的稳定性与运用方向如下：活期存款中心，这部分负债的周转速度最快，随存随取，银行较难把握其稳定程度，因而要求对这部分活期存款保持较高的法定准备金率。因此，活期存款中心的绝大部分资金应分配作为第一准备资产，余下的部分资金投放于短期的二级准备资产，极少量的剩余资金进行放款，不能把该中心的资金用于购买长期证券或购置固定资产；定期与储蓄存款中心，这部分资金只需要较低的流动性，准备金率也较低。所以，这个中心的大部分资金可投向盈利性高的中长期贷款和有价证券（又称为长期证券投资），只有少部分用在一、二级准备资产上；融资中心融得的短期资金主要用于弥补一级准备金的不足，其中长期资金主要用于放款。资本金中心，银行资本金既不需要应付提现，也没有法定准备要求，是银行长期资金运用最稳定的资金来源，一般用于购置银行所需的固定资产，如购买土地、建筑物、电子设备和其他设备等，剩下的余额主要用于长期证券投资与对外股权投资，以改善银行的盈利状况。资金配置法管理模式如图 10－2 所示。

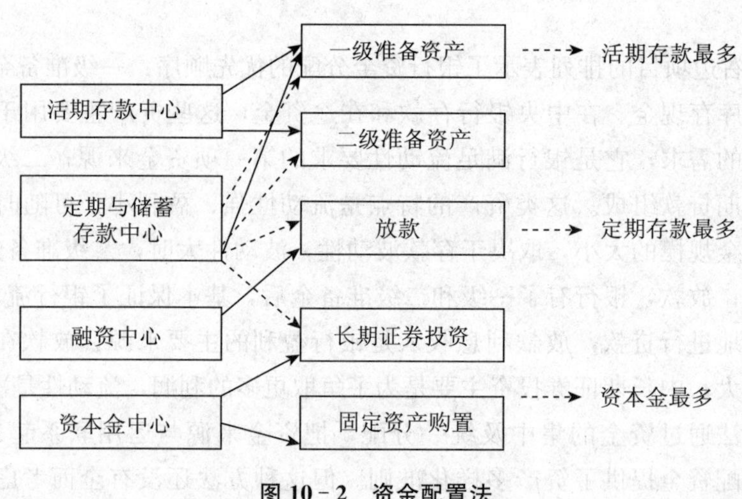

图 10－2　资金配置法

资金配置法直接根据负债来源的特点引申出资产分配的具体方向，通过资金周转速度和流动性两个环节把资产与负债有机地联系起来，保持了两者在规模与结构上的一致性。资金配置法的实际意义在于：它能够清除银行为谨慎起见而保持的超额流动

性，将多余的资金转化为盈利性资产，增加银行利润，既可保证存户提存的要求，又可使银行获得合理盈利。商业银行实行科学的资产负债管理方法是从资金分配法开始的，它的普遍应用为银行管理者进一步研究和创造更为先进、更为复杂的管理方法奠定了基础。

但是，资金配置法也有其局限性：首先，同一个负债中心的各类不同负债的周转速度也可能快慢不一，只用一个平均周转速度来代表某一大类存款中所有资金的周转速度，并据此确定资金的特定用途，可能会引起许多问题；其次，这种管理方法只强调法定准备金和提取存款所需的流动性要求，而忽视了银行满足客户的贷款要求所应具备的流动性。最后，该方法也难以运用精密的定量分析。

（三）线性规划法

线性规划法，是解决在一定的约束条件下如何使目标函数最大化或最小化的一种运筹学方法。应用这种方法在决定银行资产分配数量的模型中有以下三个步骤：首先，建立目标函数：确定银行进行资产分配的目标是要实现利润最大化还是风险最低。银行也可以选择一组目标建立多目标模型。其次，确定约束条件：这些约束条件可以是监管部门要求的，也可以是银行的内在要求。如银行要求发放贷款利率为10%的贷款份额不可以超过总资产的20%，因此银行就可以据此建立一个不等式作为约束条件之一。最后，模型建立完成以后，银行可以通过特定方法或者借助计算机求出最优解。

线性规划法较前两种方法能够更加精确地计算出分配到各种资产的资金数量。但是就像其他量化方法一样，线性规划法将现实数据量化的过程中可能会掺和许多主观的因素，导致建立的模型的各种数据并不可靠，因此所得出的结果也会令人怀疑。此外，根据线性规划法得出的结论并不能直接作为最后决策的依据，其扮演的角色也许只是限于提供给决策层的分析资料，最终还得由银行经理根据以往经验权衡各种财务目标做出定夺。

二、负债管理方法

负债管理的重点是通过购入资金、调整负债流动性需要来满足资产的需要。负债管理方法实际上就是不断创新金融工具，增加负债品种。负债管理的具体方法可以归纳为两种：一是储备头寸管理方法，二是贷款头寸管理方法。

（一）储备头寸管理方法

储备头寸管理方法是用短期的资金借入来弥补资产上的缺口，以补充银行所需的流动性。即通过营运头寸调度来保持较高收益、低流动性的资产。这个方法在提高资金使用效率的同时减缓了银行因储备减少而带来的流动性不足，从而缓解对银行经营带来的震荡。

（二）贷款头寸管理方法

贷款头寸管理方法即对所有到期负债进行严密监管从而扩大银行资产负债规模的一种方法。这种方法就是以不同利率借入外来资金，从而扩大贷款规模。西方商业银行大部分金融工具的创新就是该方法的具体化。

三、资产负债综合管理方法

商业银行资产负债综合管理主要有两种方法，即利率敏感性缺口管理和持续期缺口管理方法。

（一）利率敏感性缺口管理

在市场利率波动条件下，银行浮动利率存单和金融债券利率会同步波动，银行新增贷款或证券资产收益率也会随市场利率同向波动。表面看，银行负债利息成本率与资产收益率都与市场利率同向波动，银行利差似乎变化不大，但是，如果可重新定价的资产与负债并不对称，那么在一定的条件下，市场利率的涨落对银行净利差收入是会产生影响的。这也是利率敏感性缺口管理研究的核心问题。

银行浮动利率资产及到期可按新的利率水平重新定价的资产称利率敏感性资产；银行浮动利率负债及到期可按新的利率水平定价融通的负债称为利率敏感性负债。这样，可以将银行的全部生息资产划分为：利率敏感性资产与固定利率资产；将付息负债划分为：利率敏感性负债和固定利率负债。

利率敏感性缺口是一定时期内利率敏感性资产与利率敏感性负债的差额。利率敏感性缺口用公式可表示为：

$$\text{利率敏感性缺口}=\text{利率敏感性资产}-\text{利率敏感性负债}$$

利率敏感性缺口存在三种形态：零缺口，意味着银行利率敏感性资产与利率敏感性负债额度相等；正缺口，即银行的利率敏感性资产大于利率敏感性负债，意味着银行利率敏感性资产中有一部分资金来源于固定利率负债；负缺口，即银行的利率敏感性资产小于利率敏感性负债，意味着银行部分固定利率资产来源于利率敏感性负债。

利率敏感性系数是缺口的另一种表达方式，它表示为利率敏感性资产与利率敏感性负债的比值：

$$\text{利率敏感性系数}=\frac{\text{利率敏感性资产}}{\text{利率敏感生负债}}$$

该系数大于 1 时，说明利率敏感性资产大于利率敏感性负债，银行处于正缺口状态；

该系数小于 1 时，说明利率敏感性资产小于利率敏感性负债，银行处于负缺口状态；

该系数等于 1 时，利率敏感性资产等于利率敏感性负债，银行处于零缺口状态。

当利率敏感性缺口为零缺口时，利率敏感性资产利率等于利率敏感性负债利率。利率敏感资产利率（收入）与利率敏感负债利率（成本）同步改变，其利差水平不变。固定利率资产和固定利率负债的利率水平固定，不受市场利率变动影响，其利差水平当然不变。所以，在零缺口条件下，无论市场利率上升，还是下降，银行利差收入水平总是保持不变。

当利率敏感性缺口处于正缺口状态时，利率敏感性资产大于利率敏感性负债。当市场利率上升时，银行需要对利率敏感性负债支付更多的利息，同时又可以从利率敏感性资产中获取更多的收益，但由于利率敏感性资产大于利率敏感性负债，利息收入的增长幅度大于利息支出的增长幅度，最终净利息收入增加；反之，当市场利率下降时，净利息收入会减少。负缺口则相反。利率敏感性缺口直接影响银行净利息收入的大小，利率敏感性缺口越大，净利息收入受利率变化影响的程度就越大，银行承担的利率风险也就越大。具体如表 10－1 所示：

表 10－1　敏感性缺口、敏感系数、利率变动与银行净利息收入变动之间的关系

资金缺口	利率变动	利息收入变动	变动幅度	利息支出变动	净利息收入变动
正值	上升	增加	>	增加	增加
正值	下降	减少	>	减少	减少
负值	上升	增加	<	增加	减少
负值	下降	减少	<	减少	增加
零值	上升	增加	=	增加	不变
零值	下降	减少	=	减少	不变

利率敏感性缺口管理是建立在银行对利率走势准确预测的基础之上，但现实中，市场利率的变动是单个银行所无法控制的。如果对市场利率走势产生错误的判断，那么由此产生的错误缺口管理策略会给银行带来收入亏损。同时利率敏感性缺口分析只考虑了利率敏感性缺口对银行利差收入的影响，并且假定未到期的固定利率资产和固定利率负债与市场利率变动毫无关系。然而实际上，市场利率变动对银行中长期资产价格估值有很大影响。而持续期缺口管理方法在一定程度上可弥补这方面的局限性。

（二）持续期缺口管理

持续期（duration）又称久期，是由麦考利在 1938 年提出的，但是该理论得以真正的应用是在 20 世纪 70 年代以后，西方国家普遍面临利率风险的时候。

持续期是价值和时间加权的期限指标，是指金融工具以现值方式收回其价值的一段时间，考虑了所有盈利性资产的现金流入与所有负债的现金流出的时间控制，用来衡量未来预期现金流的平均期限即收回一项投资所需的平均时间。

持续期公式如下：

$$D=\frac{\sum_{t=1}^{n} C_t \frac{t}{(1+i)^t}+\frac{n\times F}{(1+i)^n}}{\sum_{t=1}^{n} \frac{C_t}{(1+i)^t}+\frac{F}{(1+i)^n}}$$

其中，D——以年或者更小单位表示的金融工具的持续期；

t——金融工具现金流发生的时间；

C_t——每一时期的预期现金流；

n——金融工具的到期期限；

F——金融工具的现值。

因此，持续期实质是加权的现金流的现值与未加权的现值之比。在持续期，不支付利息的金融工具，其持续期等于到期期限或偿还期；对于分期付息的工具而言，由于货币具有时间价值，早兑付的比晚兑付的现值高，所以其持续期总是短于偿还期。

例：一张面额为 1000 元的 5 年期的债券，每年支付一次利息，年利率为 10%，到期还本，则其持续期计算如下：

$$D=\frac{\sum_{t=1}^{5}100\frac{t}{(1+10\%)^t}+\frac{5\times1000}{(1+10\%)^5}}{\sum_{t=1}^{5}\frac{100}{(1+10\%)^t}+\frac{1000}{(1+10\%)^5}}=4.17\text{(年)}$$

持续期分析与利率敏感性缺口分析相比，最大的特点在于充分考虑了银行资本的市场价值。资产组合理论告诉我们：市场利率的上升会导致银行固定利率的资产和负债的市场价值下降；银行资产和负债的期限越大，当市场利率上升时，其市场价值下降的幅度也越大。因此，由利率变化所造成的银行净值的变化，非常依赖于其资产与负债的相对期限。因为，持续期是对金融工具平均期限的度量，其资产的持续期长于其负债的持续期，在银行面临利率上升时，将面临更大的损失。

所以从风险管理的角度，持续期可以用来度量金融工具对于市场利率变动的敏感性。一项资产或负债市场价值的变化（$\frac{\Delta P}{P}$）大致等于其持续期（D）乘以具体的资产或者负债利率的相对变化（$\frac{\Delta i}{i}$）。公式如下：

$$\frac{\Delta P}{P}\approx -D\times\frac{\Delta i}{(1+i)}$$

任何一家银行的净值等于：

银行净值（NW）＝资产（A）－负债（L）

当利率发生变化时，银行净值变化 ΔNW＝资产变化 ΔA－负债变化 ΔL。因此根据上述资产或负债资产或负债市场价值变化（$\frac{\Delta P}{P}$）的公式，可知：

$$\text{资产价值的变化为}\frac{\Delta A}{A}=-D_A\frac{\Delta i}{1+i}$$

$$\text{负债价值的变化为}\frac{\Delta L}{L}=-D_L\frac{\Delta i}{1+i}$$

因此银行净值的变化为：

$$\Delta NW=\Delta A-\Delta L=-D_A\frac{\Delta i}{1+i}A-(-D_L\frac{\Delta i}{1+i}L)$$
$$=-(D_AA-D_LL)\frac{\Delta i}{1+i}$$

$$\frac{\Delta NW}{A}=-(D_A-D_LL/A)\frac{\Delta i}{1+i}$$

此时我们将 D_A-D_LL/A，称之为持续期缺口。

当银行持续期缺口不为零的时候，其净值的价值随市场利率的波动而发生变化。具体情况如表 10－2 所示：

表 10－2　　持续期缺口与市场利率对于银行净值的影响

缺口类型	利率变动	资产价值变动	变动幅度	负债价值变动	净值变动
正	上升	减少	>	减少	下降
正	下降	增加	>	增加	上升
负	上升	减少	<	减少	上升
负	下降	增加	<	增加	下降
零	上升	减少	=	减少	不变
零	下降	增加	=	增加	不变

1. 资产管理理论产生于商业银行建立初期，完善和成熟于 20 世纪 40 年代。这是以银行资产的流动性为侧重点的一种管理理论。资产管理理论经历了三个阶段：商业性贷款理论、转移理论、预期收入理论。

2. 商业性贷款理论又称生产性贷款理论或真实票据理论。这一理论认为：必须把资产投放到短期的与商品和物资周转相适应的自偿性贷款中去。因此按照该理论，银行贷款具有自控性、自偿性和担保性的特点。

3. 转移理论认为商业银行在保持资产流动性和安全性的同时，有提高盈利性的需要。为此，可以把部分资产转移投放到极容易在二级市场上出售的高流动性证券上，即以证券形式保存其资产作为二级准备，这样可以在满足存款支付时，把证券迅速而无损地转让出去，兑换成现金。

4. 预期收入理论认为银行资产的运用应以未来的收益作保证。如果未来收益没有保证，即使是运用于短期商业性贷款和可转让的证券，也会造成经营风险；如果未来收益有保证，可以进行长期贷款和投资。

5. 负债管理理论认为，银行资金的流动性不仅可以通过强化和调整资产获得，而且还可以通过灵活地调剂负债达到目的。也就是说，银行为保持资金的流动性不必要准备大量的高流动性资产，可以通过开展主动型负债方式，扩大从借贷市场上借款的渠道和途径，也能够满足多样化的资产需求，以举债方式同样也能保持其资产的流动性。

6. 资产负债综合管理理论，认为必须对资产和负债进行综合管理，通过对资产与负债结构的调整，达到总量平衡、结构合理、“三性”协调发展。因此，该理论在整体上强调三个方面：资产与负债对称、目标替代和资产分散化。

7. 资产管理方法主要有三种：资金汇集法、资金配置法和线性规划法。

8. 资金汇集法是指不管资金是活期存款、定期存款、借入资金还是自有资本，都应将所有的资金汇合到一个资金池中，然后根据银行流动性与盈利性目标的要求，按照一级准备金、二级准备金、贷款、中长期投资、固定资产的顺序，分层次地投放资金。

9. 资金配置法在选择资产种类时，首先考虑的是负债结构的特点。为了使负债与资产的对称关系更加明确，资金配置法将不同来源的负债依照不同的稳定状态分别进行管理。

10. 线性规划法，是解决在存在一定的约束条件下如何使目标函数最大化或最小化的一种运筹学方法。

11. 负债管理的重点是通过购入资金、调整负债流动性需要来满足资产的需要。负债管理的具体方法可以归纳为两种：一是储备头寸管理方法，二是贷款头寸管理方法。

12. 资产负债综合管理主要有两种方法，即利率敏感性缺口管理和持续期缺口管理方法。

本章习题

一、单选题

1. （ ）是银行资产和负债的平衡管理，它是商业银行一种全方位的管理方法。

A. 资本管理　　B. 资产负债管理

C. 现金资产管理　　D. 证券投资管理

2. （ ）以银行资产的流动性为侧重点的一种管理理论。

A. 现金资产管理　　B. 资本管理

C. 资产负债管理　　D. 证券投资管理

3. 商业性贷款理论在当时西方商业银行的资金来源主要是（ ）。

A. 募集资金　　B. 利息所得

C. 吸收定期存款　　D. 吸收活期存款

4. 认为商业银行在保持资产流动性和安全性的同时，有提高盈利性的需要的理论是（ ）。

A. 商业性贷款理论　　B. 资本管理理论

C. 转移理论　　D. 预期收入理论

5. （ ）理论认为银行资产的运用应以未来的收益为保证。

A. 商业性贷款理论　　B. 资本管理理论

C. 转移理论　　D. 预期收入理论

6.（　　）理论以主动负债为经营重点来保持银行资金流动性的一种经营管理理论。

A. 资本管理　　B. 负债管理

C. 现金资产管理　　D. 证券投资管理

7. 资产负债综合管理理论，产生于20世纪（　　）。

A. 20年代　　B. 50年代

C. 70年代末80年代初　　D. 90年代

8. 由于商业银行主要是依靠负债经营，因此为保证银行的清偿力，防范资产运用的各种风险，银行无论是从总体上安排资产结构，还是具体确定贷款投向和投量，都要遵循（　　）原理。

A. 资产与负债对称　　B. 资产分散化

C. 目标替代　　D. 预期收入平衡

9. 融资中心融得的短期资金主要用于弥补（　　）的不足，其中长期资金主要用于放款。

A. 一级准备资产　　B. 二级准备资产

C. 长期证券投资　　D. 固定资产购置

10. 不管资金是活期存款、定期存款、借入资金还是自有资本，都应将所有的资金汇合到一个资金池中，属于（　　）资产管理方法。

A. 线性规划法　　B. 贷款头寸管理方法

C. 资金配置法　　D. 资金汇集法

11. 由短期证券和短期贷款组成的银行资金是（　　）。

A. 一级准备金　　B. 二级准备金　　C. 中长期投资　　D. 固定资产

12. 资金配置法在选择资产种类时，首先考虑的是（　　）的特点。

A. 资金来源　　B. 资金分类　　C. 负债结构　　D. 利率大小

13. 负债的周转速度最快，随存随取，银行较难把握其稳定程度的流动性—盈利性中心为（　　）。

A. 活期存款中心　　B. 定期与储蓄存款中心

C. 融资中心　　D. 资本金中心

14. 银行资本金既不需要应付提现，也没有法定准备要求，是银行长期资金运用最稳定的资金来源的流动性—盈利性中心是（　　）。

A. 活期存款中心　　B. 定期与储蓄存款中心

C. 融资中心　　D. 资本金中心

15. 资金配置法直接根据负债来源的特点引申出资产分配的具体方向，通过资金周转速度和（　　）两个环节把资产与负债有机地联系起来。

A. 安全性　　B. 流动性　　C. 盈利性　　D. 创新性

16. 用线性规划法应该首先（　　）。

A. 确定模型目标函数　　B. 寻找约束条件

C. 求出线性规划的解　　D. 建立多目标模型

17. 不断创新金融工具，增加负债品种属于（　　）管理方法。

A. 资产管理方法　　B. 负债管理方法

C. 资产负债综合管理方法　　D. 资金配置法

18. 在负债管理方法中，西方商业银行大部分金融工具的创新就是（　　）方法的具体化。

A. 利率敏感性缺口管理法　　B. 贷款头寸管理方法

C. 持续期缺口管理方法　　D. 资金配置法

19. 银行浮动利率资产及计算期到期可按新的利率水平重新定价的资产称（　　）。

A. 利率敏感性负债　　B. 固定利率负债

C. 利率敏感性资产　　D. 固定利率资产

20. 银行的利率敏感性资产小于利率敏感性负债时，利率敏感性缺口存在（　　）形态。

A. 零缺口　　B. 正缺口　　C. 负缺口　　D. 都有可能

二、判断题

1. 资产管理理论是在商业银行成熟时期产生的。（　　）

2. 商业性贷款理论认为必须把资产投放到短期的与商品和物资周转相适应的自偿性贷款中去。（　　）

3. 负债管理理论盛行于20世纪20年代的西方商业银行。（　　）

4. 负债管理理论是为达到流动性、安全性和盈利性的管理目标和三者的均衡发展而创建的一种现代商业银行经营管理理论。（　　）

5. 资金汇集法对资金的来源、期限结构十分关注，并在资金运用上注重优先安排流动性准备金，从而大致保持资产负债对称。（　　）

6. 放款利息收入是银行盈利的主要来源，放款在银行资产中所占的比重最大。（　　）

7. 融资中心融得的短期资金主要用于弥补二级准备金的不足。（　　）

8. 根据线性规划法得出的结论并不能直接作为最后决策的依据，其扮演的角色也许只是限于提供给决策层的分析资料。（　　）

9. 持续期实质是加权的现金流的现值与未加权的现值之比。（　　）

10. 持续期是对金融工具平均期限的度量，其资产的持续期短于其负债的持续期，在银行面临利率上升时，将面临更大的损失。（　　）

三、多选题

1. 资产管理理论经历了（　　）阶段。

A. 商业性贷款理论　　B. 转移理论

C. 预期收入理论　　　　　　　　　D. 收入比较利率

2. 按商业性贷款理论银行贷款具有（　　）的特点。

A. 自控性　　　B. 安全性　　　C. 自偿性　　　D. 担保性

3. 资产负债综合管理理论在整体上强调（　　）。

A. 资产与负债对称　　　　　　　　B. 资产分散化

C. 目标替代　　　　　　　　　　　D. 预期收入平衡

4. 下列属于一级准备金的是（　　）。

A. 短期证券　　　　　　　　　　　B. 库存现金

C. 在中央银行存款　　　　　　　　D. 在途资金

5. 商业银行资产管理方法有（　　）。

A. 线性规划法　　　　　　　　　　B. 贷款头寸管理方法

C. 资金配置法　　　　　　　　　　D. 资金汇集法

6. 西方银行家为了使负债与资产的对称关系更加明确，建立了若干个所谓“流动性—盈利性中心”，主要有（　　）。

A. 活期存款中心　　　　　　　　　B. 定期与储蓄存款中心

C. 融资中心　　　　　　　　　　　D. 资本金中心

7. 商业银行的负债管理方法有（　　）。

A. 资金配置法　　　　　　　　　　B. 资金汇集法

C. 贷款头寸管理方法　　　　　　　D. 储备头寸管理方法

8. 商业银行资产负债综合管理主要方法有（　　）。

A. 利率敏感性缺口管理法　　　　　B. 贷款头寸管理方法

C. 持续期缺口管理方法　　　　　　D. 资金配置法

9. 当利率敏感性系数大于1时，说明利率敏感性资产（　　）利率敏感性负债，银行处于（　　）缺口状态。

A. 大于；负　　　B. 大于；正　　　C. 小于；负　　　D. 小于；正

10. 金融工具的持续期与（　　）有关。

A. 金融工具现金流发生的时间　　　B. 每一时期的预期现金流

C. 金融工具的到期期限　　　　　　D. 金融工具的现值

四、综合题

1. 资产负债综合管理理论强调的内容有哪些？

2. 简要说明线性规划法在决定银行资产分配数量的模型中的步骤。

3. 简述利率敏感性缺口管理。

4. 某银行在一个计划期内（月）银行持有短期政府债券1亿，短期贷款0.5亿，货币市场存款1亿，短期储蓄账户1亿，计算利率敏感性缺口并判断利率变动对银行收益的影响。若利率上升1%，银行收益如何变动？

参考文献

[1] 彼得·罗斯．商业银行管理［M］．刘园，译．北京：机械工业出版社，2011.

[2] 弗兰克·J. 法博奇．投资管理学［M］．北京：经济科学出版社，1999.

[3] 刘忠燕，娄树本．商业银行经营管理学［M］．北京：中国金融出版社，2002.

[4] 彭建刚．商业银行管理学［M］．北京：中国金融出版社，2009.

[5] 戴相龙．商业银行经营管理［M］．北京：中国金融出版社，1998.

[6] 曾康霖，谢太峰，王敬．银行论［M］．成都：西南财经大学出版社，1997.

[7] 俞乔，邢晓林，曲和磊．商业银行管理学［M］．上海：上海人民出版社，1998.

[8] 戴国强．商业银行业务与管理基础［M］．上海：上海人民出版社，2007.

[9] 薛誉华．现代商业银行经营管理［M］．上海：复旦大学出版社，2012.

[10] 韩文亮．现代商业银行管理［M］．北京：中国金融出版社，2007.

[11] 潘英丽．商业银行管理［M］．北京：清华大学出版社，2006.

[12] 李扬勇．商业银行资产负债管理［M］．北京：清华大学出版社，2007.

[13] 周好文，程婵娟．商业银行财务管理［M］．北京：清华大学出版社，2007.

[14] 姜波．商业银行资本充足率管理［M］．北京：中国金融出版社，2004.

[15] 巴曙松．巴塞尔新资本协议研究［M］．北京：中国金融出版社，2003.

[16] 郑世敏．商业银行中间业务［M］．北京：中国金融出版社，2000.

[17] 刘园．商业银行表外业务及风险管理［M］．北京：对外经济贸易大学出版社，2001.

[18] 殷孟波．商业银行经营管理［M］．北京：中国人民大学出版社，2001.

[19] 郑鸣．商业银行管理学［M］．北京：清华大学出版社，2005.

[20] 张桥云．现代商业银行经营与管理［M］．成都：西南财经大学出版社，2002.

[21] 庄毓敏．商业银行业务与经营［M］．北京：中国人民大学出版社，2005.

[22] 张亦春．金融市场学［M］．北京：高等教育出版社，2000.

[23] 郑先炳．西方商业银行最新发展趋势［M］．北京：中国金融出版社，2002.

[24] 武捷思．中国商业银行行为研究［M］．北京：中国金融出版社，1996.

[25] 谢平，焦瑾璞．中国商业银行改革［M］．北京：经济科学出版社，2002.

[26] 王广谦．金融中介学［M］．北京：高等教育出版社，2003.

[27] 何自云．商业银行的边界：经济功能与制度成本［M］．北京：中国金融出版社，2003.

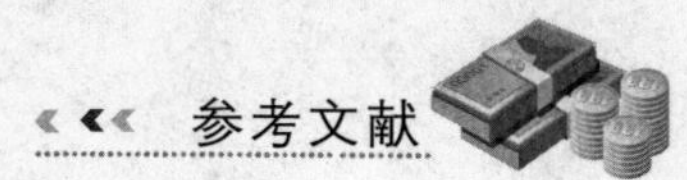

[28] 闫冰竹．商业银行价值管理［M］．北京：中国金融出版社，2008.

[29] 秦洪军．金融综合经营研究——基于天津滨海新区的实证分析［M］．北京：中国财富出版社，2013.

[30] 吴开，沈正一．现代商业银行成本管理［M］．上海：上海财经大学出版社，2007.

客观题参考答案

第一章客观题答案

一、单选题

1	2	3	4	5	6	7	8	9	10
B	C	D	C	A	B	C	D	D	A
11	12	13	14	15	16	17	18	19	20
B	A	D	B	C	B	B	B	B	D

二、判断题

1	2	3	4	5	6	7	8	9	10
F	F	T	F	T	F	T	F	T	F

三、多选题

1	2	3	4	5	6	7	8	9	10
ABD	ACD	ABD	ABCD	ABCD	ACD	CD	ABCD	BCD	BCD

第二章客观题答案

一、单选题

1	2	3	4	5	6	7	8	9	10
A	C	B	A	A	B	C	A	B	D
11	12	13	14	15	16	17	18	19	20
B	B	C	D	B	D	B	C	A	C

二、判断题

1	2	3	4	5	6	7	8	9	10
T	F	F	F	F	T	F	F	F	T

三、多选题

1	2	3	4	5	6	7	8	9	10
ABCD	ABD	ACD	ACD	ABCD	BCD	BCD	AC	ABC	ABD

第三章客观题答案

一、单选题

1	2	3	4	5	6	7	8	9	10
D	C	D	A	A	D	B	C	D	B
11	12	13	14	15	16	17	18	19	20
B	B	D	C	A	B	A	B	B	A

二、判断题

1	2	3	4	5	6	7	8	9	10
F	T	F	F	T	F	F	T	F	T

三、多选题

1	2	3	4	5	6	7	8	9	10
ABCD	ABCD	ABCD	ABC	ACD	ABD	ABCD	ACD	ABCD	ABC

第四章客观题答案

一、单选题

1	2	3	4	5	6	7	8	9	10
D	A	D	C	B	B	A	D	D	D
11	12	13	14	15	16	17	18	19	20
A	B	C	B	D	A	B	C	C	D

二、判断题

1	2	3	4	5	6	7	8	9	10
F	T	F	T	F	T	F	F	F	T

三、多选题

1	2	3	4	5	6	7	8	9	10
ABC	BCD	ABCD	ABCD	ABD	ACD	ABCD	ABC	ABCD	BCD

第五章客观题答案

一、单选题

1	2	3	4	5	6	7	8	9	10
B	C	B	A	B	A	B	D	B	D
11	12	13	14	15	16	17	18	19	20
A	C	D	B	A	B	B	D	D	C

二、判断题

1	2	3	4	5	6	7	8	9	10
F	T	F	F	T	T	F	T	F	F

三、多选题

1	2	3	4	5	6	7	8	9	10
ABCD	ACD	ABC	ABCD	ABCD	ABCD	ABCD	AD	ABCD	ABCD

第六章客观题答案

一、单选题

1	2	3	4	5	6	7	8	9	10
B	A	C	D	A	A	C	A	B	C
11	12	13	14	15	16	17	18	19	20
A	C	D	A	C	B	B	D	B	A

二、判断题

1	2	3	4	5	6	7	8	9	10
F	F	T	T	F	F	T	T	T	T

三、多选题

1	2	3	4	5	6	7	8	9	10
AC	BCD	AB	ABC	ABCD	ABCD	ABC	ABD	ABCD	AB

第七章客观题答案

一、单选题

1	2	3	4	5	6	7	8	9	10
A	C	B	D	B	D	C	A	C	A
11	12	13	14	15	16	17	18	19	20
D	B	D	C	A	D	C	A	B	C

二、判断题

1	2	3	4	5	6	7	8	9	10
T	T	F	T	T	T	T	T	T	T

三、多选题

1	2	3	4	5	6	7	8	9	10
ABCD	ABC	BCD	AB	BC	ABCD	ABC	ABCD	ABC	ABC

第八章客观题答案

一、单选题

1	2	3	4	5	6	7	8	9	10
C	A	A	B	B	A	B	D	C	B
11	12	13	14	15	16	17	18	19	20
D	D	A	C	B	B	A	A	D	C

二、判断题

1	2	3	4	5	6	7	8	9	10
T	F	F	F	F	T	F	F	F	F

三、多选题

1	2	3	4	5	6	7	8	9	10
BD	ABCD	ABC	ABCD	ABCD	ABC	ABC	ABCD	ACD	AD

第九章客观题答案

一、单选题

1	2	3	4	5	6	7	8	9	10
A	C	D	A	D	B	D	D	A	D
11	12	13	14	15	16	17	18	19	20
A	A	A	A	B	D	D	C	D	C

二、判断题

1	2	3	4	5	6	7	8	9	10
F	F	T	F	T	T	F	T	T	F

三、多选题

1	2	3	4	5	6	7	8	9	10
ABC	ABCD	ABCD	ABCD	ABCD	ABCD	ABC	ABCD	ABCD	AD

第十章客观题答案

一、单选题

1	2	3	4	5	6	7	8	9	10
B	C	D	C	D	B	C	B	A	D
11	12	13	14	15	16	17	18	19	20
B	C	A	D	B	A	B	B	C	C

二、判断题

1	2	3	4	5	6	7	8	9	10
F	T	F	F	F	T	F	T	T	F

三、多选题

1	2	3	4	5	6	7	8	9	10
ABC	ACD	ABC	BCD	ACD	ABCD	CD	AC	ACD	ABCD